Shuwa Business Guide Book

最新 企業再生の基本と仕組みがよ～くわかる本

ターンアラウンドの考え方と実践的手法

水野誠一 編
㈱リプロジェクト・パートナーズ 著

秀和システム

●注意
(1) 本書は著者が独自に調査した結果を出版したものです。
(2) 本書は内容について万全を期して作成いたしましたが、万一、ご不審な点や誤り、記載漏れなどお気付きの点がありましたら、出版元まで書面にてご連絡ください。
(3) 本書の内容に関して運用した結果の影響については、上記(2)項にかかわらず責任を負いかねます。あらかじめご了承ください。
(4) 本書の全部または一部について、出版元から文書による承諾を得ずに複製することは禁じられています。
(5) 本書に記載されているホームページのアドレスなどは、予告なく変更されることがあります。
(6) 商標
　　本書に記載されている会社名、商品名などは一般に各社の商標または登録商標です。なお、本文中にはTM、®を明記しておりません。

はじめに

　最近、話題になったライブドア社によるニッポン放送株の買収騒動にからんで、TOB（株式公開買い付け）やホワイトナイト（白馬の騎士）、ポイズンピル（毒薬条項）などといった企業買収に関わるさまざまな用語が耳目を集めました。また企業再生にからんでは、ターンアラウンドあるいはバイアウトといった言葉も耳にするようになりました。これらは、欧米、特に米国から導入された言葉であり概念であるために、それを実行する外資企業のドラスティックな手法とともに、ハゲタカとか黒船来襲的な印象で捉えられていることが多いようです。

　かつては、経営が破綻し、キャッシュフローが行き詰まった企業は、金融機関からのさらなる支援を受けられないかぎり倒産し、清算を破産管財人に委ねる処理方法しか道がありませんでした。また一端破綻した企業には敗者復活の道は残されていませんでした。すなわち経営に失敗しなければ企業寿命は永遠だが、失敗すればそれまで。これが20世紀的な価値観だったわけです。

　また従来は、企業のリスクマネージメントの考え方や、コーポレートガバナンス（企業統治）、コンプライアンス（法令遵守）、IR（投資家向け広報）活動などへの対応も実に未成熟なものでした。それでも、経済が右肩上がりの成長を続けられている間は、あまり大きな問題は起きず、誰もが成功者になり得ましたし、よほどのことがないかぎり企業の破綻はさけられたものです。

　ところが経済が成長期から成熟化の時代になり、市場全体のパイが縮小してくると、勝者と敗者がはっきりと分かれてくることになります。また国際化が進み、競争がグローバル化してくると、現在の国内の大企業といえども、今までのサイズあるいはシェアでは不十分ということもおこってきています。その中で思いもかけない企業の破綻や行き詰まりが急速に増えていったのです。

　昨今では、民事再生法、特定調停法などの法的手続きの多様化に加えて、さまざまな再生手法が出てきました。それは、資本技術を駆使して経営破綻した企業をリエンジニアリング（再構築）して、その価値を再び高めたり、相乗効果を狙う大胆な企業統合を図って企業を救い、さらに双方の企業価値を倍加させるような手法なのです。

　近年、ことに先進技術産業のようにドッグイヤーで技術革新が進む時代では、企業寿命が短命化していると言われます。だからこそ、20世紀において企業が長年蓄積した有形無形の財をムダにすることなく再活性化し、21世紀型の

企業に進化させることは意義深い仕事といえます。それは単に経営技術としての再生だけではなく、20世紀に生まれたDNAを活かした企業文化再生の意味でもあります。

　私たちリプロジェクト・パートナーズ社は、複数のファンドや整理回収機構などと一緒に、流通関連の破綻企業の質的価値のデューデリジェンスや、再生のための経営コンサルティング業務を行ってきました。大半のファンドでは、中心的なメンバーが金融の専門家であるために、金融的視点でのデューデリジェンスはできても、企業再生の鍵となる企業ないしはブランドのマーケットバリューの見極めができないという面があったようです。その弱点を補うためには、私たちの流通業での経営経験やマーケティング実践の経験が役立ってきたようです。また我々が常に心がけてきた、単に経済効率だけに目を奪われずに、良き企業文化を活かした再生を目指す手法が評価されてきたとも言えましょう。これはまさに再生業務が、単に企業という無機物の「修繕」ではなく、血の通った生命体の「治療」そのものだとも言えます。つまり患者の病状に応じて、何を一番大切に考えた再生を図るべきかに最大の配慮をして、手法を選んでいく必要があるということです。

　それらの経験から会得した企業再生の考え方と実践的手法を、マーケティング的、財務的、法律的な観点からわかりやすく解説しようというのが本書のねらいです。事例とその表裏両面からの問題点の読み方を通じて、単なるレシピーブックとしてではなく、戦略指南書としての使い方も目指しています。

　また、単に破綻企業の救済のためだけではなく、みなさんの企業が今後激化する競争に勝ち抜き、さらなる企業価値向上をはかるための参考書としてもご活用いただければ幸いです。

2005年7月吉日
株式会社リプロジェクト・パートナーズ
代表取締役CEO　水野　誠一

最新 企業再生の基本と仕組みがよ～くわかる本

CONTENTS

第1章 企業再生とは何か

- 1-1 企業再生とは ・・・・・・・・・・・・・・・・・・・・・・・・・・・・・・・・・10
- 1-2 企業再生の目的は何か ・・・・・・・・・・・・・・・・・・・・・・・・・12
- 1-3 わずか10億円で売られた日本長期信用銀行 ・・・・・・・・・・14
- 1-4 新生銀行の再上場による時価総額は1兆円 ・・・・・・・・・・・16
- 1-5 企業再生に必要不可欠な新技術への取り組み姿勢 ・・・・18
- 1-6 金融機関の置かれた状況 ・・・・・・・・・・・・・・・・・・・・・・・・・20
- 1-7 金融行政の犠牲者 ・・・・・・・・・・・・・・・・・・・・・・・・・・・・・・22
- 1-8 企業破綻と再生コンサルタントの役割 ・・・・・・・・・・・・・・24
- 1-9 再生におけるリスクテイカーの役割 ・・・・・・・・・・・・・・・・26

第2章 どんな条件を満たすと再生できるのか

- 2-1 コア事業の採算性―事業状況の分析 ・・・・・・・・・・・・・・・30
- 2-2 債務圧縮の可能性―経済合理性 ・・・・・・・・・・・・・・・・・・33
- 2-3 金融機関との関係 ・・・・・・・・・・・・・・・・・・・・・・・・・・・・・・35
- 2-4 取引先など一般債権者の理解と許容限度 ・・・・・・・・・・・・38
- 2-5 経営者の責任 ・・・・・・・・・・・・・・・・・・・・・・・・・・・・・・・・・40
- コラム 企業の再生は織物の再生 ・・・・・・・・・・・・・・・・・・・・・42

第3章 再生にかかわるプレイヤーは誰か

- 3-1 債権回収のためのプレイヤー ・・・・・・・・・・・・・・・・・44
- 3-2 整理回収機構（RCC）は何をするのか ・・・・・・・・・・46
- 3-3 産業再生機構（IRCJ）は何をするのか ・・・・・・・・・・49
- 3-4 サービサーは何をするのか ・・・・・・・・・・・・・・・・・・52
- 3-5 資金供給のためのプレイヤー ・・・・・・・・・・・・・・・・54
- 3-6 再生業務支援のためのプレイヤー ・・・・・・・・・・・・・57

第4章 再生の枠組はどのようにして決まるのか

- 4-1 自力再生とM&A ・・・・・・・・・・・・・・・・・・・・・・・・・60
- 4-2 法的再生と私的再生の選択 ・・・・・・・・・・・・・・・・・・63
- 4-3 法的再生手続－民事再生法と会社更生法の違い ・・・・・67
- 4-4 民事再生手続 ・・・・・・・・・・・・・・・・・・・・・・・・・・・71
- 4-5 会社更生手続 ・・・・・・・・・・・・・・・・・・・・・・・・・・・74

第5章 具体的にはどんな再生手法があるのか

- 5-1 再生にあたってのM&A手法－企業再編の手法 ・・・・・78
- 5-2 再生にあたっての基本的な考え方 ・・・・・・・・・・・・・80
- 5-3 企業再編手法の特徴 ・・・・・・・・・・・・・・・・・・・・・・83
- 5-4 営業譲渡 ・・・・・・・・・・・・・・・・・・・・・・・・・・・・・・84
- 5-5 会社分割 ・・・・・・・・・・・・・・・・・・・・・・・・・・・・・・85
- 5-6 組み合わせによる4つの類型 ・・・・・・・・・・・・・・・・88
- 5-7 適格分割とその要件 ・・・・・・・・・・・・・・・・・・・・・・93
- 5-8 適格判断のフローチャート ・・・・・・・・・・・・・・・・・・96
- 5-9 会社分割の意義 ・・・・・・・・・・・・・・・・・・・・・・・・・97
- 5-10 合併 ・・・・・・・・・・・・・・・・・・・・・・・・・・・・・・・・・99
- 5-11 株式交換 ・・・・・・・・・・・・・・・・・・・・・・・・・・・・・101
- 5-12 株式移転 ・・・・・・・・・・・・・・・・・・・・・・・・・・・・・103

第6章 再生に必要な最低限の税務知識

- 6-1 債務免除益 ……………………………………106
- 6-2 債務免除益と税務対応 …………………………108
- 6-3 支援債権者 ……………………………………111
- 6-4 債権分類 ………………………………………112
- 6-5 税効果会計と自己資本比率 ……………………114
- コラム 新会社法と企業再生 ………………………116

第7章 まずデュー・ディリジェンスと清算配当率が重要

- 7-1 再生業務手順 …………………………………118
- 7-2 デュー・ディリジェンスとは …………………120
- 7-3 ビジネス・デュー・ディリジェンス …………122
- 7-4 リーガル・デュー・ディリジェンス …………124
- 7-5 ファイナンシャル・デュー・ディリジェンス …126
- 7-6 デュー・ディリジェンスの総合評価 …………128
- 7-7 問題点の定義と対応策 …………………………129
- 7-8 破産・清算配当率の算定 ………………………131
- コラム 地獄の釜の蓋 ………………………………134

第8章 再生計画の策定と実行

- 8-1 再生計画と整理スキーム ………………………136
- 8-2 事業展開と返済計画 ……………………………138
- 8-3 ステーク・ホルダーと再生計画 ………………140
- 8-4 再生計画とヒト・モノ・カネ …………………142
- 8-5 ステーク・ホルダーの支持と再生計画 ………144
- 8-6 再生計画のチェック項目のまとめ ……………146
- 8-7 再生実行段階 …………………………………148
- 8-8 フォローアップ段階 …………………………150
- コラム 「社員」を守るということ ………………152

第9章 再生現場で何が起こっているか

- 9-1 金融機関の了解とスポンサー獲得の成功例 ……………154
- 9-2 ベンチャーキャピタルからの資金導入の成功例 ………157
- 9-3 取引関係の維持と私的整理の成功例 ……………………159
- 9-4 曖昧な株主責任とコア事業展開の迷走 …………………162
- 9-5 金融機関の迷いと再生計画の白紙撤回 …………………164
- 9-6 スポンサーの途中棄権 ……………………………………166
- コラム 新旧のDNAを注入する………………………………168

Appendix 付録

- 付録-1 私的整理に関するガイドライン ……………………170
- 付録-2 民事再生法（総則）……………………………………174
- 付録-3 商法（企業再編関連を抜粋）…………………………181
- 付録-4 新会社法（企業再編関連を抜粋）……………………195
- 付録-5 参考文献 ………………………………………………209
- 付録-6 索引 ……………………………………………………210

第1章

企業再生とは何か

第1章では、企業再生を考えるにあたり、そのA to Zを俯瞰することを目的にしています。企業経営の究極の目的が「新しい企業価値の創造とその価値の最大化を成すこと」であるとすれば、企業再生とは「劣化した企業価値を修復し、その企業の可能性を最大限引き出すこと」といえます。その再生の過程をわかりやすく、例をあげながら見ていきましょう。

1-1
企業再生とは

　企業再生とは、過剰な債務を抱え経営が悪化している企業を立て直し、健全な状態に戻すことです。

▶▶ 企業再生と企業再生ファンド

　企業再生とは、過剰な債務を抱え経営が悪化している企業を立て直し、健全な状態に戻すことを指します。不振企業の中には、事業の多角化には失敗したものの、本業では収益が上っている企業や、優れた技術を持ち将来性のある企業もあります。こうした企業は、支援の仕方次第で再生が可能です。いいかえれば、「企業価値の最大化」が企業経営の究極の目的であるとした場合、「企業再生」とは「劣化した企業価値を修復し、その企業の持てる可能性を最大限に引き出すこと」です。

　企業再生ファンドは投資家から資金を集め、その資金で金融機関から不振企業向けの貸し出し債権を買い取り、その企業を再生し、そこから得られた収益を投資家に還元しています。米国ではこのやり方が企業再生の中心になっています。

　日本では産業再生機構が官製の企業再生ファンドとして、預金保険機構などの出資で2003年春に設立されました。また、経済産業省も中小企業再生支援協議会を発足させ、都道府県単位の企業再生ファンドを創設しています。

▶▶ 企業再生ビジネスの登場

　銀行の不良債権処理が加速化するにつれ、再生が難しい企業はすでに清算されています。現在では、抱える課題も負債額もきわめて大きく、清算すると社会的な影響のある大企業や、利益のあがる事業分門をもちながら全社で見ると赤字の大企業、あるいは、一時的に苦境に陥っているが中長期的にみて将来性のある中堅・中小企業をどうするか、ということに焦点が移ってきています。

　そこで、これらの企業を再生させようというビジネスが盛んになってきました。最近では、カネボウや三菱自動車、またはダイエーや西武鉄道・プリンスホテルの再建問題などで、産業再生機構や企業再生ファンドが注目を集め、「企業再生」は一種のブームとなっています。

1-1 企業再生とは

企業再生コンサルティングのメカニズム*

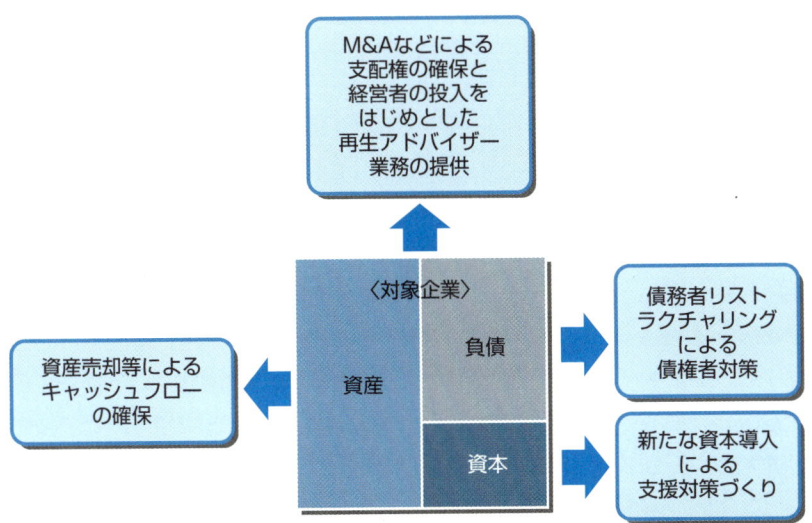

＊…のメカニズム　新生銀行経営健全化計画（2003年8月）より。

1-2
企業再生の目的は何か

企業再生は、対象企業が企業破綻状態にあったとしても、コア事業の価値や、技術力、営業権、商権などの価値を認め、企業の社会性や、従業員の雇用、取引先の存続が、地域社会などにとって重要であると認められるときになされます。

▶▶ 再生させるだけの「価値」を持つのか

企業再生の場合、「再生」を語る前にまず対象となる企業が再生させるだけの「価値」を持つのか否かを問う必要があります。そして、その上で再生の目的がどこに置かれているのか、何のために再生するのかを事前に検討確認することが求められます。

企業再生は多くの場合、その対象企業が全体として企業破綻状態にあったとしても、コア事業の価値や、技術力、営業権、商権などの価値を認め、企業の社会性や従業員の雇用、取引先の存続が、地域社会などにとって重要であると認められるときになされます。また、中小企業のオーナー経営者の場合には、一度失敗したとしても、その経営者の社会的評価の中に潰すには惜しいものがあるときには、再度事業に挑戦できることも意味します。

しかし、多くの場合、既存株主やオーナーは過去の失敗の責任（株主責任）を取って退場し、新しいプレーヤーに取って代わられなければなりません。

▶▶ 成功した企業再生のメカニズムは何か

企業はその経済活動を受け入れる市場（マーケット）がある限り存在の意義と可能性を持ち、それを支える従業員、取引先の利益も守られます。存在価値のある企業は修復・再生されればその評価を再び取り戻し、必ず新しいスポンサー（ファンドにとっては出口）が現れるということです。しかし、企業再生の成功は必ずしも世間一般にそのメカニズムを理解されているとはいえず、時として再生のリスクを取ったものが、再生が成功したがゆえに批判されることもあるのです。

最近の大型企業再生の成功例の中でわかりやすい事例として、新生銀行やヤオハンの例があります。ここでは新生銀行の例を取り上げて、成功した企業再生と、そ

1-2 企業再生の目的は何か

のメカニズムと醍醐味とは何かを考えてみましょう。

| 企業再生ファンドの実態 * |

日本長期信用銀行を買収したファンド「ニューLTCBパートナーズ」へ参加した主要投資家リスト

〈ニューLTCBパートナーズ〉
- ペインウェバー（米国）
- ドイチェ・バンク・アレックス・ブラウン（ドイツ）
- メロン・バンク・コーポレーション（米国）
- ザ・バンク・オブ・ノヴァ・スコシア（カナダ）
- バンコ・サンタンダー（スペイン）
- セント・ジェームズ・プレース・キャピタル・plc（英国）
- GE・キャピタル・コマーシャル・ファイナンス・インク（米国）
- トラベラーズ・インベストメント・グループ・インク（米国）
- ABN・アムロ・バンク（オランダ）
- リップルウッド・グループ（米国）

* …の実態　新生銀行経営健全化計画（2003年8月）より。

1-3 わずか10億円で売られた日本長期信用銀行

日本長期信用銀行は、バブル期の過剰融資がもとで1998年10月に経営破綻しました。その後、一時国有化された後、企業再生投資を行うリップルウッド・ホールディングスを中心に設立された投資組合にわずか10億円で売却されました。

▶▶ 長銀は投資組合「ニューLTCBパートナーズ」が買収

　日本長期信用銀行(長銀)は、戦後長らく日本経済の復興を支えてきた長期信用銀行の1つでしたが、自ら生み出した成果としての日本経済の発展とその構造的変化を客観的にとらえることができず、バブル期の過剰融資がもとで1998年10月をもって経営破綻しました。その後2000年3月まで一時国有化された後、企業再生投資を行うリップルウッド・ホールディングスを中心に、複数の外銀の参加によりオランダに設立された投資組合「ニューLTCBパートナーズ」にわずか10億円で売却されました。日本国政府が保有した18ヶ月間の特別公的整理期間中に投じた公的資金は、預金全額保護などの損失穴埋めの3兆6000億円、資本増強の2400億円、さらにそれ以前の98年3月に注入した公的資金の損失分1300億円などを合わせると計約4兆円近くに上りました。ニューLTCBパートナーズは2000年3月に長銀を10億円で譲渡を受けた後、金融再生委員会が金融早期健全化法に基づいてさらに2400億円の資金を投じるのに合わせて、長銀の発行する新株3億株を当時の株価1200億円で引き受けました。そしてすぐに、当時シティーバンク銀行の日本法人代表を務めていた八城政基氏を中心としたメンバーをヘッドハントして再生請負人として送り込み、3ヵ月後の2000年6月には「新生銀行」に改称したのです。

▶▶ 新生銀行はわずか4年で再上場

　このあまりの手際のよさと、日本国政府に4兆円を超える資金投入をさせておきながら、リップルウッド・ホールディングスを中心とした外資系資本自らは10億円と精算引き受けの1200億円で長銀のすべての資産を手に入れたのですから、当時の日本の経済界は割り切れない矛盾を感じたようです。

1-3 わずか10億円で売られた日本長期信用銀行

そして、さらに驚くべきことが起こります。新生銀行は預金保険機構と「瑕疵担保責任に関する覚書」なる物を交わしていたのです。その内容は、新生銀行が引き継いだ債権のうち向こう3年以内にその価値が20％以上劣化した物は、日本国政府（預金保険機構）が当初評価額で買い戻すというものだったのです。預金保険機構はその覚書に基づき、ダイエー向け債権などその後劣化した232社分の貸出債権、総額8530億円あまりを新生銀行に支払いました。これは当時の新聞を賑わし、外資の情け容赦のないやり方として「瑕疵担保責任」なる言葉も有名になりました。

その一方で八城氏を中心とする再建実行者たちは、新生銀行の中に残る長銀時代からの古い体質を排除し、徹底した銀行インフラストラクチャーのIT化の推進と長期信用銀行からリテールバンクへの意識変革を行いました。その結果、2004年2月には上場廃止後わずか4年で再生を完了して再上場を成し遂げたのでした。そして、2ヵ月後の4月には長期信用銀行から普通銀行への転換を行い、名実ともに再生を終えたことは記憶に新しいことです。

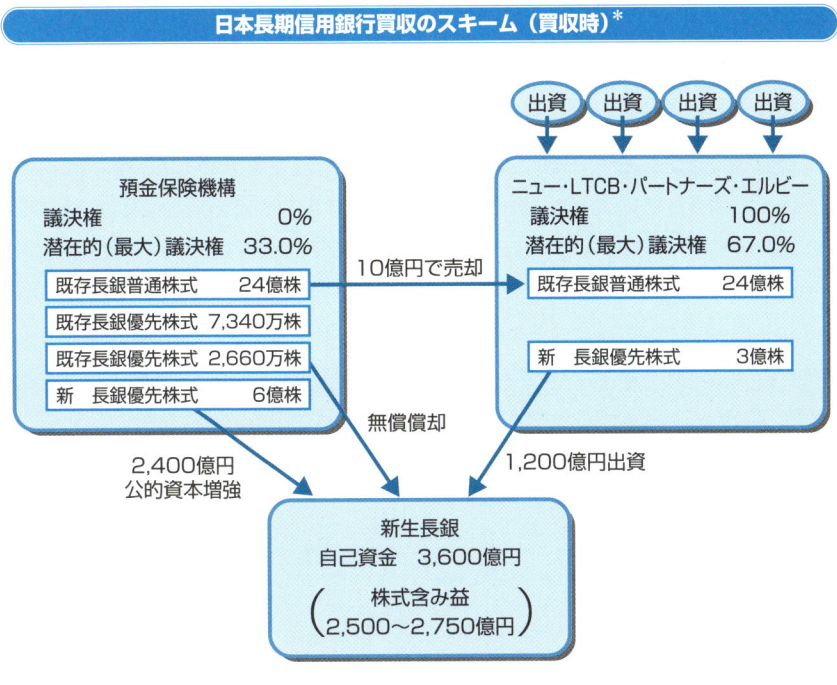

日本長期信用銀行買収のスキーム（買収時）*

＊…のスキーム 新生銀行経営健全化計画（2003年8月）より。

1-4
新生銀行の再上場による時価総額は1兆円

　新生銀行の再上場時に、ニューLTCBパートナーズはその保有株の30数パーセントを手放し、投資額の約2倍の2400億円あまりを回収しました。その後、株価は急上昇し、新生銀行の時価総額は1兆円を超えました。

▶▶ 4年間で1兆円を超える含み益

　新生銀行再上場時に、ニューLTCBパートナーズはその保有株の30数パーセントを手放し、投資額の約2倍の2400億円あまりを回収しています。その後株価は急上昇し、新生銀行の時価総額が1兆円を超えた時には、多くの日系銀行や経済人、政治家たちから、政府が外資に特別な配慮をしたのではないかとの非難の声が上がりました。リップルウッド・ホールディングスを中心とした外資系投資家たちが、4年間で1兆円を超える含み益を得たのは不当だというわけです。また、リップルウッド・ホールディングスはそれらの意見を逆なでするかのように、2004年の終わりまでにはニューLTCBパートナーズの保有する大半の株式を市場で売却し、企業再生に伴うリスクテイカーの役割を終え、まさに1兆円の実現利益を持ち去って行きました。そのうえ、このキャピタルゲインは日本とオランダとの相互条約に守られ課税されません。さらに、リップルウッド・ホールディングスの大株主であり、ニューLTCBパートナーズの顧問として日本政府との交渉窓口を務めた、T.コリンズやJ.C.フラワーズといったプロフェッショナルな再生コンサルタントたちが手にした報酬が膨大なものであっただろうことも容易に想像がつきます。しかし、これは果たして日本の政治家たちがいうように本当に不当なのでしょうか。

▶▶ 日本には引き受け手はいなかった

　長銀が経営破綻し一時国有化された後、政府は支援者を広く求めました。当然、邦銀や日系の企業再生ファンドも例外なくその対象となりえたわけです。理論的にはそうなのですが、誰もそのリスクマネーの1200億円を出そうとはしませんでした。いや出せなかったというべきかもしれません。理由は今となってはいろいろあ

1-4 新生銀行の再上場による時価総額は1兆円

るでしょう。しかし、日本勢にとっては長銀の持つ資産価値にそのリスクをかんがみて価格をつけられなかったことと、企業再生のリスクを回避する契約実務に対する経験が足りなかったことは事実です。

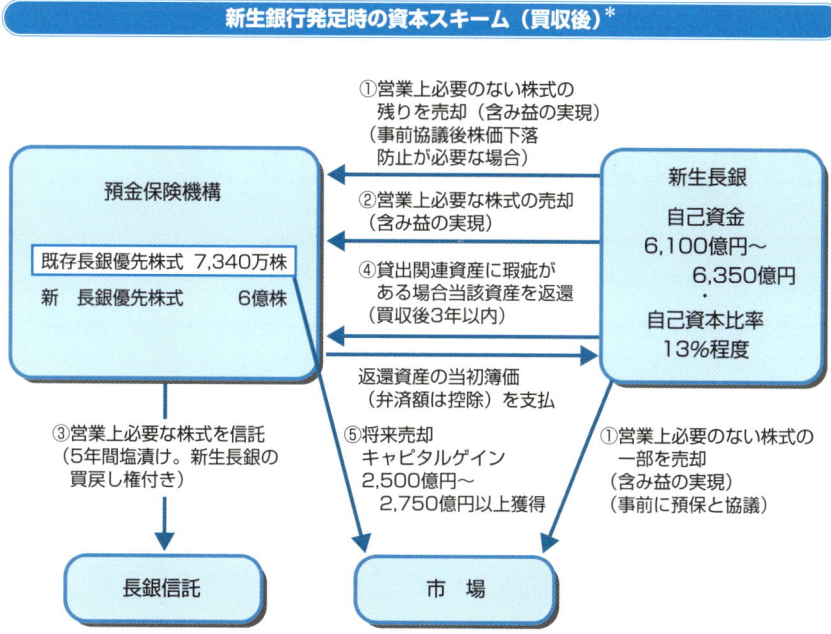

新生銀行発足時の資本スキーム（買収後）*

＊…**資本スキーム**　新生銀行経営健全化計画（2003年8月）より。

1-5 企業再生に必要不可欠な新技術への取り組み姿勢

　新生銀行は、ネットバンキングを利用する高額所得層を新しい顧客としてターゲットしました。ブロードバンドを利用した斬新なサービスの開発によって、ネットバンキングユーザーのみならず、富裕層を多く取り込むことに成功しました。

▶▶ ネットバンキングと高額所得層を顧客ターゲットに

　長銀の支店数は40以下と少なく、全国を網羅する巨大リテールバンクにとっては、その顧客リストもあまり意味がなかったのかもしれません。しかし、邦銀にとっての最大の誤算は、インターネットバンキングの時代が到来することを読み切れなかったことです。新生銀行はコストのかかる支店窓口を通じた一般の銀行顧客にはあまり期待せず、徹底的にネットバンキングを利用する高額所得層を新しい顧客としてターゲットし募集しました。そのために、長銀時代の東京目黒の計算センターをまず、ネットバンキングのためのサーバーセンターとコールセンターに変えました。そして八城社長は、シティーバンク時代のかつての部下でもあった多くのインド系技術者たちを採用しました。日本で初めて、すべての新生銀行のATMがブロードバンドで管理されることにより、データ処理コストが飛躍的に安くなりました。これにより、新生銀行に口座を持つ顧客は他銀行のATMを使っても常時手数料が無料になるばかりでなく、他銀行のカードで新生銀行のATMを利用するときも手数料は無料という斬新なサービスを可能にしたのです。以降、ネットバンキングユーザーのみならず、新生銀行をメインバンクにして他銀行をサブに使いこなすといった富裕層を多く取り込むことに成功し、企業価値を上げて再上場時の高い株価に結びつけていったわけです。

▶▶ 新生銀行の成功例は何を意味するのか

　この新生銀行の事例は、企業再生の1つの成功例であるばかりではなく、これにより日本の金融市場の安定化がはかられるきっかけになったという実りの多いものでした。1200億円以上のリスクマネーを張って同業他社が考えもしなかった知恵を

1-5 企業再生に必要不可欠な新技術への取り組み姿勢

使い、インフラへの投資を行うと同時に金融界の変革を成し遂げてマーケットの支持を得ることに成功したということです。

それを成し遂げた再生コンサルタントと資本家が、その付加価値を持ち帰ったとしても当然ではないでしょうか。また、この場合の再生ファンドが外資系だったとはいうものの、再生された新生銀行はれっきとした日本の銀行であり、ニューLTCBパートナーズの株主には日本の投資家からも多くの資金が流れ込んでいたことは周知の事実でもあります。

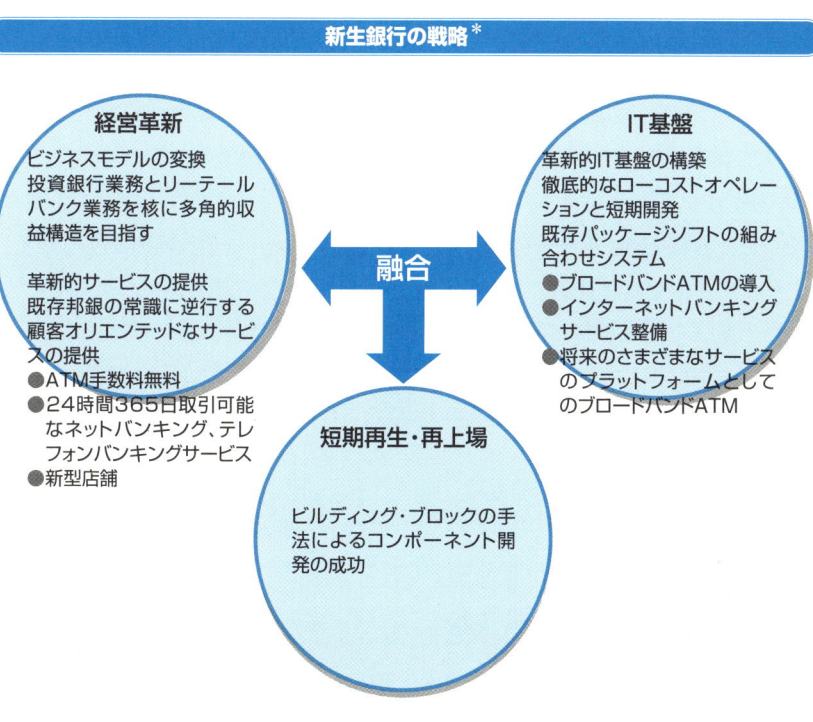

*…の戦略　新生銀行経営健全化計画（2003年8月）より。

1-6
金融機関の置かれた状況

　地方金融機関は体力さえ身につければ、不良債権認定とその処理をはじめとした企業再生にすぐにでも着手したいと考えています。そのためには合併のみならず、高収益が望める投資銀行業務などにも積極的に進出していく必要があります。

▶▶ 企業オーナーのメンツと金融機関の保守的な態度

　企業再生は大きく、法的再建と私的再建とに分かれます。これは企業再生の分類というよりも、銀行の債権放棄の理由付けの分類といった方がわかりやすいかもしれません。企業再生にとって、金融機関の理解(債権放棄の決断？)は絶対に必要な要素です。なぜならば、企業再生は金融機関の不良債権処理と表裏一体だからです。長銀の場合も、国有化を通じて行われた4兆円を超える公的資金投入なしには、いかなるファンドも再建に手を出せなかったでしょう。しかし、信用不安につながるとして日本の金融機関は債権放棄による自己資本比率の悪化を表面化したくないし、そのため長いこと不良債権処理を先送りしてきた歴史があります。日本の場合、法的再建はメンツを重んじる企業オーナーにとってなかなか踏み出せませんし、私的再建は利益率が低く欠損を出せない銀行にとってはなかなか踏み切れないということです。その結果、政府の目にとまらないような中小企業の企業再生は、企業オーナーのメンツと金融機関の保守的な態度にはばまれて思うように進まないケースが多く見られることになります。

▶▶ 第二地銀の体力をどう保つか

　企業再建のシナリオを描く際に、対象企業のメイン行が体力不足の地銀だったりする場合は、対象企業以上に金融機関そのものに対しての配慮も必要になってきます。大手都市銀行でも、体力増強のためのUFJ銀行をめぐる三菱東京フィナンシャル・グループ（MTFG*）と三井住友銀行（SMBC*）のし烈な争いはまだ記憶に新しいところです。それでも紆余曲折を得て、大手銀行の再編はそろそろ終結するようですが、実はこれから地方企業の本格的再生を進めるうえで、第二地銀といわれる中位行以下の銀行の体力をどう保つかが、重要な地方経済の再建のためのキー

＊MTFG　Mitsubishi Tokyo Financial Group, Inc.の略。
＊SMBC　Sumitomo Mitsui Banking Corporationの略。

ファクターになっています。金融機関は体力さえ身につければ、顧客企業の粉飾決算などに惑わされることなく、不良債権認定とその処理をはじめとした企業再生へのプロセスにすぐにでも着手したいと考えています。しかし、そのためには合併などの手法のみならず、高収益が望める投資銀行業務などにも積極的に進出していく必要がある、というのが大半の地方金融機関の置かれた状況です。

破綻金融機関の一覧＊

年度	破綻件数	主要破綻金融機関
平成10年度	30件	日本長期信用銀行、日本債券信用銀行など
平成11年度	44件	東京相和銀行、朝銀信用組合など
平成12年度	14件	岡山市民信用金庫、東京商銀信用組合など
平成13年度	56件	石川銀行、中部銀行など
平成14年度	0件	—
平成15年度	1件	足利銀行

＊…**の一覧**　預金保険機構年報より。

1-7
金融行政の犠牲者

　地方では、金融機関による企業の簿外債務の発見が遅れ、貸付金の不良債権認定が遅れる中、再生プロセスになかなか入れないまま突然死を起こす中小企業が多くなっています。

▶▶ 企業はひん死の重症、でも金利だけは払い続ける

　企業の経営破綻は多くの場合、企業収益が下がり借入金の返済ができなくなることにより発生します。金融機関は顧客である企業の格付け（債務者区分）を、最終的にはその企業の本当の業績ではなく、その借入金の返済状況によって決定しています。したがって、企業収益が良好に推移しバランスシートも良好で返済も順調な企業になるべく多く借りてもらい、さらに順調に返済してもらいたいのです。究極は借入元本はそのままに、金利だけを支払い続けてくれるのが金融機関にとってはベストな借り手（顧客）だからです。しかし、バブル経済後の日本においてそのような中小企業は少なく、勢い銀行としては返済さえ順調であれば、実は多少業績が悪くても、引き当て金が少なくて済むように債務者区分をよくしてきた歴史があります。それができるのも、最後は返済の保証を担保や個人保証に頼っているからです。したがって、実態はひん死の重症である企業の粉飾決算を金融機関は放置し、格付けだけを高くしたまま金利だけを支払い続けさせている例は枚挙に暇がありません。

▶▶ 再生プロセスに入れないまま突然死へ

　地方経済では、そのような金融機関の状況を反映するかたちで経済の閉塞感がより一層強まっています。資金の貸し手と借り手を継いでいるのが信用ですが、信用は多くの地方中小企業の場合、企業収益やバランスシートによって形成されるのではなく、社長（オーナー）の個人資産や人格、またその企業の地元への貢献度といったような部分も含まれてきます。しかもそれらは時として変化する現実を直視することなく、地方金融機関が顧客企業に寄せる期待値に変換されてしまうことも多くあります。その結果、業績不振にもかかわらず金融機関による企業の簿外債務の発見が遅れ、貸付金の不良債権認定が遅れる事態が頻発する中、再生プロセスにな

かなか入れないまま突然死を起こすというケースが多発します。実際、栃木県の足利銀行の例などは地元観光産業の低迷から、本来的不良債権処理を行い対象企業を再生しなければならない銀行が、その負担を軽くするために取った財務手法が監督官庁によって拒否され、貸出し銀行そのものが突然死し再建の対象になってしまった不幸な例です。

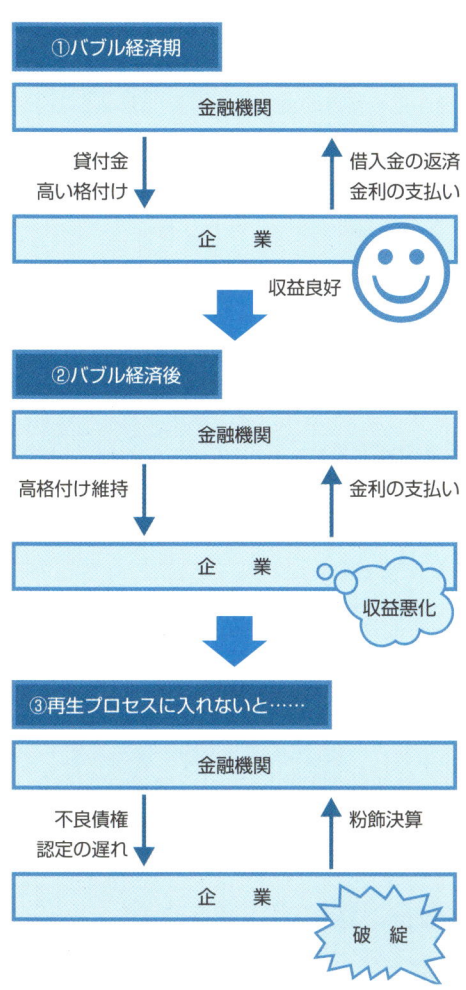

経営破綻のプロセス

1-8 企業破綻と再生コンサルタントの役割

中小企業の経営破綻は、「経営者の責任からくる破綻」「企業経営者と金融機関の双方の責任からくる破綻」「金融機関そのものの責任からくる破綻」の3つに分類されます。

▶▶ 中小企業の経営破綻の原因は何か

ここではとくに中小企業の経営破綻の実情に触れてみたいと思います。その原因は大きく分けて次の3つに分類されます。

① 企業のコアコンピタンスを特定し、そこへ経営資源を集中することを怠ることによる破綻です。これは主として経営者の責任からくる破綻です。
② 金融機関が適切な企業(顧客)診断を下し、企業体力がまだ残っているうちに増資、あるいは企業売却などでスポンサーをあてがうことを怠ることです。これは、企業経営者と金融機関の双方の責任からくる破綻です。
③ 早期に企業格付けを実態に合わせて変更し、不良債権処理の決断を貸し手(金融機関)側の体力のある内に素早く進めることを怠ることです。これは金融機関そのものの責任からくる破綻です。

これら3つの責任を、その任にある人(機関)がそれぞれ適切に果たし、その上で企業再生コンサルタントといわれる専門集団が、適切な企業再建ファンドあるいは支援企業といわれるリスクテイカーをマッチングさせるならば、ほとんどの企業破綻は未然に回避されるものです。破綻が回避されれば、取引先の存続、従業員の雇用をはじめ地域経済の地盤沈下を防ぐことができるのです。過去の多くの破綻は、企業経営者と金融機関双方の知識と判断力、そして知恵の欠如に由来するものがほとんどであり、それらの悲劇を回避させることが企業再生コンサルタントの役目なのです。企業再生コンサルタントの存在によって、リスクテイカーもより素早く対象企業の総リスクを計ることができ、手を差し伸べる判断が下せることになります。

▶▶ 業績不振に陥ったら、誰に相談すべきか

企業経営者は業績が不振に陥った場合、誰に相談するのでしょうか。多くの場合、

1-8 企業破綻と再生コンサルタントの役割

経営者は孤独です。とくに日本の金融機関はサラリーマンの集団ですので、担当者は前例のない判断をすることを嫌がります。企業の格付けを下げることは大きな決断ですし、ここでの躊躇が企業の粉飾決算を暗黙のうちにうながすことが多くあります。その上、金融機関の担当者は実務経験が極端に不足していますので、財務諸表と現実の実態経営との乖離と矛盾を見破れないのです。その上、税務署は税金を取る立場からしか決算書を見ないため、本質的な業績判断で税金を納めさせるのではなく、どちらかというと税が増える方向の粉飾好決算ウェルカムという態度をとります。少なくとも企業は見かけの好決算を演出するために、必死で税金だけは払おうとするからです。となると税理士の存在も、企業再生にはあまり役に立ちません。唯一監査法人、あるいは企業監査ができる公認会計士に期待が集まるのですが、その数は中小企業500万社といわれている日本にあってわずか2万人しか存在していないのが実情です。したがって残念ながら、未公開企業が監査をしっかり入れ、エクイティファイナンスに耐えられる決算書を自ら作り出すことは日本ではほとんどないといえるのです。

これらの実情から企業が破綻にいたる前に、企業経営者はすばやく企業再生コンサルタントを通じて企業診断(デューディリジェンス)を行い、債務圧縮を行うと同時にリスクテイカーのアレンジを行うことが重要だということがわかってきます。

企業のグローバル化に対し、少ない日本の公認会計士の数＊

2005年 5月31日現在

種別 地域会	会員				準会員	合計	未入会会計士補
	公認会計士	外国公認会計士	監査法人	計			
北海道	210	0	2	212	51	263	3
東北	226	0	2	228	28	256	3
東京	10,564	4	102	10,670	3,627	14,297	204
東海	1,165	0	10	1,175	285	1,460	20
北陸	162	0	2	164	25	189	2
京滋	264	0	1	265	90	355	8
近畿	2,150	0	28	2,178	624	2,802	41
兵庫	373	0	3	376	67	443	12
中国	241	0	2	243	70	313	7
四国	138	0	3	141	26	167	2
北部九州	392	0	1	393	130	523	7
南九州	147	0	1	148	10	158	3
沖縄	31	1	1	33	5	38	0
合計	16,063	5	158	16,226	5,038	21,264	312

＊…**公認会計士の数**　日本公認会計士協会ホームページより。

1-9
再生における
リスクテイカーの役割

　企業再生においては債務圧縮を行うと同時に、いったん受け皿になる機関であるリスクテイカーが必要になります。リスクテイカーには、スポンサー企業、再生ファンド、整理回収機構、産業再生機構などがあり、それぞれに役割があります。

▶▶ リスクテイカーとは

　企業再生においては債務圧縮を行うと同時に、いったん受け皿になる機関(リスクテイカー)が必要になります。この機関が企業活動を一時所有しながら、適切なリストラクチャリングと新しい知恵による付加価値を創造し、最終的に上場もしくは適切な企業に再生した事業を再売却(「出口/イグジット」という)して企業再生を完結していきます。リスクテイカーには次のような各機関とそれぞれの役割があります。

▶▶ スポンサー企業の役割

　自社の事業拡大意欲の強い企業が短時間にその目的を達するために、すでに完成された事業規模を持つ既存商権を狙って再生企業を買収（いわゆるM&A*といわれる行為）します。スポンサー企業は、最終的に対象企業の持つ財産価値を10倍にも100倍にもしようという意志力のある存在です。スポンサー企業にとっては財務的な力も必要ですが、それ以上に他の企業には無意味なものを価値あるものに変える知恵とアイデアが不可欠です。対象企業と同業者の場合もあれば、短時間に新分野への業態拡大を狙っている新興企業の場合が多くあります。

▶▶ 再生ファンドの役割

　企業再生ファンドとは、その投資リターンの大きさを売り物に5年から7年の期間を対象にして集められた資金をいいます。現在の世界的金余りの状況下では、定評のあるファンドマネージャーのもとには百億円単位の投資マネーがいともたやすく集まります。しかし、その年間の利回りは20％から30％を求められます。したがって有名ファンドマネージャーは、スポンサー企業より先に対象企業の価値を見出

＊**M&A**　Mergers & Acquisitionsの略。

し得る分析力と直感力を持ち合わせています。そのゆえに対象企業をリスクあるまま引き受けることが可能で、思い切ったリストラクチャリングとコアコンピタンスへの経営力の選択的集中を短時間に行い、リスク総量以上の将来の可能性（DCF*）を見積り、最終的にはスポンサー企業に再生企業を売却していくことができるのです。その性格上最後まで事業を所有し続けないため、あまりよくいわれないときもありますが、ファンドによる初期段階でのリスクテイキングがない限り企業再生はありえないともいえます。

▶▶ 整理回収機構の役割

整理回収機構（RCC*）は、金融機能の再生および健全化を行うために、預金保険機構の100％の出資により設立された株式会社です。企業再生においては、2003年3月に発表された金融庁の「金融再生プログラム」に基づく健全金融機関などからの債権の買い取りや、「早期健全化法」などに基づく金融機関に対する資本注入などが主な業務です。金融機関に対する資本注入の場合は、増資というかたちで金融機関の発行する優先株式や劣後債の買い入れおよび劣後ローンの引き受けなどを行い、必要な資金そのものは預金保険機構が貸し付けたり、債務保証や利益の収納などを行うかたちで行われます。この場合の資本注入は、一般に公的資金の投入といわれています。一方中小企業の再生では、中小企業再生型信託の機能を発揮して、地域金融機関がどうしても倒産させたくない対象企業に対しての債務免除に力を発揮します。以前の整理回収機構は企業経営者から恐れられる存在でありましたが、現在は債権回収部と企業再生部との2つの役割機能を持っています。しかし、企業再生に対して整理回収機構は対象企業の株式を保有することをしないため、その再建に対しての指導力は限定的であり、その反省に立って産業再生機構（IRCJ*）が設立されました。

▶▶ 産業再生機構の役割

産業再生機構は、株式会社産業再生機構法に基づき、預金保険機構が株式の過半数を保有して2003年4月16日に設立された特殊会社です。わが国の産業の再生と信用秩序の維持をはかるため、有用な経営資源を有しながら過大な債務を負っている事業者に対し、事業の再生を支援することを目的として、債権の買い取り、資金

＊DCF　Discounted Cash Flowの略。
＊RCC　The Resolution and Collection Corporationの略。
＊IRCJ　Industrial Revitalization Corporation of Japanの略。

の貸し付け、債務保証、出資などの業務を行うために設立されました。したがって、再生支援の決定は、事業者と債権者である金融機関の連名による支援申請を受けて決定されます。主として金利減免などを実施した「要管理先」債権を、非主力取引銀行から2年間に集中して買い取った後、主力取引銀行と協力して対象企業の再建を進めます。その際に、債権の株式への転換などを通じて対象企業へ出資することができ、その点では整理回収機構にはできなかった思い切ったリストラなどの再建策の実施を自らの手でも行えるという強みを持っています。また、買い取った債権や株式は3年以内に新しい再建スポンサー企業に売却し、不採算事業の整理などの再構築を実行したうえで売却益を得ることも可能となっています。

　最近では、最後まで自主再建にこだわったダイエーが、最終的には産業再生機構を利用して再建に取り組むこととなり、最終的に丸紅グループに落ち着いたスポンサー企業の選択に際しても、産業再生機構の発言力の強さが目立ったのは記憶に新しいことです。ダイエー自体の再建はまだまだこれからですが、これによりメイン行のUFJ銀行はダイエー向けの不良債権の処理が一気に進み、三菱東京フィナンシャル・グループとの統合に向けて大きく前進をしました。

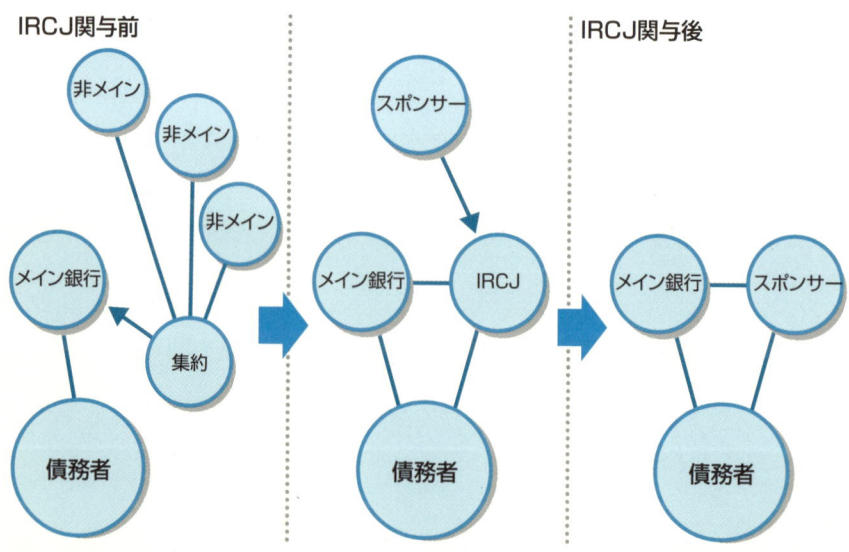

産業再生機構を活用した再生プロセス

どんな条件を満たすと再生できるのか

　企業が経営破綻にいたるまでには、さまざまな経緯・事情があり、そのすべてのケースに通用する再生条件などというものはありません。また、どのような企業でも再生可能というわけでもありません。

　しかし、企業が、経済、法律、商習慣などの共通ルールの中に存在する以上、これを再生するにも一定の条件というものがあってしかるべきです。

　本章では、実務において企業再生の可能性を判断するための主な条件をあげてみます。ただし、これらはあくまで可能性としての判断基準に過ぎません。再生の成否は、最後はそれにかかわる人々の意識と努力にかかっています。

2-1
コア事業の採算性
－事業状況の分析

企業再生においては、主たる事業に採算性が残っていることが基本的条件です。主たる事業に採算性があってこそ、経営の足を引っ張ってきた不採算性事業や有利子負債などの阻害要因を切り取ることによって再生の可能性を見いだします。

▶▶ 事業の採算性とは

企業再生を図るにあたって、まず初めに確認・検討しなければならないのは、その企業の主たる事業（コア事業）についての採算性です。

過去に負った銀行などの金融機関からの有利子負債のために資金繰りは逼迫しているが、いまだ事業そのものの採算性は残っているというような場合には、有利子負債の圧縮やリストラにより財務状態を改善させれば、もともと事業自体の収益力はあるのですから再生の可能性はあるということがいえます。反対に、売上収支の段階で赤字であるような企業の場合は、そもそも事業自体に採算性がないのですから、営利企業としての根底を欠いているというべきであり、再生すべき企業ないし事業の範疇には入らないと思われます。

さて、ここでいう事業の採算性とは、端的な意味では、営業収支において銀行などの有利子負債に関する支払利息や不採算事業にかかる削減すべき無駄な経費などを控除した後がプラスに転ずるような事業状況にあることを指します。また、このような収益が現になくても、再生過程で財務状態を改善し事業に対するしかるべき措置を講じたなら、採算性が回復するという客観的・合理的予測ができる場合も含めていいでしょう。

しかし、この事業採算性を見極めることは、実はそう単純ではありません。多くの場合、実際の事業状況は経理上の数字だけでは読み込むことのできない複雑な事情が絡んでおり、客観性ある適正な判断をすることは容易ではありません。ことが再生という通常の経営状態とは異なる手続を経たうえでのことであることを考え合わせれば、この将来予測はなお一層難しい判断となります。

また、事業の採算性を確認・検討するうえでとくに注意しなければならないのは、

その企業の財務資料は必ずしも適正な判断材料とはならないことです。上場企業ですら何かと問題の多い財務資料です。ましてや中小企業にいたっては、何がしかの調整や粉飾などが施されていると見るべきです。企業の経営者や財務担当者が、それまでの経営逼迫の過程の中で、なんとか金融機関からの信用をつなぎ止めたいために財務資料をいじってしまうのは人情ですが、再生を図る際に、その財務資料が不正確であったり事実と相違していたりした場合は、再生可能性や再生手法についての判断を誤らせ、その結果として再生計画の失敗や二次破綻などにつながることにもなりかねません。

▶▶ 専門家のアドバイスを受ける

したがって、事業の採算性を判断するための事業状況の分析については、財務や営業の内部担当者だけでなく、可能な限り、会計士、税理士、経営コンサルタントなどの適切な専門家による調査・分析などのアドバイスを受けることが望ましく、また、そのような専門家の客観的意見を経たうえでの再生計画であることが、債権者などの利害関係人からの信頼を得るうえで、1つの説得材料にもなります。

ただし、これら専門家のアドバイスについては、その限界も知っておかなければなりません。これらの専門家は理論としての分析・判断はできても、実際に企業経営の経験を有していることは少なく、机上の空論や形式論に傾いてしまうことがありえます。これらのアドバイザーによる意見は、自らの判断を確認するための材料として用いるべきであり、これだけに頼る姿勢は禁物です。再生可能性を図るうえでの事業採算性の有無は、あくまでもその企業自らの判断と覚悟をもってなすべき事柄です。

2-1 コア事業の採算性－事業状況の分析

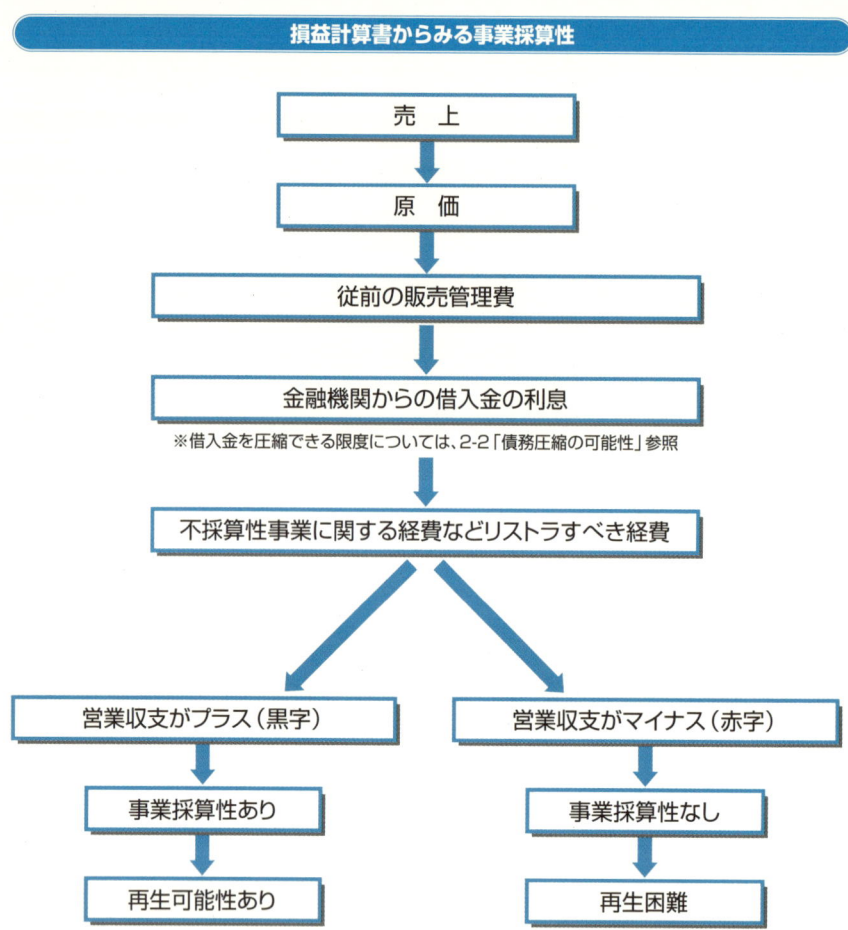

2-2
債務圧縮の可能性－経済合理性

企業再生には債務の圧縮が必須条件となりますが、どのような企業でも債務を圧縮できるわけではありません。ここでは、とくに金融機関に対する債務の圧縮について、その同意を得るための経済合理性と呼ばれる考え方について考えてみます。

▶▶ 債務の圧縮が企業再生の必須条件

およそ、再生を図らなければならなくなったような企業は、取引先債権者や金融機関などからの過剰な負債を抱えており、帳簿上の貸借対照表はともかく、その実質は完全な債務超過となっているはずです。その負債の中で最も大きな負担となっているのが、銀行などの金融機関からの長・短借入金として計上されている有利子負債でしょう。

現在、経営が悪化している多くの企業の場合、過去の好景気の最中に金融機関から事業拡充などのための資金を借り入れ、その事業が軌道に乗らぬうちに景気が後退し、過剰な有利子負債だけが残ってしまっているというような経緯をたどっています。これまでは、その返済のためにさらに追い貸しを受けてやり繰りしてきたものが、しだいに元金はおろか利息支払いすらままならなくなってきて、ついには金融機関から見放されるという事態に陥っています。

したがって、そのような企業を再生させるためには、債権者、とくに金融機関債権者からの過剰な有利子債務を債権放棄や免除によって圧縮してもらうことが必須条件となります。その意味で、企業再生手続は過剰負債減免のための手続に他なりません。

▶▶ 経済合理性とは

さて、この企業再生が受けうる債務圧縮の具体的な金額ですが、現在、企業再生の現場では、法的再生でも私的再生でも、いわゆる「経済合理性」と呼ばれる考え方が定着しています。順を追って考えてみましょう。

まず、その企業が清算ないし破産した場合を想定して、そのときに債権者が得られるだろう債権回収率（額）を理論値として算出します。これが「清算配当率（額）」

2-2 債務圧縮の可能性－経済合理性

と呼ばれるものです。債権者にとって、この清算配当率（額）より有利（少ない）な債権額の放棄ないし免除で済むのであれば、その再生計画（返済計画）に同意することに合理性があることになります。これを債務者企業側からみれば、「清算配当率」以上の返済を提示できる再生計画（返済計画）であれば、その余の債務については減免してもらうよう要請することができるということになります。この考え方が経済合理性と呼ばれるもので、債務圧縮の計算根拠となるものです。

なお、清算配当率（額）に対して、これをどの程度上回れば経済合理性があるのかについてはとくに基準はなく、実務においては事案に応じて判断されているようですが、返済が分割となる場合（通常そうですが）、その期間の金利も勘案し清算配当率を上回る返済案を計画できることが必須条件です。

金融機関に対する清算配当率（額）の算定方法

	計算内容
1	バランスシートの資産と負債を精査して、実態金額に修正する（多くの場合、資産は減少し、負債は増加する）。
2	上記1で修正された実態資産のうち、金融機関などの担保を設定してあるものを控除し、あわせて負債から当該金融機関負債額のうち担保物価格分を控除する（これは金融機関に対して他の一般債権者とは別に返済すべき金額として除いておく）。
3	上記2で残った資産から、負債のうち優先債権である税金などの租税債務額を控除し、あわせて負債から当該租税債務額を控除する（これは税務機関などに対して他の一般債権者とは別に納付すべき金額として除いておく）。
4	上記3で残った資産から、負債のうち租税債権の次に優先する労働債務額（未払給与や退職金）を控除し、あわせて負債からその労働債務額を控除する（これは従業員に対して他の一般債権者とは別に支払うべき金額として除いておく）。
5	上記4で残った資産と負債の比率が、一般債権に対する清算配当率となる（たとえば、資産500万円で負債10000万円なら一般債権者への清算配当率は5％となる）。
6	金融機関に対する返済額（案）としては、上記2の担保資産による返済額に加えて、その余の残債権額に上記5の清算配当率による返済額を加算した額以上でなければならない。

2-3 金融機関との関係

　企業再生においては、金融機関に対し、債務の減免を要請することとなり、一時的には対立した関係に陥ります。金融機関からの理解と協力を得るためには、金融機関側の事情をも加味した再生計画であることが大切な条件となります。

▶▶ 金融機関に債務の減免を告げる時期

　企業は、金融機関とは、手形の振り出しや割引、売掛金の入金、そして運転資金の借入れなど、事業を継続するうえで欠くことのできない深い関係にあり、その意味では支援者です。

　しかし、他方、この事業継続のうえで欠くことのできない関係にあることから、金融機関は、貸付先企業の生命線を握っているともいえるわけです。企業再生にあたっては、多くの場合、このような金融機関に対し、債務の減免を要請することとなりますから、これを告げる時期や金融機関側の置かれた事情については細心の注意を要することとなります。

　たとえば、計画が練れていない段階で不用意に再生などという言葉を告げれば、場合によっては、いまだ必要な追加融資が受けられなくなったり、口座をロックされたり、ひどい場合は取引を停止されたりする恐れがあります。これは、金融機関側との取引約款において、金融機関側が利用者（貸付先）に対する信用を失ったと判断した場合は、払い出しの拒絶、預金と貸し金との相殺、取引の停止など自らの債権保全策を実行できる旨が定められているからです。

　もっとも、実際においては、企業が再生手続を用いなければ再生できないような状態に陥ってしまっているときは、金融機関におけるその企業に対する債務者区分は破綻懸念先ないし実質破綻先というランクに落とされており、すでにその関係は冷えてしまっているのがほとんどであり、急に関係が悪化するという例は少ないでしょう。しかし、それでも再生にあたって金融機関から急に前記のように切り離されてしまっては、再生の当初からつまづくこととなって重大な支障をきたすことになってしまいますので、このような事態は極力避けなければなりません。

2-3　金融機関との関係

▶▶ 金融機関の事情はどうなのか

　また、金融機関は、金融庁の指導により、債務者区分の低下した企業に対しては、その債権についての分類区分によって引当金を積まなければならず、このような負担を強いられている金融機関にとっての関心事は、もっぱら、どのようにしてその企業から身を引くか、どのようにしてその不良債権を処理するかということに絞られているはずです。このため、再生手続によってその企業との関係を継続させられることについては、ときにこれを嫌うことがあります。企業によっては、金融機関側から再生を要請してくるケースもありますが、これはまれなケースであって、多くの場合、金融機関側は、一度見放した貸付先に対しては、その再生を期待せず、もっぱらその不良債権の処理に最大の関心を置く傾向にあるために、再生のための取引関係の継続には必ずしも協力的ではありません。

　このように、金融機関との関係で再生を図る場合は、それが適正な再生計画であるだけでなく、完全に見放される前の時期を逸しない段階での着手も大切な条件となります。この時期の見極めについては、金融機関との平素の関係から判断する以外にありません。借入金の長期から短期への切り替え要請、短期借入金のさらなる期間短縮の要請、金利の増加の要請などといった事柄から、その金融機関の企業に対するスタンスが読み取れます。いわゆる貸しはがし、すなわち債権譲渡の予告がなされたときは最後通告なのです。

　いずれにせよ、企業が再生を図る以上、事業の継続が大前提となりますから、金融機関との関係において、突然、取引を停止されるなど不測の事態によって回復しがたいダメージを受けぬよう注意することが必要なのはいうまでもありません。

2-3 金融機関との関係

債務者区分と分類区分＊

1．債務者区分

債務者区分	定義
正常先	正常先とは、業況が良好であり、かつ、財務内容にも特段の問題がないと認められる債務者をいう。
要注意先	金利減免・棚上げを行っているなど貸出条件に問題のある債務者、元本返済若しくは利息支払いが事実上延滞しているなど履行状況に問題がある債務者のほか、業況が低調ないしは不安定な債務者または財務内容に問題がある債務者など今後の管理に注意を要する債務者をいう。
破綻懸念先	破綻懸念先とは、現状、経営破綻の状況にはないが、経営難の状態にあり、経営改善計画等の進捗状況が芳しくなく、今後、経営破綻に陥る可能性が大きいと認められる債務者（金融機関等の支援継続中の債務者を含む）をいう。
実質破綻先	実質破綻先とは、法的・形式的な経営破綻の事実は発生していないものの、深刻な経営難の状態にあり、再建の見通しがない状況にあると認められるなど実質的に経営破綻に陥っている債務者をいう。
破綻先	破綻先とは、法的・形式的な経営破綻の事実が発生している債務者をいい、たとえば、破産、清算、会社整理、会社更正、民事再生、手形交換所の取引停止処分等の事由により経営破綻に陥っている債務者をいう。

2．分類区分

分類区分	定義
Ｉ分類	「II分類、III分類およびIV分類としない資産」であり、回収の危険性または価値の毀損の危険性について、問題のない資産。
II分類	債権確保上の諸条件が満足に充たされないため、あるいは、信用上疑義が存するなどの理由により、その回収について通常の度合いを超える危険を含むと認められる債権などの資産。
III分類	最終の回収または価値について重大な懸念が存し、したがって損失の発生の可能性が高いが、その損失額について合理的な推計が困難な資産。
IV分類	回収不可能または無価値と判断される資産。

＊…と分類区分　「預金等受入金融機関に係る検査マニュアル」（金融庁）をもとに作成。

2-4
取引先など一般債権者の理解と許容限度

　企業再生は、その事業を継続させてこそ成るものです。そのためには取引先などの関係者の置かれた状況をも勘案して再生計画を策定しなければなりません。1つの企業の再生は、その取引関係にある多くの企業に重大な影響を与えるからです。

▶▶ 事業の継続が企業再生の必須条件

　企業再生の条件として、前項に述べた過剰債務の圧縮と並んで欠くべからざる条件は事業の継続です。債務の圧縮によって負担を軽減し財務状態を改善したとしても、それだけで企業が再生できるわけではありません。当然のことながら、その改善された財務状態の上に事業が継続されなければなりません。

　しかし、経営が破綻した企業ないし事業につき、これを再び通常の経営状態に戻すための再生過程では、多くの場合、取引先などの利害関係人にとって従前の取引条件より不利な条件での取引を要請しなければならないこととなりますが、その取引先企業が必ずしもこれを許容してくれるとは限りません。

　取引先企業が再生計画による取引条件を許容しない理由は、許容する必要がない場合と、許容することができない場合の2つに分かれます。前者の場合は、その取引先企業はあえて不利な条件で再生企業と取引しなくてもさしたる支障がないからです。後者の場合は、その不利な条件では自らの経営自体が維持できないからです。いずれにせよ、再生企業にとっては、事業継続に重大な影響を及ぼすこととなり、場合によっては商品の仕入れができないなど、事実上、事業継続が不可能となることもありえます。

▶▶ 取引先との関係をどうするか

　およそ、1つの再生企業には、その企業との取引関係にある他の多くの企業があり、再生過程の中で事業の継続を期すためには、これら取引関係にある企業の再生企業に対する依存度やその企業自体の経営状態までをも勘案し、その許容限度を考慮したものでなければ、その再生計画は現実的なものとはいえません。いずれの企

業も、その許容限度を越えた条件で取引に応じることはできず、この点についての検討と配慮を怠れば、突然の取引停止や取引先企業の連鎖倒産という障害にぶつかる可能性があり、そうなっては再生企業の事業を継続することが不可能となってしまいます。

したがって、このような事態を回避するためには、再生企業と取引先などの利害関係人との関係を充分に検討し、企業再生の事業継続のために欠かせない取引先に対しては、理解を得ることはもちろん、その企業にとって許容できる範囲での取引関係を維持すべく、その支払条件などの取引条件についての協議を尽くすことが必要不可欠となります。

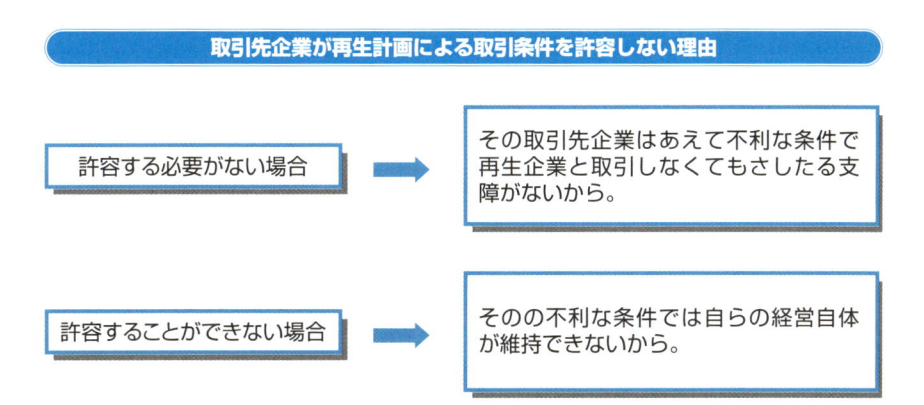

取引先企業が再生計画による取引条件を許容しない理由

| 許容する必要がない場合 | → | その取引先企業はあえて不利な条件で再生企業と取引しなくてもさしたる支障がないから。 |

| 許容することができない場合 | → | そのの不利な条件では自らの経営自体が維持できないから。 |

2-5
経営者の責任

　企業再生においては、債務免除や支払猶予など、再生企業の負担を軽減するために、金融機関や取引先などの利害関係人に痛み分けしてもらうこととなります。そのとき、経営者に求められる責任とは、具体的にどのようなものか考えてみます。

▶▶ 自らの保身を優先させない

　経営者は、自らの保身を優先させてはなりません。多くの場合、経営に失敗した経営者やオーナーに対する見方は厳しく、その企業から退くことが求められます。したがって、再生を図る動機の中に経営者自らの保身が含まれていたりしては、債権者からの理解を得ることは困難です。

　ただし、再生のためにその経営者が必要である場合には、必ずしも経営から退く必要はなく、むしろ経営を続行してその責務を全うすべき場合もあります。要は、その経営者が再生を実現するにおいて必要か否かで判断されるべき事柄です。

　いずれにせよ、再生において守られるべき最優先事項は、その企業の存続や、従業員や取引先などの利害関係人の被害回避にあるべきことは、改めていうまでもありません。

▶▶ 個人財産の保全は控える

　中小企業においては、経営者の個人財産は金融機関に対する担保に提供されていることがほとんどですが、仮に、経営者が保証債務のみ負担していて、いまだ個人財産までは担保に提供していなかったとしても、再生に際して、これらの個人財産を他に避難させるような行いは控えなければなりません。ただし、個人としての生活を維持することまでをも否定するものではありません。

▶▶ 再生に向けて最大限の努力を払う

　経営者は、たとえ自らの退陣が決まっていようとも、再生手続の過程においては、その成就に向けて最大限の努力を払わなければなりません。経営者は、自らの退陣が条件となるような再生計画の場合、往々にして、再生業務に非協力的となり、場

合によっては再生に尽力するものに対して対抗的になることすらありますが、このような態度は厳しく戒めるべきです。

▶▶ 再生から逃避してはならない

　経営者は再生から逃避してはなりません。債権者に対する説明や謝罪など、再生における困難においては、経営者が率先して事に当たらなければ、債権者の理解を得られないばかりでなく、内部の従業員の再生に向けての志気にも影響を与えてしまいます。

　以上にあげた経営者の責任のあり方は、一見、メンタルに過ぎるように思えるかもしれませんが、実際の再生においてはきわめて重要な事柄です。このような経営者の責任のあり方は、利害関係人に相当の負担を強いることになる企業再生においては欠くことのできない必要条件なのです。

経営者の責任のあり方

①自らの保身を優先させない

②個人財産の保全は控える

③再生に向けて最大限の努力を払う

④再生から逃避してはならない

Column コラム

企業の再生は織物の再生

　近年経営的に行き詰まった企業には、連綿と続く立派な歴史を持っている会社が少なくありません。よくある質問に、「まだ歴史もなく未成熟のまま行き詰まった企業と、歴史を持った老舗とどちらの再生が難しいですか？」というのがあります。これはなかなか答えられない質問です。あえて答えるとすれば、「どちらにもそれぞれの難しさがありますね」ということになります。

　ただし質問が、「再生する意義はどっちが大きいか？」ということになれば答えは違ってきます。老舗には独特の「文化」が長い年月によって醸成されているからです。それに対して企業が持つ「技術」というものは「文明」的な資産であり、これは誰でも運さえよければ、短い時間で手に入れることができるものです。ところが歴史や文化というものは、いくら金を叩いても即席には絶対に作れません。その財務諸表には現れにくい価値を一言で「ブランドエクイティ（ブランドの資産価値）」ということがあります。だが、そう簡単にブランドの力と片づけるわけにはいかないようです。

　もっとも長い歴史を持つことは功罪両面を持っています。老舗の信用力という「功」があれば、一方で名声にあぐらをかき時代の変化についていけないという「罪」もあるでしょう。もっとも、老舗でも進化し続けてきた企業もいくらでもあるし、歴史もない新興企業なのに考え方が時代からずれている会社もあります。

　そこで私は、企業の総合力を「織物」にたとえます。

　歴史的な企業文化の継承は「縦糸」であり、長年その企業に続いている「技能」や、社員の企業への忠誠心などはこれにあたります。それに対して、現代的な「技術」力やマーケティング力は「横糸」であり、この縦横両方の糸が織りなす織物の絵柄がその企業の魅力であり競争力なのです。

　最近の企業再生の失敗例としてあげられる三菱自動車の場合は、三菱グループの縦糸とダイムラークライスラー社が持ち込んだ現代的経営手法という横糸がまったく絡まないまま織れていない織物を作り続けていたような気がしてなりません。すなわち織り手不在の不幸なのです。

　企業再生とは、この織物の補修であり再生であることを肝に銘じなければいけないでしょう。

（水野誠一）

第3章

再生にかかわる
プレイヤーは誰か

　第3章では、再生業務にかかわるさまざまなプレイヤーについて、紹介します。

　再生業務を、債権回収、資金供給、再生業務支援の3つの面に分けて、各々において活躍する主要なプレイヤーの状況を説明します。

　債権回収の面では、整理回収機構、産業再生機構、サービサー、資金供給の面では、事業会社と再生ファンド、再生業務支援の面では、再生コンサルタント、弁護士、会計士がいます。

3-1
債権回収のためのプレイヤー

　企業再生は、さまざまなプロセスを経て実現しますし、さまざまな関係者（プレイヤー）が関与します。企業再生に関与するプレイヤーは、債権回収の面、資金供給の面、再生業務支援の面の3つの側面で分類することができます。

▶▶ 再生にかかわるプレイヤー

　企業再生は、さまざまな複雑なプロセスを経て、実現します。決して、再生対象会社や主要取引先金融機関だけで完了するものではないでしょう。

　そこで、ここでは、企業再生にあたり、債権回収、資金供給、および、再生業務支援の3面から、どのような主要なプレイヤーが参加するか簡単に説明します。

▶▶ 債権回収

　企業再生に関与するプレイヤーのうち、まず、債権回収の面についてです。

　再生会社は、債務が過大であり、資金繰りの困難に直面しています。そこで、その再生会社が再生するためには、その債務について、条件変更、減額、売買などをとおして、処理する必要があります。これは、再生会社の負担を合理的にするだけではなく、再生会社に対する大口債権者（通常、金融機関）にとっても、保有債権の処理が進むので便利です。

　しかしながら、欧米には、このような債権を処理する事業として、民間業者としてサービサー企業がありましたが、日本では一般的では、ありませんでした。
そこで、整理回収機構（RCC）、産業再生機構（IRCJ）を設立するとともに、債権管理回収業に関する特別措置法（以下「サービサー法」を整備して、民間事業としての債権回収事業のビジネスの定着を図ってきており、現に、定着してきているといっていいでしょう。

3-1 債権回収のためのプレイヤー

企業再生にかかわるプレイヤー

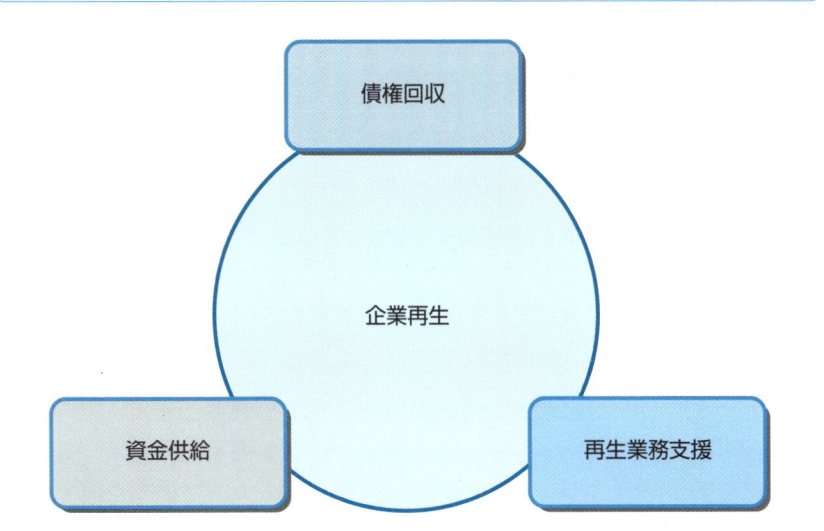

- 債権回収
- 企業再生
- 資金供給
- 再生業務支援

第3章 再生にかかわるプレイヤーは誰か

3-2 整理回収機構（RCC）は何をするのか

債権回収の面でまず説明しなければならないのは、整理回収機構（RCC）です。公的な債権管理回収業者であり、わが国の債権回収について、先鞭的な役割を果たしているといえます。

▶▶ 整理回収機構とは

　株式会社整理回収機構（RCC）とは、公的なサービサー（債権管理回収業者）であり、1999年4月1日に預金保険機構によって設立された会社です。旧住専、および金融機関の破綻処理費用の最小化を意図して設立されたものです。

　業務内容は以下のようです。旧住専や破綻金融機関などからの貸付金債権などの回収にあたって、譲受価格以上の回収ができない場合損失が生じます。これがいわゆる「二次ロス」の発生ですが、RCCでは全体として二次ロスが生じないようこれら貸付債権などの効率的な整理・回収に努め、「旧住専および金融機関の破綻処理費用の最小化を図る」ことを実施しています。

　あわせて、旧住専関連に限らず健全金融機関の不良債権処理を支援し、わが国の金融機能の改善・強化に資することも実行してきました。このことは、いわゆる健全金融機関の抱える不良債権のオフバランス化を支援するため、健全金融機関からの不良債権の買い取り、信託業務、企業再生支援業務などの活動を通して、"わが国の金融施策の前さばきを行う実行部隊"としての役割を果たしてきました。

　具体的には、主に、以下の仕事を行っています。

1. 旧住専7社から買い取った貸付金債権などの回収、譲り受けた不動産などの管理・処分。
2. 預金保険機構からの委託などによる健全金融機関、破綻金融機関などからの貸付金債権などの買い取りならびにその管理・回収。
3. 旧住専や金融機関などの破綻原因に関与した経営者・銀行などの民事・刑事上の責任追及。
4. 法務大臣からの営業許可に基づく、民間サービサーとしての債権管理回収業

務。
5. 不良債権回収にかかる刑事告発および不法占拠などの妨害行為排除のための民事上の保全処分。

▶▶ RCCの再生スキームはどうなっているか

　RCCは、企業再生に公正・中立の立場で関与することによって、計画の客観性が確保でき債権者金融機関相互の利害調整が行いやすい点、および、民間の投資家の資金を活用して入札を実施することで、金融機関にとっては価格の妥当性が確保でき、また、投資家との橋渡しがスムーズに行える点を、自身の意義と考えています。
　そこで、以下のような再生スキームを開発して、企業再生を図っているところです。

1. 金融機関からRCCに対する再生案件の検討依頼に基づいて、業務委託契約を締結する。
2. RCCは、その企業の再生計画の検証などを実施したうえで、他の債権者金融機関の利害調整などを行い、各金融機関の合意を取り付ける。
3. 合意した各金融機関とRCCとの間で入札管理委託契約を締結する。RCCはその案件に適していると考えられる複数の投資家を選定し、厳格な守秘義務契約のもとで情報開示を行い入札を実施する。
4. RCCは、落札した投資家との間で金銭信託以外の金銭の信託(企業再編ファンド型金外信託)契約を締結し、買い取り資金を受託する。
5. RCCは、金融機関との間で債権売買契約書を締結し、投資家から受託した資金で債権を買い取り、再生計画に従って債権放棄など必要な措置の実施やリストラ計画の実行を管理する。
6. 金融機関は、その企業の再生可能性を確認することで、必要に応じてリファイナンスを行うなどによってその企業を再生して通常取引に戻る。

3-2 整理回収機構（RCC）は何をするのか

整理回収機構のスキーム図*

債務者X

⑥必要に応じて
リファイナンス

貸付

債権者（メイン行など）
（委託者）

①業務委託契約

RCC
（受託者）

②再生計画検証、債権者調整・債権者合意の取付け

金融機関　金融機関　金融機関　金融機関

③入札管理委託契約

RCC
（入札管理者）

入札参加

投資家B　投資家C

⑤債権売買契約
（買取）

債務者X用
投資家選定

投資家A　投資家B　投資家C　投資家D
（委託者）（委託者）（委託者）（委託者）

④金外信託契約
（買取資金を受託）

RCC　　RCC　　RCC　　RCC
（受託者）（受託者）（受託者）（受託者）
RCCAファンド　RCCBファンド　RCCCファンド　RCCDファンド

再生計画の実行、債権管理など

＊…**スキーム図**　整理回収機構のホームページより。

3-3 産業再生機構（IRCJ）は何をするのか

産業再生機構もまた、わが国の債権回収において、整理回収機構と同様に、中心的な役割を果たしてきました。産業再生機構は、整理回収機構と比べて、より公的色彩が強く、わが国のサービサー業務を牽引した役割を果たしてきました。

産業再生機構とは

　株式会社産業再生機構（IRCJ）とは、2003年4月16日に、預金保険機構、農林中央金庫などを株主として設立された会社です。産業再生機構は、事業再生を目的とした、資金投下を含めた公的なコンサルティング事業を行う会社です。産業再生機構は、わが国の産業の再生を図るとともに、金融機関などの不良債権処理の促進による信用秩序の維持を図るため、有用な経営資源を有しながら過大な債務を負っている事業者に対し、雇用の安定などに配慮しつつ、過剰供給構造その他のその事業者の属する事業分野の実態を考慮しながら、次に掲げる業務の実施による事業再生の支援（以下「再生支援」といいます）を業務としてきました。

　具体的には、以下の業務を行っています。

1. 再生支援の対象事業者に対して金融機関などが有する債権の買い取りまたは貸付債権の信託の引受け
2. 上記の買い取りまたは信託の引受けを行った債権に係る債務者に対する以下の業務
   - （ア）資金の貸付け
   - （イ）金融機関などからの資金の借入れに係る債務の保証
   - （ウ）出資
3. 上記業務に関連して必要な交渉および調査、再生支援の対象事業者に対する助言など

債権買い取り期限までに41件の支援を決める

　産業再生機構は、さまざまな企業再生にあたり、さまざまな実績をあげてきまし

3-3　産業再生機構（IRCJ）は何をするのか

たが、産業再生機構は業務開始以来、債権買い取りについて期限があります。2005年3月31日の債権の買い取り申込みなど期限までに41件の案件に対して支援決定を行い、実現しています。現在は、買い取った債権などの3年以内の売却など

産業再生機構の業務*

典型的な個別案件の取扱のフロー

1. 機構に対する事前相談
2. 債務者・メインバンクなどによる支援申請

　　　厳格な秘密保持

3. 産業再生委員会による支援決定（注1）
4. 非メインの金融機関に対する機構への債権買取り申込み又は再生計画に対する同意の要請（注2）
5. 産業再生委員会による債権の買取りなどの決定（注1）
6. 再生計画の実施（注3）
7. 産業再生委員会による債権の譲渡その他の処分の決定（注1）

（注1）支援決定を行ったときは機構が概要を公表
（注2）必要に応じ、要請を併せて一時停止の要請
（注3）買取りなどの決定から3年以内に処分を行うよう努める

＊…の業務　産業再生機構のホームページより。

3-3 産業再生機構（IRCJ）は何をするのか

産業再生機構の支援実績*

支援決定先企業	支援決定先企業	支援決定先企業
株式会社あさやホテル	株式会社金門製作所	株式会社フェニックス
株式会社アビバジャパン	九州産業交通株式会社	富士油業株式会社
株式会社アメックス協販など	株式会社金精	株式会社フレック
株式会社うすい百貨店	株式会社三景	株式会社ホテル四季彩
株式会社大川荘	粧連株式会社	株式会社マツヤデンキ
株式会社大阪マルビル	スカイネットアジア航空株式会社	ミサワホームホールディングス株式会社
株式会社奥日光小西ホテル	ダイア建設株式会社	三井鉱山株式会社
株式会社オグラ	株式会社ダイエー	宮崎交通株式会社
株式会社オーシーシー	株式会社大京	株式会社ミヤノ
カネボウ株式会社	タイホー工業株式会社	株式会社明成商会
金谷ホテル観光株式会社	有限会社田中屋	八神商事株式会社
有限会社釜屋旅館	玉野総合コンサルタント株式会社	
関東自動車株式会社	株式会社津松菱	
有限会社鬼怒川温泉山水閣	栃木皮革株式会社	
鬼怒川グランドホテル株式会社	服部玩具株式会社	

2005年3月31日現在

に向けて、支援決定をした事業者の事業の再生を確実なものとするため活動を続けています。

*…**支援実績**　産業再生機構のホームページより。

3-4
サービサーは何をするのか

サービサーとは、法務大臣から許可を得て設立された債権管理回収業者です。健全な債権管理回収業務は、不良債権の処理を促進し、企業再生を推進する役割を担っています。

▶▶ サービサー会社とは

　サービサー会社とは、債権管理回収業に関する特別措置法（以下「サービサー法」）に基づき、法務大臣から営業の許可を得て設立された株式会社です。サービサー法に定められた特定金銭債権を買い取り、または回収の委託を受けて、特定金銭債権の適切な回収を業としています。図のように、法務大臣、警察庁、弁護士会の監視などのなかで、債権者（通常は、金融機関である銀行）から債権を買い取り、債務者（通常は、再生会社）から、適正な手段で、適正な回収を図ることと事業としています。現在、94社が営業許可を受けて、サービサー事業を行っています。

　決して、悪い意味でのいわゆる「取立屋」ではなく、適正な債権管理回収は、不良債権の処理を促進し、企業再生を推進する機能を持つことが期待されます。

▶▶ 再生支援業務

　サービサー会社は、中心となる業務は特定金銭債権の管理回収にありますが、それだけに限らず、再生そのものを促進する役割として、債権管理・回収・再生のコンサルティング業務も行うことがあります。サービサー自身が、再生会社とともに、再生計画を立案し、他の債権者からの協力の取り付けを支援したりします。さらに、具体的な再生計画の実行にあたって、追加的な資金繰りに対する支援や人材の紹介や派遣、取引先やスポンサーの斡旋などを行い、再生会社の支援を行います。

　サービサー会社としても、同業に比べての独自性を打ち出す競争において、自社の強みを生かすべく、このようなコンサルティング業務を強化している面もあります。

　このようにサービサー会社は、債権管理回収業務だけではなく、再生に関するコンサルティング業務を行うことによって、債権の回収を確実にするとともに、再生

3-4　サービサーは何をするのか

そのものを加速させていく役割も担うことになります。

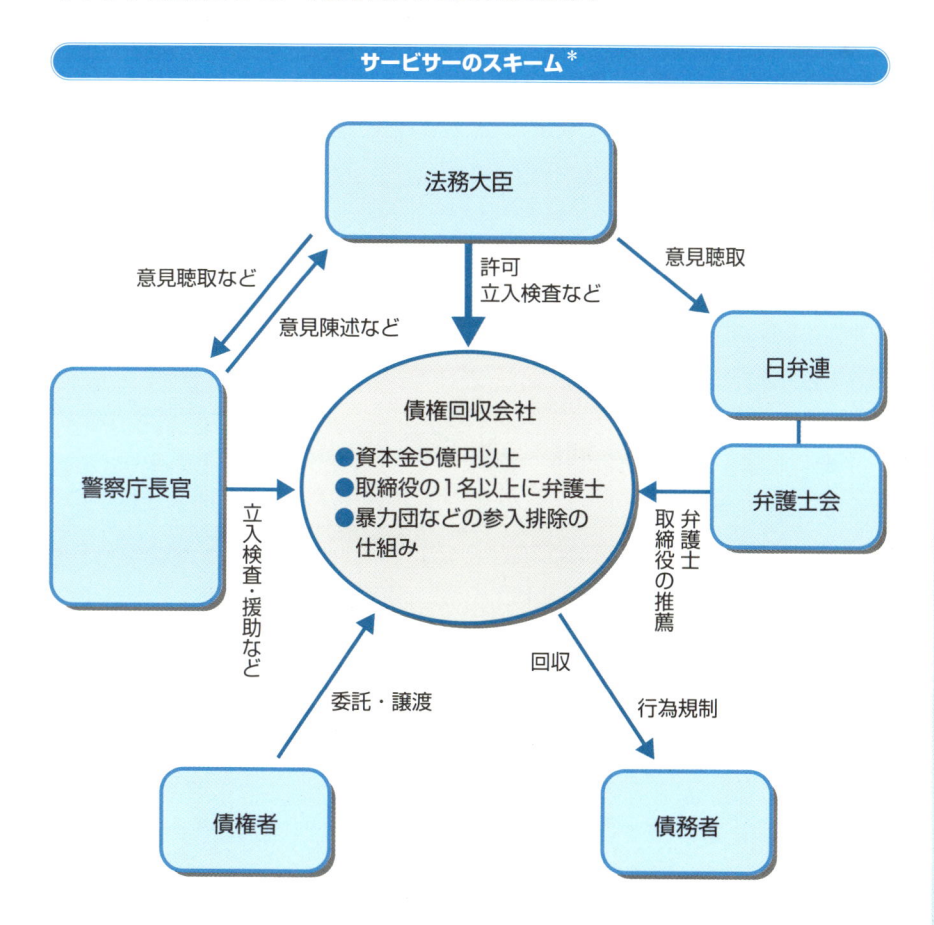

サービサーのスキーム*

```
                          法務大臣
                         ／   ↓    ＼
            意見聴取など／  許可     ＼意見聴取
                    ↕   立入検査など
              意見陳述など              ↓
                                    日弁連
        警察庁長官                      ↓
                    →  債権回収会社  ←  弁護士会
                       ●資本金5億円以上    弁護士
                       ●取締役の1名以上に弁護士 取締役の推薦
           立入検査・援助など
                       ●暴力団などの参入排除の
                        仕組み
                    ↑              ↓ 回収      行為規制
              委託・譲渡                          ↓
              債権者                            債務者
```

*…**スキーム**　法務省ホームページより。

3-5
資金供給のためのプレイヤー

　企業再生のさまざまな関係者（プレイヤー）のうち、ここでは、資金供給の面で活躍するプレイヤーを取り上げます。企業再生においては、債務整理とともに、新規投資も重要です。その新規投資を支えるのがスポンサーです。

▶▶ 資金供給

　企業再生にあたっては、再生企業の負っている債務についての免除だけでは、再生が困難の場合が多いと考えられます。これは、従来からの事業のやり方には問題があったので、再生の事態になったからであり、企業再生のプロセスにおいては、コア事業への経営資源の集中なり、マーケティング手法を改めターゲットとする顧客を再定義し、事業運営をやり直す必要があります。そのためには、ヒト、システム、在庫などの新規投資が不可欠です。

　企業再生において、**DIP**＊ファイナンス（法的整理申し立て後計画認可決定までのファイナンスないし計画認可後再建計画早期終了のためのファイナンス）などの特殊な資金調達を除いて、主要な資金の供給先は、スポンサーである事業会社と再生後の出口戦略を持つ再生ファンドが、主要なプレイヤーであると考えられます。

▶▶ 事業会社

　事業会社は、たとえば、以下を目的として、再生会社のスポンサーとして資金供給することがあります。

- 自らの事業の市場やシェア拡大のため
- 自らの事業のバリューチェーン（事業の原料調達に近い「川上」から最終消費者に近い「川下」までの一連の流れ）の拡大のため
- 現に自らが行っているサービスラインの量的・質的拡充のため
- 全くの新規事業への進出のため

このようなさまざまな目的を持って、事業会社が再生会社に資金提供を行うことがあります。事業会社の戦略的な事業投資といえるので、通常は出資のかたちをとり、再生会社は、事業会社傘下の会社となって、再生を実現することになります。

＊…**DIP**　Debtor In Possessionの略。

再生ファンド

　資金供給先として、投資ファンドの1つのかたちとして再生ファンドがあります。あるいは、プライベート・エクイティ・ファンドと呼ばれたりします。

　再生ファンドは、経営状況が悪化した再生会社に対して、ファンドによって募集した資金を投入し、再生を図り、再生にメドがたったら、出口戦略として、株式公開や他社への売却で資金を回収することを目的としています。ファンドの運用設定期間が数年なので、数年のうちに出口戦略を実行することを目標とします。

　再生ファンドの出口戦略にいたる企業再生の手法もさまざまで、いったん破綻したものを更生の手続きを得てから再生する手法、一部の事業を切り離してその部分を再生させる手法、債務圧縮を実現し再生する手法などがあります。

再生ファンドの例

設立母体による種別	代表例
外資系	リップルウッド、サーベラス、カーライル、他
国内金融系	野村プリンシパル、日興プリンシパル、大和SMBCプリンシパル、みずほキャピタルパートナーズ、他
ベンチャーキャピタル系	ジャフコ、日本アジア投資、みらいキャピタル、他
独立系	MKSパートナーズ、ユニゾン・キャピタル、フェニックス・キャピタル、アクティブ・インベストメント・パートナーズ、他
政府系	産業再生機構、各種地域再生ファンド、他

再生ファンドの仕組み

　再生ファンドは、投資家からの資金を募って、ファンドマネージャーが再生会社に投資などを行い、出口戦略を通して、キャピタルゲインなどの投資回収を行い、投資家に高利回りの配当を行います。ファンドの利回りが目標であるので、財務的な投資といえます。ただ、できるだけ短期間での出口戦略を実現するために、ファンド構成員がかなりの程度経営に関与するファンドもあります。たとえば、人材を外部から推薦したり、実際にマネジメントに参加したりします。

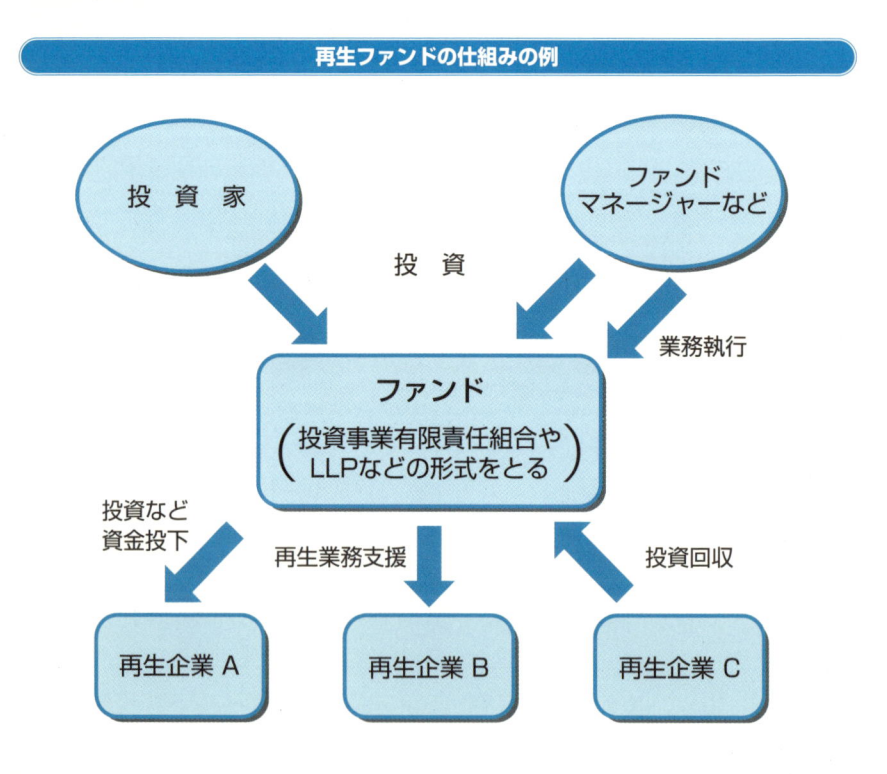

再生ファンドの仕組みの例

投資家 → 投資 → ファンド（投資事業有限責任組合やLLPなどの形式をとる）
ファンドマネージャーなど → 業務執行 → ファンド
ファンド → 投資など資金投下 → 再生企業A
ファンド → 再生業務支援 → 再生企業B
再生企業C → 投資回収 → ファンド

3-6
再生業務支援のためのプレイヤー

企業再生のさまざまな関係者（プレイヤー）のうち、ここでは、再生業務支援の面で活躍するプレイヤーを取り上げます。企業再生では、その実行に、専門的知識が不可欠です。その専門知識を供給し、再生の実行を支援するプレイヤーがいます。

▶▶ 再生コンサルタント

再生コンサルタントは、再生業務において、スポンサーの発見、アレンジャー、プロジェクトマネージャー、交渉代理、営業口の紹介、ビジネス・マッチングなど、さまざまな役割を得ることがあります。

最近では、ターンアラウンド・マネージャー（企業再生に関して、現状把握から再生計画の立案、債権者との交渉、関係者との調整、そして再建計画の実施などにいたるまで、企業再生全般の実務に携わる責任者）として、米国と同様に位置づけられてきており、今後の活躍が期待されます。

▶▶ 弁護士

再生業務において、法律的な調整が不可欠なことから、再生業務にかかわる主体ごとに弁護士が、さまざまな点で登場します。たとえば、以下のようです。

- 再生会社側の代理人。あるいは、民事再生などの申請代理人
- スポンサー側の資産査定（デューディリジェンス）として、リーガルリスクをチェックする代理人および関連するサポート
- 民事再生における監督委員
- その他

▶▶ 会計士

再生業務において、資金面での管理が重要であることから、さまざまな点で、会計士（公認会計士、税理士）が登場します。たとえば、以下のようです。

- 再生会社側で税務代理人および再生計画作成支援
- スポンサー側で、資産査定（デューディリジェンス）として、ファイナンシャ

3-6 再生業務支援のためのプレイヤー

ル・リスクのチェック、支援のスキーム策定支援
- 支援にあたっての取引価格決定にかかる支援
- その他

▶▶ その他のコンサルタント

　再生業務支援のため再生コンサルタント、弁護士、会計士の他にも、人事組織やシステム構築などのコンサルタントが必要になる場合も頻繁にあります。

再生業務支援

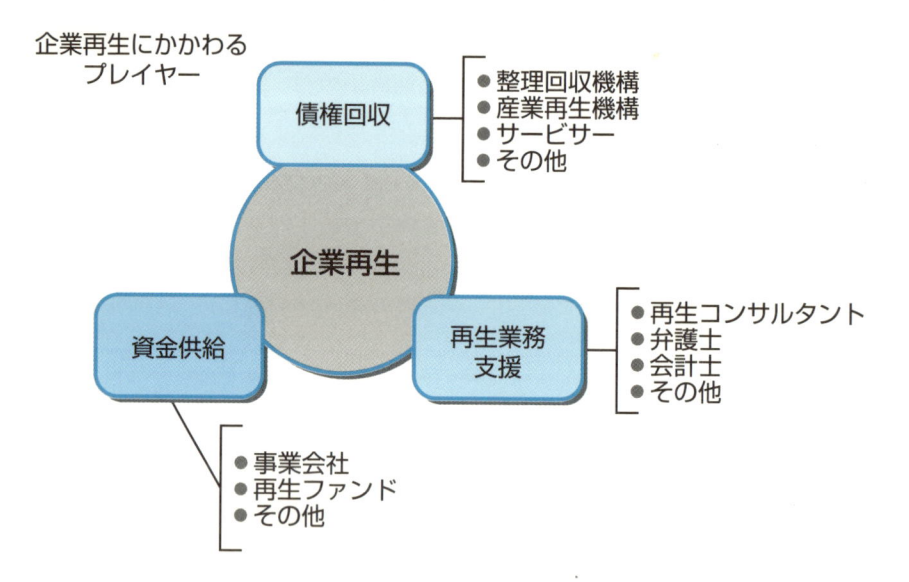

企業再生にかかわるプレイヤー

- 債権回収
  - 整理回収機構
  - 産業再生機構
  - サービサー
  - その他

- 企業再生

- 資金供給
  - 事業会社
  - 再生ファンド
  - その他

- 再生業務支援
  - 再生コンサルタント
  - 弁護士
  - 会計士
  - その他

第4章

再生の枠組は
どのようにして決まるのか

　企業再生は、単なる偶然でなるものではなく、適切な再生手法の選択とその実行によって初めて可能となる企業存続の最後の手段です。当然のことながら、計画の段階では秘匿できても、いったん、実行に着手したなら、債権者など多くの利害関係人に、その経営破綻状態を知られることになります。このことは、もし、再生手法に誤りがあったら、その先には倒産という厳しい現実が待っていることを意味します。第2章の「どんな条件を満たすと再生できるのか」によって再生可能性を見極めたら、次は、その企業の置かれた状況に最も適した再生手法を選択しなければなりません。本章では、企業再生の手法についての選択基準を考えてみます。

4-1
自力再生とM&A

　再生手法の選択にあたっては、私的再生であれ法的再生であれ、自力再生についての可能性を探ることは最初の選択肢となります。この自力再生が困難であると判断される場合に、第三者企業とのM&Aを考えます。

▶▶ 自力再生の可能性を判断する条件は何か

　企業の自力再生という言葉の指す意味は必ずしも明確ではありません。企業を構成するどの機関を主体（自己）としてみるかによって、自力再生の意味は異なってくるからです。たとえば、再生企業の法人格に主体を置くなら、資金力ある支援者による支配株主や経営陣の交代も自力再生ということになります。

　しかし、この項では、再生手続により、売上が好転するなど事業状況が改善され、かつ、金融機関や取引先などの利害関係人の協力を得ながら財務状態を改善し、経営危機を脱するというケースを自力再生と呼ぶこととします。このような再生が最も望ましいのはいうまでもなく、おそらく、経営の逼迫した企業の経営者・オーナー（株主）が始めに希望するのは、通常、このような意味での自力再生だからです。

　実は、自力再生の是非について、これを冷静かつ客観的に判断できる経営者は決して多くはありません。多くの場合、経営者は単なる希望的観測に基づいて自力再生を望み、その客観性を欠く判断が時間の経過とともにその企業に回復しがたいダメージを与えてしまいます。重い責任や個人保証などの問題を抱えていることから経営者が希望的観測を抱くことを一概に責めることはできませんが、従業員や取引関係者という多くの利害関係人のいることを考え合わせれば、自力再生の選択については経営者に冷静かつ客観的な判断が求められることになります。

　それでは、自力再生の可能性を判断するにあたって、もっとも重要な条件とはどのようなものでしょうか。それは次の3つの段階的要因に分けられます。

①まず、売上好転あるいは経費削減などにより事業採算性を改善させる客観的・合理的な目算があること。売上改善のために資金が必要な場合は、それだけ難易度は増すこととなります。

②次に、事業継続は資金繰り（キャッシュフロー）の維持に他なりませんから、

上記の改善がなるまでの間のキャッシュフローを維持するために、金融機関や買掛先から返済・支払条件の変更（リスケ）要請についての同意が得られること。

③最後に、取引状態を適正妥当な期間経過後に正常に戻すことができること。これが見えにくい再生計画には金融機関や買掛先からの理解を得ることは困難です。

▶▶ 第三者の資力で再生できる条件は何か

しかし、このような自力再生が困難であると判断される場合は、第三者の資力を頼る以外にありません。新たな株主となって資金を提供してくれるスポンサー、営業を譲り受けてくれる企業、そして、合併や会社分割など、ここ数年で刷新された商法の規定を用いた会社分割などの企業再編などさまざまな手法が考えられます。いずれの場合であっても、第三者の力を頼る以上、当然のことながら再生企業の従前の経営権や株主の地位などの支配関係は変化することとなりますが、再生企業あるいは事業に資金を投下する第三者側の観点から、再生企業あるいは事業について、次のような条件が備わっていることが必須となります。

①事業自体に採算性があり、資金を投下ないし資本を移動することについて、それなりの見返りがあること。

②事業状況や財務内容などについて正確な資料を開示できること。

③財務上、法律上のリスクがないか、あるいは、これらのリスクの程度が明確になっていること。

このように、経営者や株主は、自力によって再生を図るか、あるいは第三者の資力を頼んで再生を図るかの選択について、自らの企業内容を正確に整理しておく必要があります。なお、Ｍ＆Ａの具体的な手法については、第5章を参照して下さい。

4-1　自力再生とM&A

自力再生と第三者資本の導入の選択

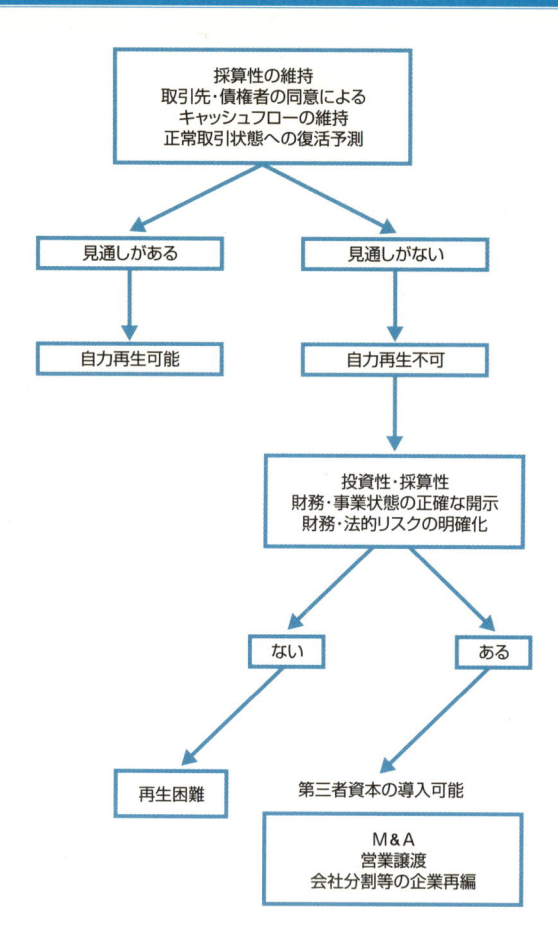

```
┌─────────────────────────┐
│      採算性の維持         │
│  取引先・債権者の同意による │
│   キャッシュフローの維持   │
│   正常取引状態への復活予測 │
└─────────────────────────┘
         ↓           ↓
   ┌──────────┐  ┌──────────┐
   │ 見通しがある │  │ 見通しがない │
   └──────────┘  └──────────┘
        ↓              ↓
   ┌──────────┐  ┌──────────┐
   │ 自力再生可能 │  │ 自力再生不可 │
   └──────────┘  └──────────┘
                      ↓
          ┌─────────────────────────┐
          │     投資性・採算性        │
          │ 財務・事業状態の正確な開示 │
          │   財務・法的リスクの明確化 │
          └─────────────────────────┘
                  ↓         ↓
              ┌──────┐  ┌──────┐
              │ ない  │  │ ある  │
              └──────┘  └──────┘
                 ↓          ↓
            ┌────────┐ ┌────────────────┐
            │ 再生困難 │ │第三者資本の導入可能│
            └────────┘ └────────────────┘
                       ┌────────────────┐
                       │      M＆A       │
                       │     営業譲渡     │
                       │ 会社分割等の企業再編│
                       └────────────────┘
```

4-2
法的再生と私的再生の選択

　企業再生の手法を手続の観点から大別すると、法的再生と私的再生との2つに分かれます。前者は法律による手続であり、後者は当事者間だけで行われる任意の手続です。再生にあたっては、それぞれのメリットとデメリットを理解しておく必要があります。

▶▶ 法的再生手続のメリットは何か

　法的再生手続とは、法律の定めるところにより、裁判所の監督の下に、債権者の多数の同意によって、再建の計画を定立しその計画に従って強力に再建を推進する手続をいいます。この法的再生手続のメリットは、法律によって定められた強制力と信頼性のあることです。

　法的再生手続の開始の申立てがあると、手続の開始決定があるまで債権者は弁済を受けたり強制執行をすることが禁止されることがありますし、担保権者は担保権の執行を禁止されることがあります。手続の開始が決定されると債権者や担保権者は、法的再生手続と無関係に自由に権利を行使できなくなります。

　たとえば、再建とか整理などの情報が流れた途端に債権者からの取立て騒ぎになることが予想されるようなケースでは、あらかじめ、そのような債権者の行為を抑えるための手段（保全）が必要ですが、それは法的手続でなければかないません。また、不動産に設定された担保権（抵当権・根抵当権など）に対し一定の制約をかけられるのも法的手続でしか果たせません。そのほか、債権者に対する透明性や公正性という点に関しても、裁判所や管財人の監督・管理のある法的手続に分があり、それゆえに債権者からの感情的な責めや実益のない異議を排除できるという利点もあります。

▶▶ 法的再生手続のデメリットは何か

　法的再生手続は、再建のための強力な制度である反面、どうしても回避できない欠点があります。それは、いわゆる裁判沙汰という事柄から生じる有形無形の取引上のダメージです。民事再生や会社更生は企業を再生させるための法的手続であり、清算型・消滅型の破産手続とは正反対の手続なのですが、一般的な感覚では裁判所

4-2 法的再生と私的再生の選択

や法的手続という一事をもってこれらを同視してしまい、倒産の噂が広まって風評被害などの営業上の不利益を受けることがあります。

　また、法的再生の意味を正しく受け取ったにしても、その企業の経営が破綻しているという事実には変わりなく、取引先の中には自らの企業の信頼を損ねることを嫌って取引を停止したり取引枠を減少させたりして、再生企業に回復しがたいダメージが生じてしまうこともあります。さらに、再生企業の取引先企業の中には、再生企業との取引依存度が強い企業があり、このような取引先企業は再生企業が法的手続に入ったことにより、その時間的制約の中で耐え切れずに連鎖倒産してしまうこともあります。

　このように、法的再生手続には法律によって再生の機会が確保されているというメリットがある反面、迅速性・簡素化が考慮された民事再生法の制定や会社更生法の改正がなされた現在でも、その公開性と全債権者が当事者になってしまう点から、なお法律が予定していない、あるいはカバーしきれない部分で影響が生じ、そのことによるダメージで再生そのものが立ち行かなくなることがあります。ここに、法的再生手続の限界と、もう1つの選択肢である私的再生手続が存在する理由があるわけです。

▶▶ 私的再生手続のメリットは何か

　私的再生手続は、法律によって規定されている法的再生手続とは違い、とくに定まった手続のかたちがあるわけではありません。債務者である再生企業と債権者である金融機関や取引先との間で合意して初めて成立する任意の再生手続です。端的にいうならば、債権者が自らの債権を免除したりリスケ（当初の弁済方法を延期など変更すること）に応じることによって債務者の債務を減免し、これにより債務者のキャッシュフローや財務状態を改善させるものです。ただし、債務の減免という点では法的再生手続でも同様のことが行われますので両手続に相違はなく、これ自体が私的再生のメリットであるとはいえません。

　それでは私的整理のメリットとは何でしょうか。それは、正に私的であるという点にあります。私的ということは、任意かつ内密に再建手続を進められるということです。もちろん、それを債権者が承諾するか否かは別問題ですが、任意かつ内密ならば、その企業の事情に応じた再生手法を選択し、再建に欠くことのできない取

引先企業との関係を維持しつつ、経営破綻状態を公に知られないうちに再生を果たすことが可能となります。このような私的再生手続の特徴は、前に述べた法的再生手続の欠点をカバーするものであり、私的再生手続のメリットであるということができます。

この私的再生のメリットを生かすべく、政府の経済政策の意向を受けた金融業界や関係機関との間で協議・検討が行われ、私的再生手続の1つの指針がすでにまとめられています。これが「私的再生のためのガイドライン」と称されるものです。同ガイドラインでは、原則として、一般の取引先債権者を害することなく、金融機関に対する債務だけを減免するために必要な手続を定めています。ただし、社会的見地に立って金融機関債権者が自らの債権を減縮（債務免除）するということの反対条件として、その企業が存続し再生することの意義が求められ、また、経営者・株主責任も追及されます。「私的再生のためのガイドライン」は、あくまでも指針ですが、政府の意向に基づき金融機関団体や税務当局が参加してまとめたという点で、事実上、法的基準に準じた扱いを受けています。

▶▶ 私的再生手続のデメリットは何か

法的再生手続のデメリットをカバーする性質を持つ私的再生手続ですが、もちろんデメリットはあります。当然のことですが、前に述べた法的再生手続のメリットが、そのまま私的再生手続のデメリットになります。

すなわち、財産の保全や担保権に対する制約など法的手続では可能な手段を持たないこと、債権者に対する透明性や公正性という点で不安定であることなどは、まさに私的再生手続のデメリットといえます。

さらに、私的再生手続を選択するに際して注意すべきは、税務上の問題から、債権者から債務免除を受けにくいという点です。

およそ再生を図る企業は等しく過剰債務を抱えており、これを債権者に減免してもらう必要があるはずです。そのとき問題となるのが債権者側の税務です。債権者は自らの債権の全部あるいは一部を減免したとき、これを損金処理することになりますが、その回収不能となった理由が法的手続でない場合は税務当局から損金処理が認められにくいのです。とくに相手が金融機関などの会計基準に厳しい債権者である場合は、この傾向は顕著です。

4-2 法的再生と私的再生の選択

なお、同じ私的再生とはいっても、前述の「私的再生のためのガイドライン」による債権者の損金処理については、税務当局もこれを認める方向にあるようです。

法的再生と私的再生のメリットとデメリット

	メリット	デメリット
法的再生	●透明性・公正性による信頼性のあること ●債権者の自力回収に対する抑止力のあること ●財産の保全が図れること ●法規定による再生手続の推進力のあること ●感情的なトラブルを最小限に回避できること	●公の手続による風評被害のでやすいこと ●すべての債権者が手続の対象になるために特定の取引先に対する配慮が困難なこと
私的再生	●任意性のあること ●密行性のあること ●金融機関のみを相手として手続できることによる一般取引先に対する配慮が可能なこと	●手続に対する信頼が得られにくいこと ●債権者の自力回収に対する抑止力のないこと ●財産の保全策のないこと ●債権者(とくに金融機関)が税務上の損金処理をしにくいこと(ただし私的再生のガイドラインによる場合は除く)

4-3
法的再生手続
－民事再生法と会社更生法の違い

　法的再生を選択するに際しては、民事再生と会社更生の各手続の相違点を充分に理解しておく必要があります。主な相違点は、再生の対象者（再生債務者）の範囲、経営権の剥奪や制限、担保権に対する制約、一般優先債権の取り扱い、会社組織の根本的変動です。

▶▶ 民事再生法と会社更生法の違いは何か

1．対象者

　「民事再生法」の対象は、経済的に窮境にあるすべての人、すべての会社・すべての団体です。
　「会社更生法」の対象は、株式会社に限られます。

2．経営権の剥奪と制限

　「民事再生法」は、債務者に自主再建能力の認められるかぎり、旧経営陣は、民事再生手続においても引き続き事業の経営権と財産の管理処分権をもちます。旧経営陣の下では再建が困難と認められる特別の事情のあるときは、裁判所は経営者を交替させて裁判所の選任する適当な人に事業の経営権と財産の管理処分権を委ねることにしています。経営権の剥奪にいたらない場合でも、裁判所の監督を受ける結果、裁判所が必要があると認めたときは、経営陣はいろいろな制約を受けることになります。

　「会社更生法」の場合、裁判所は、会社更正手続の開始を決定すると、常に更生管財人を選任し、これに事業の経営権および財産の管理処分権を専属させることにします。したがって、旧経営陣は、更生管財人に選任されない限り退陣を余儀なくされます。

3．担保権に対する制約

　「民事再生法」の場合、担保権は、別除権と称され、担保権者は原則として、民事再生手続の影響を受けることなく自由に競売を申立て競落代金から債権を回収できます。しかし、例外的に制約を受ける場合があります。1つは、個々の競売手続に

4-3 法的再生手続－民事再生法と会社更生法の違い

対して一時的に手続を中止する中止命令の場合です。2つ目は、すべての債権者の強制執行とともにするすべての担保権者の競売手続に対する包括的禁止命令の場合です。3つ目は、担保権の消滅請求の場合です。再生債務者は、その所有する担保目的物が事業に不可欠であるときは、裁判所の許可を得て担保目的物の価額に相当する金額を裁判所に納付して、担保権を消滅させることができます。

「会社更生法」の場合、担保権者は、原則として、更生計画で定められた限りでしか弁済を受けることができません。例外的に、担保権者が更生会社を主要な取引先とする中小企業者である場合および少額の担保権者である場合には、裁判所の許可を得て弁済を受けることができます。

担保権に基づく競売手続に対しては、裁判所は更生手続の開始決定がなされるまでの間は、必要があれば、個別的に手続の中止を命令しまた包括的にすべての手続の禁止を命令します。更正計画の認可があれば、自動的にすべての担保権の競売手続は禁止されます。

会社更生手続にも民事再生手続類似の担保権消滅請求制度がありますが、更生手続の場合は会社の事業の更生のための必要性があれば足りるので民事再生手続の場合と比べて利用しやすいといえます。

4．一般優先債権の取り扱い

「民事再生法」の場合、一般優先債権とは、一般の先取債権、労働債権、租税債権、企業担保権によって担保される社債などをいいますが、手続外債権とされているので再生手続によらないで随時弁済を受けることができます。

「会社更生法」では、更生手続において弁済を受けまた権利を行使することができるにすぎませんが、一般の更生債権よりも優先的に弁済を受けることができます。

5．組織変更

「民事再生法」では、民事再生手続においては、原則として、株主の権利の変更をしないこととし、増資、減資、株式の交換、株式の移転、会社分割、合併、営業譲渡などは商法上の手続によって行わねばなりません。例外的に、再生債務者が債務超過の株式会社である場合に限って、裁判所の許可を得て、再生計画によって資本減少および新株発行のための定款の変更を伴う発行株式の総数の定めをすることができるとされています。なお、再生手続開始に再生債務者が営業譲渡をする場合は裁判所の許可が必要であり、また、株主総会の特別決議に代わる裁判所の許可が与

4-3 法的再生手続－民事再生法と会社更生法の違い

民事再生法と会社更生法の相違点

	相違点	民事再生手続	会社更生手続
1	再生の対象者	すべての人、すべての会社、すべての団体	株式会社のみ
2	経営権の剥奪と制限	原則として、旧経営陣が事業の経営権と財産の管理処分権を保有する。例外的な剥奪の場合として、保全管理人の選任の場合、管財人の選任の場合。例外的な制約の場合として、裁判所の監督や、許可の場合、監督委員の選任の場合、調査委員の選任の場合。	管財人が事業の経営権と財産の管理処分権を専有する。旧経営陣は退陣する。更正計画の認可までの間でも必要があれば、保全管理人が選任され、事業の経営権と財産の管理処分権を保有する。
3	担保権に対する制約	別除権として、手続外で自由に担保権を実行して弁済を受けることができる。例外的な制約として、強制執行に対する個別的な中止命令や包括的禁止命令。担保権実行中止命令。担保権消滅請求（但し、担保目的物が事業の継続に欠くことができない場合に限る）。	別除権ではなく、更正担保権として、更正計画で認められた限りで担保権が実行でき又弁済を受けることができる。更正計画の認可の前の制約として、必要により強制執行に対して個別中止命令又は包括的禁止命令。担保権実行中止命令。担保権消滅請求（但し、事業の更生のために必要性で足りる。）
4	一般的優先債権の取扱い	手続外債権であって再生手続によらないで随時弁済を受けることができる。	更生手続に基づいてしか弁済を受けたり、権利を行使することはできないが、一般の更生債権よりも優先的に弁済を受ける。
5	組織変更	営業譲渡、減資、増資、新株発行数量の定め、株式の分割、会社分割、合併は、商法の定めの手続に基かなければならない。例外的に株主総会の特別決議に代わる裁判所の許可で足りる場合として、債務者が株式会社であって債務超過の場合の、営業譲渡と再生計画における減資や発行する株式総数についての定款変更。	更生計画により、商法の手続を経ないで実行できる。更生計画外での営業譲渡については、裁判所の許可があれば、商法の手続に基かないでできる。

4-3 法的再生手続-民事再生法と会社更生法の違い

えられることもあります。

　「会社更生法」の場合、更生計画に定めることにより商法の手続によらずに、減資、増資、新株予約権の発行および株式交換、株式移転、会社分割、合併、営業譲渡が認められます。これにより、大規模な資金の調達や抜本的な事業の再編が可能となります。この点で、会社更生手続は、大規模な株式会社の再建に適しているといえます。

4-4 民事再生手続

法的再生手続の流れを知っておくことによって、どのような順序で、どのような問題をクリアしていかなければならないかということのイメージがいっそう鮮明になります。ここでは、民事再生手続のおおよその流れを見てみます。

▶▶ 再生手続の申立ては債務者と債権者

再生手続は、手続開始の申立てがなされることから始まります。申立てることができるのは債務者と債権者です。申立て後に再生債務者の財産が逸失したり再生債務者の業務の執行が失当であったりすると、再生手続の進行に悪影響が生じますので、裁判所はこれを予防するために再生手続の開始決定があるまでの間、暫定的に中止命令、包括的禁止命令、担保権実行手続中止命令、監督命令、保全管理命令などの保全措置を命令することがあります。

裁判所は、再生手続の開始原因のあることおよび申立棄却事由のないことを認めると再生手続の開始を決定します。再生債務者の債務状況や財産状況を明かにするための手続が開始されます。他方で、再生債務者の財産の確保のために必要があれば詐害行為や偏頗な弁済行為により違法に逸出した財産を取戻す否認権の行使または違法に損害を被らせた法人の役員などに対する損害賠償責任の追求や再生に不可欠の財産を担保権実行手続から解放するための担保権の消滅の手続がとられます。

再生債務者は、これらの手続の状況を見ながら再生計画案の立案作業を進め、一定の期間内に再生計画案を定立して裁判所に提出します。

▶▶ 債権者集会を招集する

再生債務者は再生手続が開始されても、原則として事業の経営権限や財産の管理処分権限を保有し続け、事業の継続の他再生手続においても重要な役割を果たすことが予定されています。しかし、再生債務者が法人である場合において事業の経営や財産の管理処分に問題があって再生債務者に委ねられない特別の事情のあるときは、裁判所は管理命令を発令して、管財人を選任し、更生債務者から経営権限および財産管理処分権限を奪い、管財人にこれを専有させることがあります。その結果、

4-4 民事再生手続

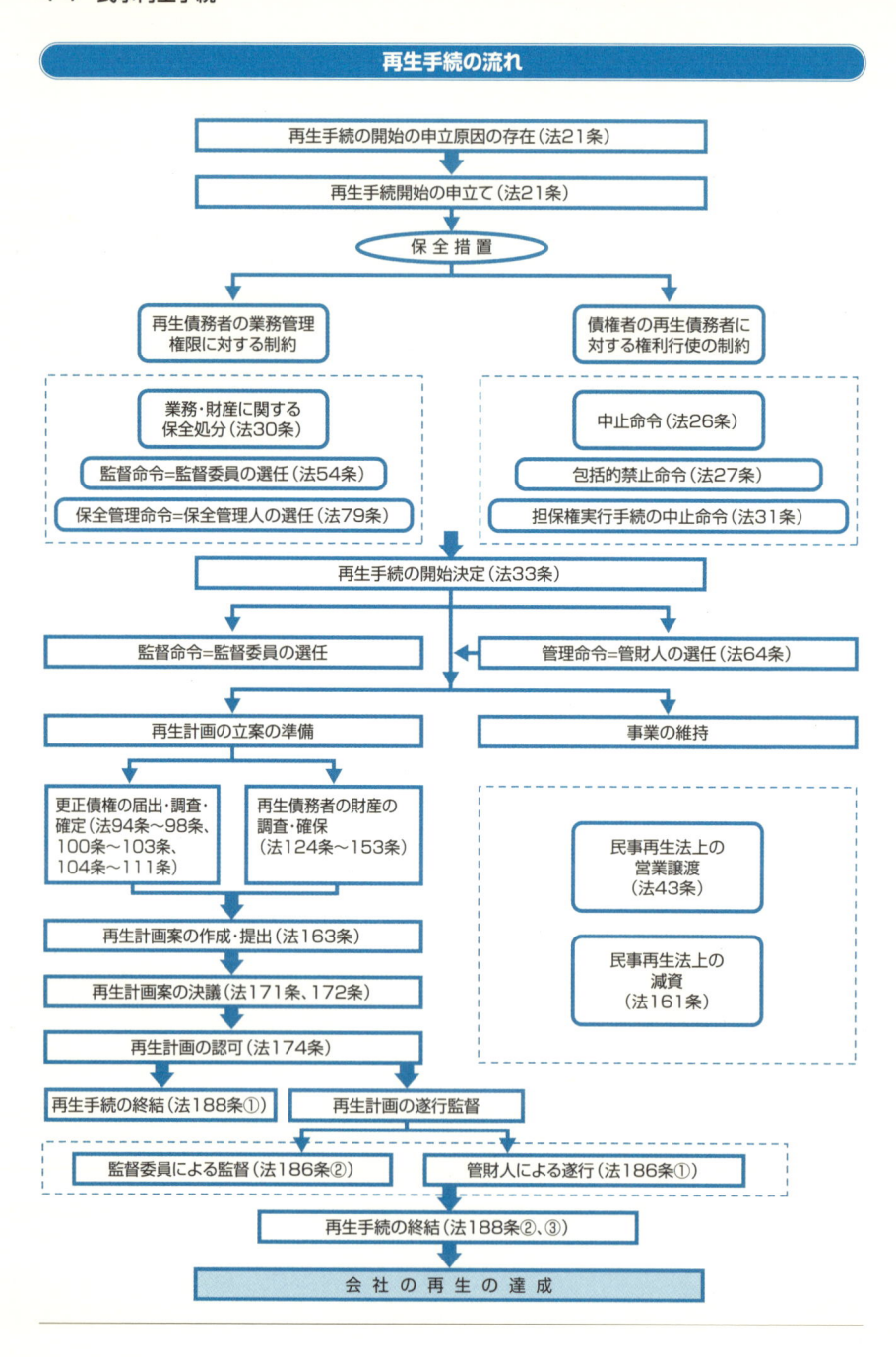

再生手続の流れ

```
再生手続の開始の申立原因の存在（法21条）
            ↓
再生手続開始の申立て（法21条）
            ↓
        保全措置
       ／        ＼
再生債務者の業務管理      債権者の再生債務者に
権限に対する制約        対する権利行使の制約

[再生債務者側]
・業務・財産に関する保全処分（法30条）
・監督命令＝監督委員の選任（法54条）
・保全管理命令＝保全管理人の選任（法79条）

[債権者側]
・中止命令（法26条）
・包括的禁止命令（法27条）
・担保権実行手続の中止命令（法31条）

            ↓
再生手続の開始決定（法33条）
       ／        ＼
監督命令＝監督委員の選任    管理命令＝管財人の選任（法64条）
       ↓              ↓
再生計画の立案の準備       事業の維持

・更正債権の届出・調査・確定（法94条～98条、100条～103条、104条～111条）
・再生債務者の財産の調査・確保（法124条～153条）

・民事再生法上の営業譲渡（法43条）
・民事再生法上の減資（法161条）

            ↓
再生計画案の作成・提出（法163条）
            ↓
再生計画案の決議（法171条、172条）
            ↓
再生計画の認可（法174条）
       ／        ＼
再生手続の終結      再生計画の遂行監督
（法188条①）
              ／        ＼
       監督委員による監督     管財人による遂行
       （法186条②）        （法186条①）
                    ↓
            再生手続の終結（法188条②、③）
                    ↓
            会 社 の 再 生 の 達 成
```

民事再生手続も再生債務者に代わって管財人が行うことになります。

　裁判所は、再生計画案について債権者に同意するか否かを付議させるために債権者集会を招集しまたは書面により決議させます。再生債権者の法定多数によって再生計画案が可決されると、裁判所は再生計画案を審議して違法な点がないと認可します。裁判所の認可があると再生計画は効力を生じ、再生債権は再生計画の認める範囲で内容が変更されることになります。

　再生手続は原則として再生計画の認可決定が確定した時点でただちに終結しますが、再生計画を遂行するについて監督委員や管財人が選任されているときはその後一定の期間再生手続は継続します。

4-5 会社更生手続

ここでは、会社更生法手続についての流れを見てみます。これにより、企業再生のための2つの法的手続である民事再生法と会社更生法の相違点について、その手続の流れの観点から理解することができます。

▶▶ 更生手続の申立ては、一定の資格のある者

まず、更生手続の開始を申立てます。申立ては、一定の資格のある者が更生手続を開始する原因のあることを示して裁判所に対して行います。一般には、申立ての前に、裁判所との間で手続きが円滑に済むように事前に相談をすることが多いようです。

裁判所は、更生手続を開始する要件として更生手続を開始する原因があることおよび申立の棄却、事由がないことを判断します。その判断の結論が出るまでの間に、会社の経営が悪化しないようにまた財産が散逸しないように、暫定的に保全管理命令などの保全措置を命ずることがあります。

▶▶ 管財人を選任する

裁判所は、更生手続を開始する要件があると判断すると更生手続の開始を決定します。開始の決定をしたときは、同時に管財人を選任します。管財人は従前の経営者に代って更生会社の事業の経営権と財産の管理処分権を専有して、事業を運営していきます。管財人は、他方で、裁判所と協力して更生計画の定立のため次の準備を行います。更生会社の負債の状況を明かにするためには債権者、担保権者などに対してその届出・調査・確定の手続を行い、更生会社の財産の状況を明かにするためには財産状況の調査を行います。また、更生会社から不当に逸出した財産を取戻すために問題ある行為に対して否認権を行使します。違法なことをして更生会社に損害を被らせた役員に対して損害賠償責任を追求することもします。

管財人は更生計画の定立の作業を推し進めていき一定の期限内に更生計画案を裁判所に提出します。更生計画案の内容は、債権者、担保権者、株主などの権利を減縮または消滅させあるいは権利行使に制約を課すものですから、これら利害関係人

4-5 会社更生手続

更生手続の流れ

```
更生手続開始の申立原因の存在（法17条）
         ↓
      事 前 相 談
         ↓
   更生手続開始の申立て（法17条）
         ↓
      保 全 措 置
       ↙     ↘
会社の業務・管理権限      更正債権者等の会社に
に対する制約           対する権利行使の制約

・保全管理命令（法30条）   ・中止命令（法24条）
・監督命令（法35条）      ・包括的禁止命令（法25条）
・業務・財産に関する保全処分（法28条）
         ↓
   更生手続の開始決定（法41条）
         ↓
      管財人の選任（法42条）
       ↙         ↘
 更生計画の立案の準備      事業の維持
    ↙     ↘
更正債権等の    更正会社の        〈再建の手法の選択と実践〉
届出・調査・確定  財産の調査・確保     ・更生計画認可前の
（法138条～163条）（法83条～103条）     営業譲渡（法46条）
    ↓                        ・更生計画認可前の
更生計画案の作成・提出（法167条～188条）    担保権の消滅請求
    ↓                        （法104条～112条）
更生計画案の決議（法189条～198条）
    ↓                        更生計画による組織の再編：
更生計画の認可（法199条）            資本減少、新株発行、社債発行、
    ↓                        営業譲渡、株式交換、株式移転、
更生計画の遂行（法209条～232条）       会社分割、合併、その他
    ↓
更生手続の終局決定（法239条）
    ↓
   会 社 の 更 正 の 達 成
```

第4章　再生の枠組はどのようにして決まるのか

4-5　会社更生手続

の同意を要することになります。

▶▶ 関係人集会を招集する

　裁判所は更生計画案に対して債権者、担保権者、株主などの利害関係人に対して同意するか否かを問うために関係人集会を招集し、または書面などにより決議させます。利害関係人の法定多数の同意によって決議が成立すると更生計画案は可決されます。裁判所は、可決された更生計画案について審議して違法の認められないときは更生計画案を認可します。

　この認可によって更生計画は効力を生じ、利害関係人の権利は更生計画の定めるところにより変更されます。更生計画には、減資とともに新たに大きな資本を注入したり、不採算部門を切離したりまた逆に好調な部門を売却するなどの組織再編に関する事項を定めることもできます。更生手続においては組織再編が円滑にできるように株主総会の招集や特別決議を不要とする手続が整備されています。管財人は、更生計画に従って弁済をし、また組織の再編を実行するなど新しい方針の下に事業を維持します。

　裁判所は、更生計画が全部遂行されたと認めたときまたはその遂行が確実であると認めたときは更生手続の終結の決定をします。この終結決定により更生手続は終了します。

第5章 具体的にはどんな再生手法があるのか

　第5章では、再生業務における具体的な手法の概略について説明します。

　再生業務においては、再生企業ないし企業グループ全体の事業を、再生する事業とそうではない事業とに区分する必要があります。再生する事業にもてる経営資源を投入し、再生しない事業は流動化して経営資源に変えていく必要があります。

　このような区分をする作業では、企業再編の手法を利用することになります。具体的には、営業譲渡、会社分割、合併、株式交換、株式移転の企業再編の手法です。この章では、これらの企業再編の手法の概略を説明していきます。

5-1
再生にあたってのM&A手法
－企業再編の手法

　再生にあたっては、一般的に、再生会社だけではなく、企業グループ全体の再生を検討します。それは、企業グループ内では、密接な経済的な関係があるからです。その場合、再生には、M&Aの手法を用いて、企業再編を行うことになります。

▶▶ なぜ、再生にM&Aを用いるのか

　企業再生においては、一般に、再生会社だけではなく、再生会社のグループを含めて、再生を検討することになります。これは、一般に、企業は自分のグループを形成し、グループ内で密接な経済的な関係を構築しているからです。とくに、再生会社においては、資金繰りの必要から、グループ内での金銭的な貸借関係は非常に複雑になっているのが通常です。

　そこで、以下のさまざまな理由により、M&A手法を活用して、再生会社およびそのグループの企業再編を実施することが散見されることになります。

- 資金の流れを整理して、自身の再建計画の策定を容易にする。
- 取引関係を整理して、取引の透明性を高め、債権者などへの協力要請にあたり、理解を得やすくする。
- 再生にあたって、新たにスポンサーを得る場合に、スポンサーの理解と協力を得やすくするため。
- 債権放棄などの支援を受けるための税務上の対応のため。
- その他

▶▶ 企業再編にはどんな手法があるか

　企業再編のスキームは、各々の事情を反映して千差万別でありますが、再編の基本的な手法そのものは、以下の6種類です。

1. 株式取得（すでにある株式の取得／新規発行による株式の取得）
2. 営業譲渡
3. 会社分割

4. 合併
5. 株式移転
6. 株式交換

　組織再編の手法は、何も再生に限るものではなく、会社グループの再編であれば、新規公開においても、M&Aにおいても、さまざまな場面で活用可能です。

　そこで、ここでは、企業再生においてよく見られるM&Aの手法（企業再編手法）である営業譲渡、会社分割、合併、株式移転・株式交換に焦点をあてて、説明します。

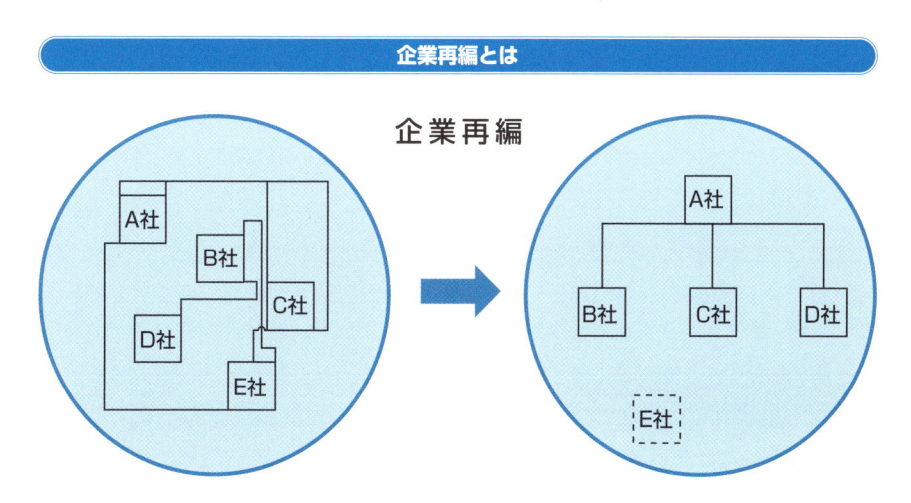

企業再編とは

企業再編

```
A社    B社           →        A社
  D社    C社                 ┌──┼──┐
     E社                    B社 C社 D社
                                E社
```

5-2 再生にあたっての基本的な考え方

企業再生を目的とした企業再編は、さまざまなバリエーションがありますが、基本的な考え方があります。それは、事業の再生をしやすくする、という考え方と、支援を受けやすくするため、という考え方です。

▶▶ 再生における基本的な考え方は

再生にいたる会社は、通常、資金繰りに窮してします。たとえば、会社の抱える債務が事業規模に比較して過多の状況が考えられます。あるいは、資産価値が下落して、実質的には債務超過の状態にあり、資金調達が難しい状況が考えられます。このような状況で、再生を期すためには、次の2つを考えるのがセオリーといえます。

1. 事業の再生をしやすくする
2. 支援を受けやすくする

そこで、企業再生も、この2つの考え方を実現するように、計画し、実行することになります。

▶▶ 事業再生をしやすくするために

まず、第一の「事業の再生をしやすくするため」の点です。

事業再生を容易にするためには、「選択と集中」です。すなわち、持てる経営資源をコア事業に集中し、その他の経営資源は流動化（現金化）することが必要です。そのためには、有用な経営資源を1つの会社ないしグループに集中させる一方で、その他の経営資源については、他の会社やグループに集め、売却などを容易にする必要があります。

しかしながら、このような経営資源は1つの会社にまとまっていることは少なく、有用な経営資源と必ずしもそうでない経営資源が混在しているのが通常です。あるいは、従来行っていた事業においては、すべてが有用であったかもしれませんが、再生計画により会社自身を変革する段階にあっては、必ずしも有用とはいえない経営資源を保有することになるかもしれません。

また、再生を行おうとする会社は、ギリギリまで自力での対応を考えるので、会

社および出資先の資本下位者ばかりではなく、株主が保有する会社（資本上位者など）との取引を駆使して、不自然な取引を繰り返して、資金を捻出していることもよく見られます。

そこで、事業再生をしやすくするために、有用な経営資源とそうでない資源とを分類して、会社の資本関係、取引関係などを単純明快にし、新たな体制で事業を展開できるようにする必要があります。

ここに、再生にあたっての、企業再編手法を活用する必要性が認められることになります。

▶▶ 支援を受けやすくするために

次に、第二の「支援を受けやすくするため」の点です。

再生にあたって、さまざまな方の支援を受けて、私的整理を実施し、自力再生できれば、それに越したことはありません。しかし、たとえば、金融機関などの債権者の協力が得られないので、同種の事業者、異種の事業者、再生ファンドなどのスポンサーからの資金支援を受けて、再生を確実にするとともに、再生そのものを加速することもよく見られます。

このようなスポンサーからの資金援助の目的は、おおよそ以下の2つです。

1. 再生会社の事業とスポンサーが保有する事業とを統合して、より高い企業価値を創造すること。
2. 再生会社を再生した後、たとえば、事業の売却を行ったり、その会社を株式公開させて、株式の売却をして、キャピタルゲインを得ること。

この2つの目的を簡単にするために、安全に資金支援を受けやすくするとともに、将来の株式公開や事業売却に対応させる必要があります。たとえば、事業売却を容易にするためには、将来売却しようとする会社を1つにまとめておくことが考えられるでしょう。とりわけ、将来、株式公開を企画する場合においては、将来の株式公開申請時に、その公開申請会社が公開審査基準に適合しているか、否かが問われるので、当初から慎重な配慮が必要です。

このように、事業再生をしやすくするとともに、将来の事業展開とスポンサーの投資回収のために、会社の資本関係、取引関係などを単純明快にし、透明性を高めておく必要があります。そのために、企業再生にあたり、企業再編手法を活用する

5-2 再生にあたっての基本的な考え方

意義が認められることになるのです。

再生における基本的な考え方

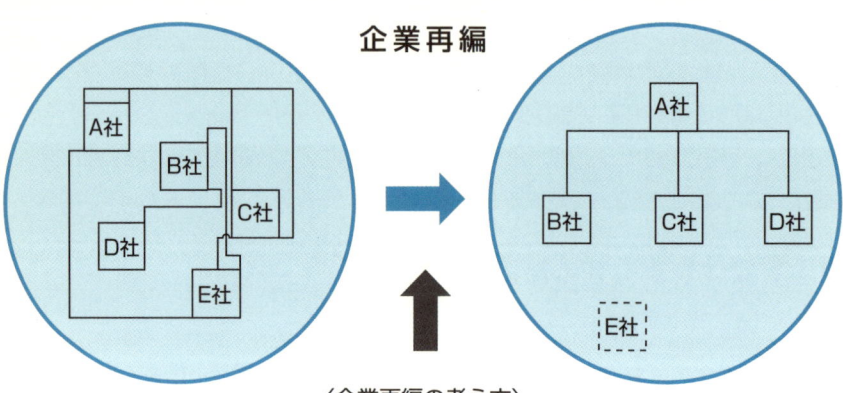

企業再編

〈企業再編の考え方〉
- 事業再生をしやすくする。
- 支援を受けやすくする。

5-3 企業再編手法の特徴

企業再編の手法には、いくつか種類がありますが、基本的な手法の組み合わせで説明できます。この企業再編の手法は、経営資源を分ける手法と経営資源を集める手法とに大きく分けられます。

▶▶ 企業再編手法の特徴は何か

　M&A手法（企業再編手法）には、いくつかあるのは先に述べたとおりですが、実際に見られる企業再生においても、何か奇をてらった手法を用いるというよりは、先に述べた方法の組み合わせの方が多いようです。

　このような企業再編手法を、例外が数多く存在することを無視して、誤解を恐れず述べれば、大きく次の2つに分類できると考えられます。

企業再編手法の分類

#	内容	手法
1	経営資源を保有するものと処分するものとに分ける手法	● 営業譲渡 ● 会社分割
2	経営資源を1つにまとめる手法	● 合併 ● 株式移転 ● 株式交換

　以下、各々の手法について、簡単に説明します。なお、実際のスキーム実行については、会計、税務（国税、地方税）に限らず、資金繰り、許認可、資本政策、人事政策、経営戦略など、さまざまな考慮事項があるので、必ず専門家に相談すべきことも触れておきます。

5-4 営業譲渡

経営資源を分ける手法の1つに営業譲渡があります。これは、「ひとまとまり」の会社の経営資源を売買などの手法により譲渡を行うことです。

▶▶ 営業譲渡とは

「経営資源を保有するものと処分するものとに分ける手法」に、営業譲渡という手法があります。営業譲渡とは、会社の経営資源を「ひとまとまり」で売却することです。組織的一体としての機能的財産の譲渡ともいわれます。

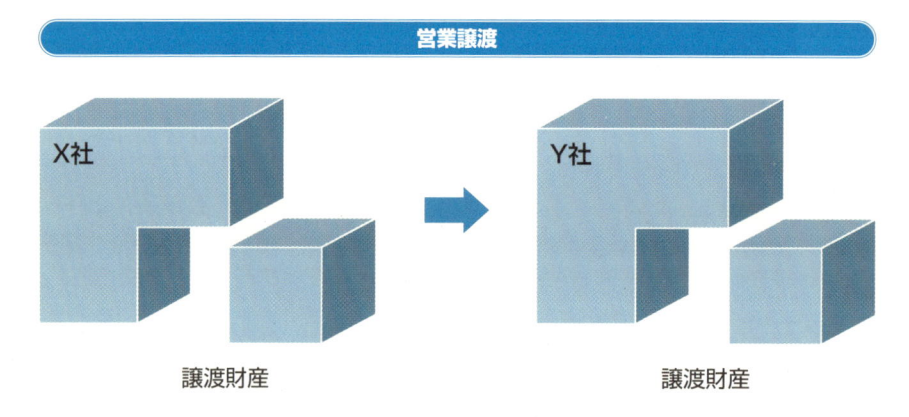

営業譲渡

X社　譲渡財産　→　Y社　譲渡財産

　特定の「ひとまとまり」を売買することから、簿外負債などの意図しないものを引き継がない点で、簡単であり、安全な手法です。
　しかしながら、「ひとまとまり」ではあっても、事務処理自体は個別の資産・負債の売買であるので、一般に煩雑であり、取引にかかる税額も他の手法に比べて高めになる可能性があります。

5-5
会社分割

経営資源を分ける手法の1つに会社分割があります。会社分割とは、1つの会社を2つに分ける手法です。分け方がいろいろあり、会社分割には、さまざまなバリエーションがあります。

▶▶ 会社分割とは

もう1つの「経営資源を保有するものと処分するものとに分ける手法」に、会社分割という手法があります。会社分割とは、ある会社から一部を切り離すことによって、2つの会社に分けることをいいます。

会社分割においては、分割して新たに会社を設立するか否かの視点（新設分割と吸収分割の視点）と分割する分け方の視点（物的分割と人的分割の視点）の2つの視点があります。

▶▶ 新設分割と吸収分割の違いは何か

会社を分割して新たに会社を興すか否かの視点で見ると、新たに会社を設立する場合を新設分割、すでにある会社どうしで事業内容の区分を変更する吸収分割に分けられます。

新設分割とは、以下の図のように表すことができます。会社の設立を伴う点で、新設会社として資本充実を要請されます。

新設分割

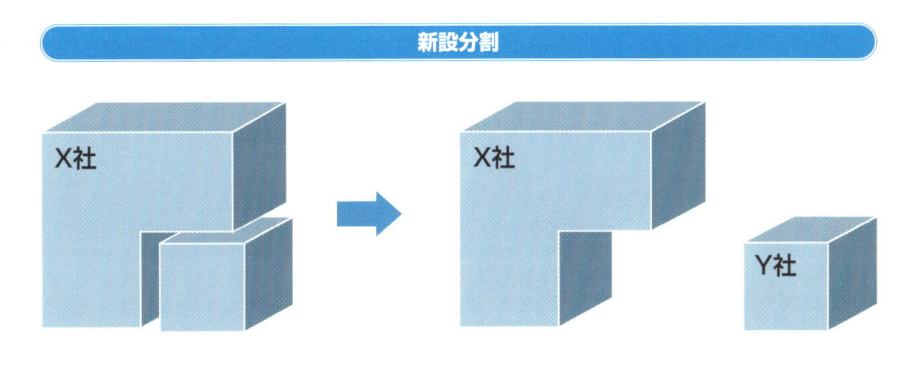

X社 → X社　Y社

5-5　会社分割

　また、吸収分割とは、以下の図のように表すことができます。すでに存在している会社どうしの問題である点で、事業売却に類似するとともに、すでに会社が資本を十分に備えている（すなわち、資本充実している）ことを前提に考えていい点に特徴があります。

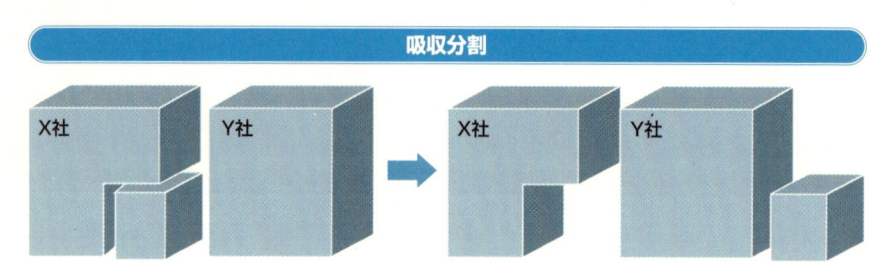

吸収分割

X社　Y社　→　X社　Y社

▶▶ 物的分割と人的分割の違いは何か

　分割する分け方の視点で、物的分割と人的分割に分けることができます。
物的分割とは、分割の対価となる株式などが分割会社に交付される場合のことをいいます。いわば、タテの分割で、従前の株主からすると所有している株式などには、何ら影響がありませんが、会社自体が親会社と子会社とに分割することになります。この物的分割を分社型分割とも呼ばれることがあります。

　一方で、人的分割とは、分割の対価となる株式などが分割会社の株主に直接交付される場合のことをいいます。いわば、ヨコの分割で、従前の株主からすると所有している株式などが複数の会社を表すことになります。この人的分割を分割型分割とも呼ばれることがあります。

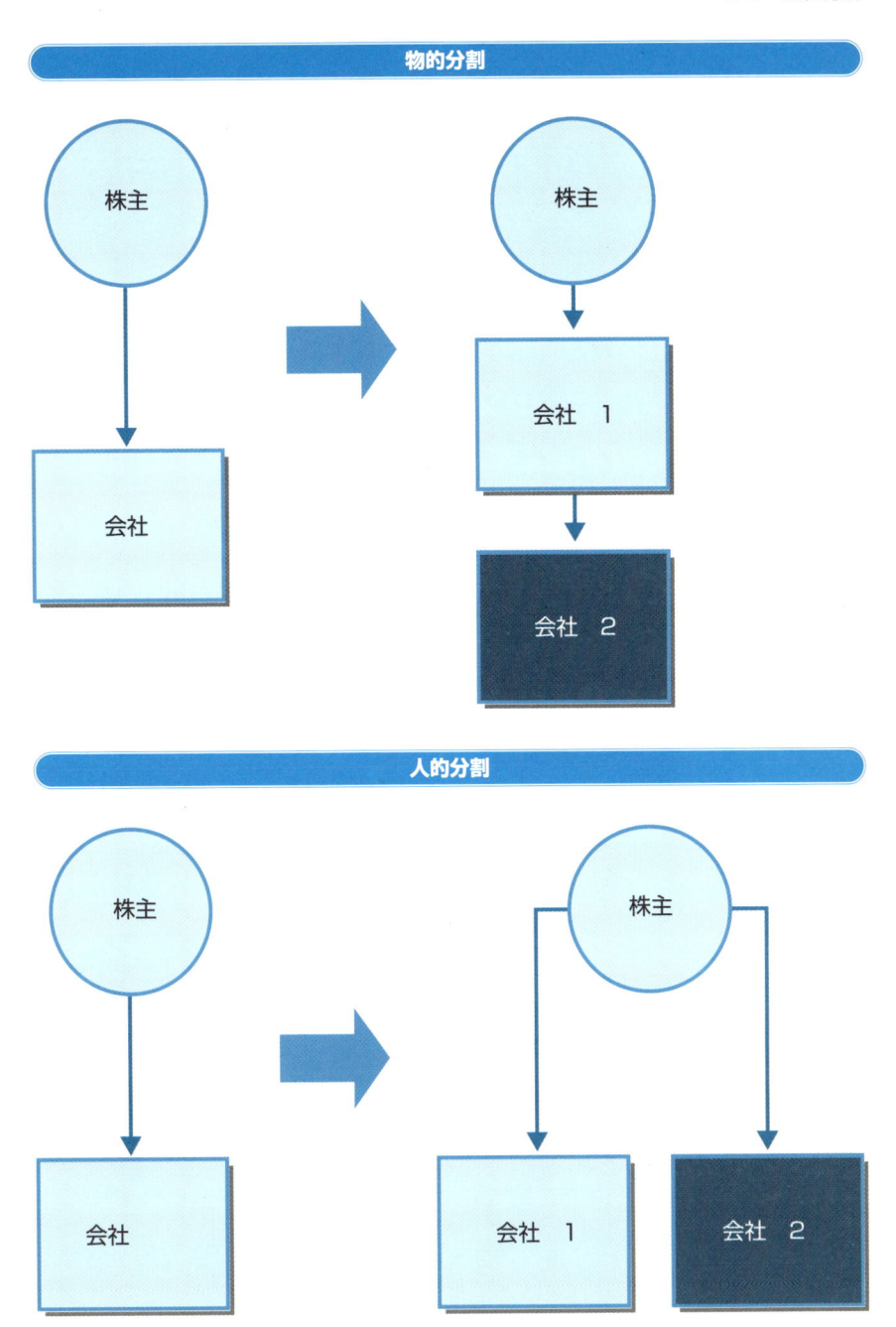

5-5 会社分割

物的分割

株主 → 会社

株主 → 会社1 → 会社2

人的分割

株主 → 会社

株主 → 会社1、会社2

5-6
組み合わせによる4つの類型

　会社分割には、新設分割と吸収分割とに分ける視点と、物的分割（分社型分割）と人的分割（分割型分割）とに分ける視点があります。この結果、会社分割には、2×2で4つの類型があることになります。

▶▶ 4つの会社分割の類型

　会社分割には、新設分割と吸収分割とに分ける視点と、物的分割（分社型分割）と人的分割（分割型分割）とに分ける視点があります。この結果、新設分割と吸収分割、物的分割（分社型分割）と人的分割（分割型分割）を組み合わせて、以下の4つの類型が考えられることになります。

会社分割の類型

	人的分割（分割型分割）	物的分割（分社型分割）
新設分割	Ⅰ　分割型新設分割	Ⅲ　分社型新設分割
吸収分割	Ⅱ　分割型吸収分割	Ⅳ　分社型吸収分割

I　分割型新設分割の例

　ここでは、A社株式を保有するX株主がいたとき、A社の営業の一部ないし全部を新設するB社に移転することを考えましょう。
分割型新設分割は、以下のように実現します。
　第一に、A社の一部を切り離し、B社を新設することを行います。第二に、B社の株式をA社株主であるX株主に交付します。
　このようにすることで、X株主は、A社株式と新設のB社株式を保有することになり、分割型新設分割が実現します。

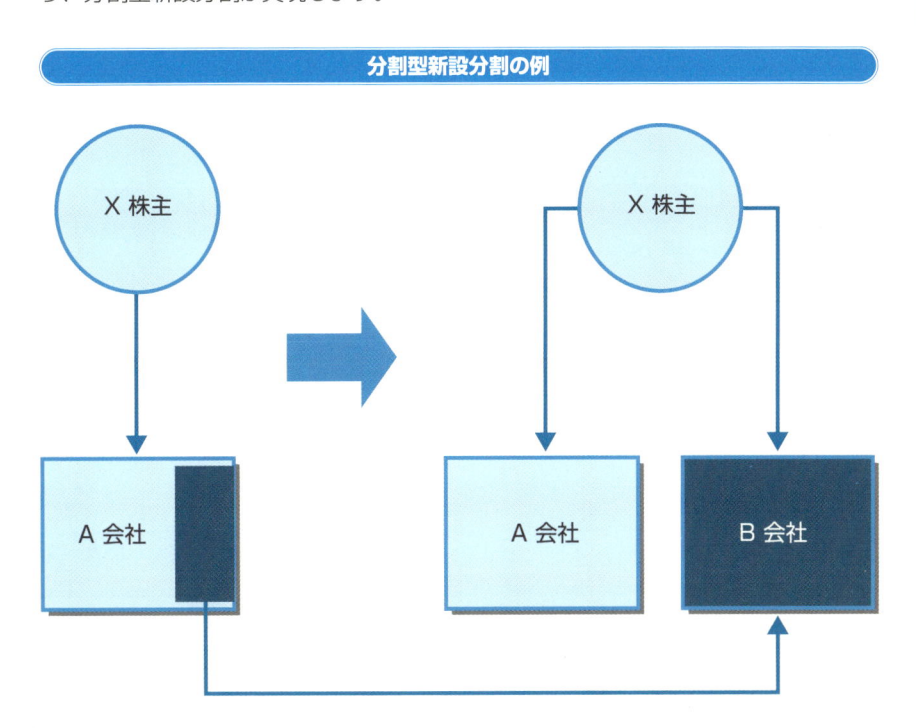

分割型新設分割の例

▶▶ Ⅱ　分割型吸収分割の例

　ここでは、A社株式を保有するX株主とC社株式を保有するY株主がいたとき、A社の営業の一部ないし全部を現存するC社に移転することを考えましょう。
分割型吸収分割は、以下のように実現します。
　第一に、A社の一部を切り離し、既存会社C社に移転させます。第二に、C社の株式をA社株主であるX株主に交付します。
　このようにすることで、A社の一部がC社に移転するとともに、X株主は、A社株式と存在していたC社株式を保有することになり、分割型吸収分割が実現します。

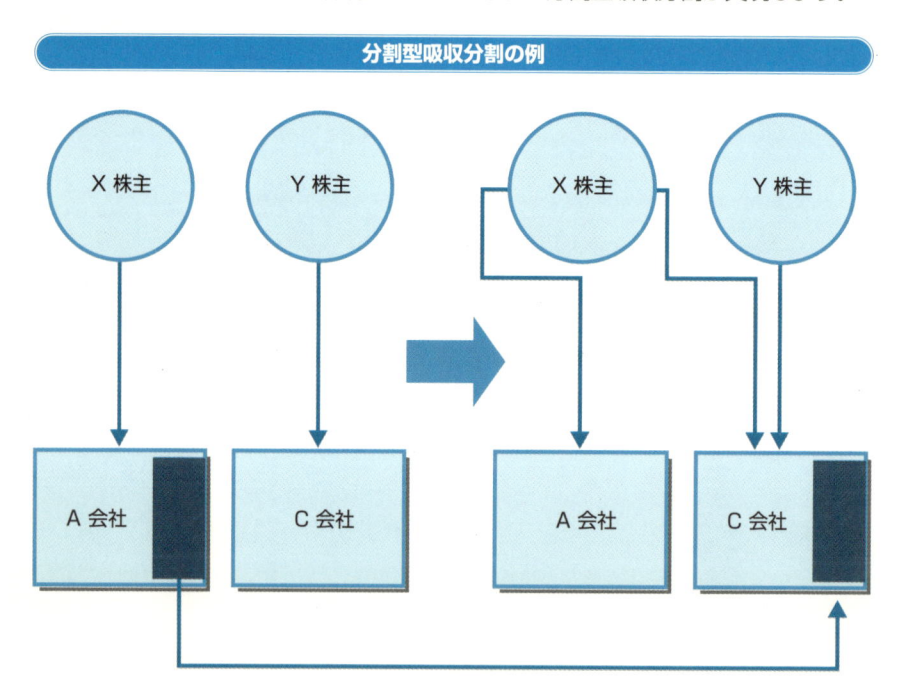

分割型吸収分割の例

Ⅲ 分社型新設分割の例

　ここでは、A社株式を保有するX株主がいたとき、A社の営業の一部ないし全部を新設するD社（A社出資の会社）に移転することを考えましょう。
分社型新設分割は、以下のように実現します。
　第一に、A社の一部を切り離し、D社を新設します。第二に、D社の株式をA社に交付します。
　このようにすることで、A社の一部がD社に移転するとともに、X株主は、A社株式を保有していることは変わりませんが、A社が新設したD社株式を保有することになり、分社型新設分割が実現します。

分社型新設分割の例

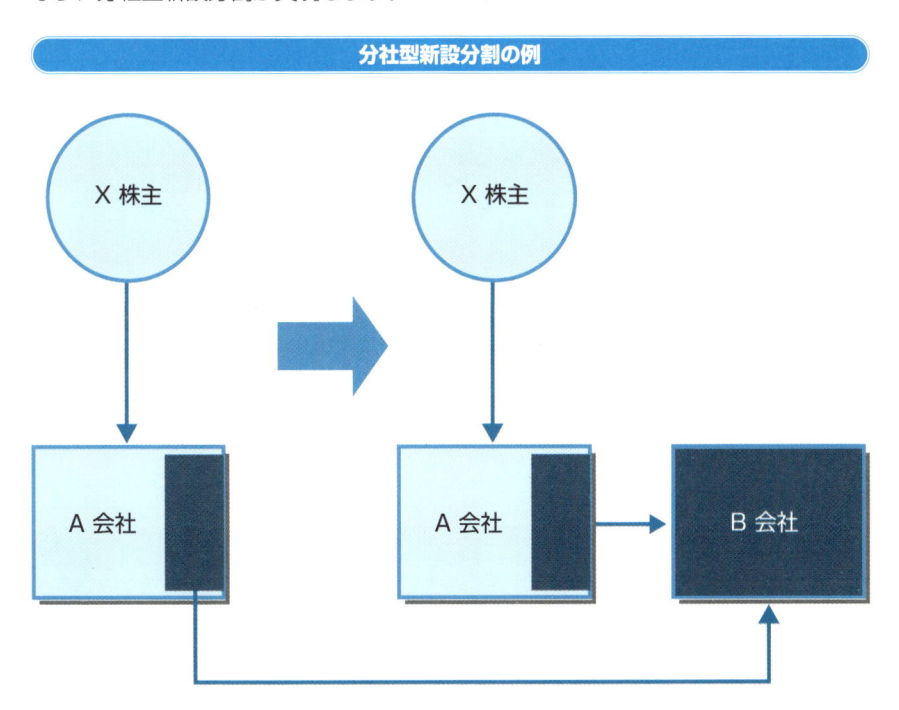

▶▶ Ⅳ　分社型吸収分割の例

　ここでは、A社株式を保有するX株主とE社株式を保有するY株主がいたとき、A社の営業の一部ないし全部を現存するE社（A社出資の会社）に移転することを考えましょう。

　分社型吸収分割は、以下のように実現します。

　第一に、A社の一部を切り離し、既存会社E社に移転します。第二に、E社の株式をA社に交付します。

　このようにすることで、A社の一部がE社に移転するとともに、X株主は、A社株式を保有する点およびY株主がE社株式を保有していることは変わりませんが、A社がA社の一部を吸収したE社株式を保有することになり、分社型吸収分割が実現します。

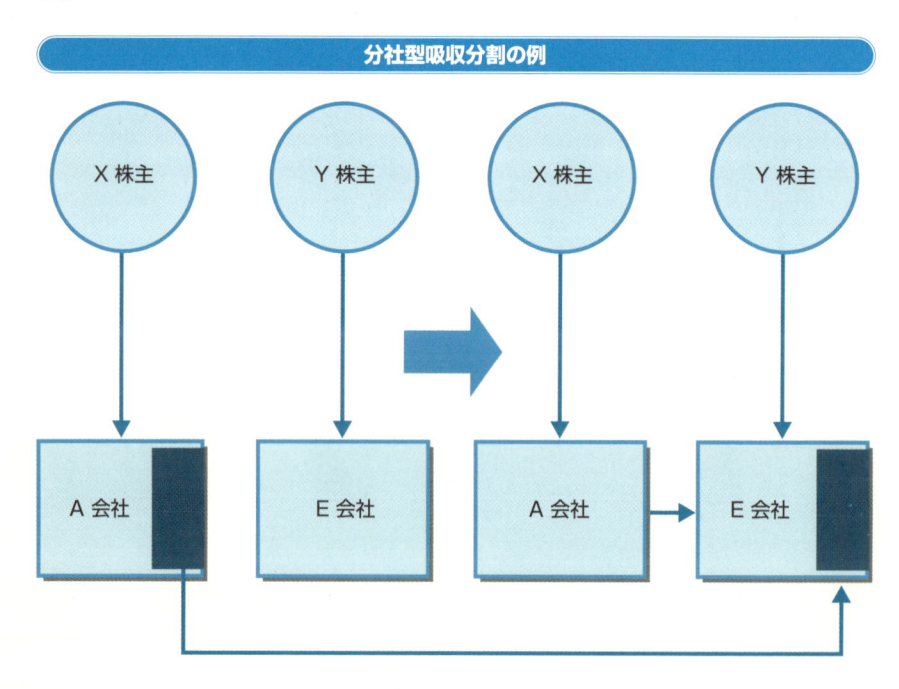

分社型吸収分割の例

5-7 適格分割とその要件

会社分割は、会社財産の移転が伴うので、課税所得が生じるのが通常です。しかしながら、経済的な実態が変わらないことから、一定の場合に課税所得が生じないような施策が設けられています。これが、適格分割という制度です。

▶▶ 適格分割とは

会社分割においては、事実上の資産、負債の移転を伴います。その移転にあたって、税務上で損益が生じるとすると、移転のコストが高いものとなり、会社分割の障害になってしまいます。

そこで、税制においては、このような資産、負債の移転を伴う企業組織再編をバックアップするために、一定の要件を満たす企業組織再編（適格企業再編）については、資産および負債の移転に関して、税務上で損益が生じないとされています。会計技術的には、資産および負債の移転にあたり、再編前の各々の会社における帳簿価格（簿価）をそのまま引き継ぐことによって、課税を繰り延べることになります。

なお、適格分割に相当しない会社分割を禁ずるものではないので、課税対応が可能であれば、適格分割ではない会社分割もありえることになります。

▶▶ 適格分割の要件は

適格分割にあっては、課税が繰り延べられますが、適格かどうかについては、分割にあたり、資金を伴う取引がない前提が必要です。すなわち、分割に伴って、分割承継法人の株式のみが交付され、かつ、分割型分割にあっては、分割法人の株主の持株数に応じて、分割承継法人の株式が交付されたものに限ることになります。

その前提として、適格分割は、企業グループ内の分割の場合での適格要件と共同事業を行うための適格要件とにわけられ、要件が定められています。

▶▶ 企業グループ内の適格分割の場合は

企業グループ内の事情からの分割であれば、課税を繰り延べようとの考え方から、

5-7 適格分割とその要件

次のように「企業グループであること」の要件が厳しく定められています。
- 分割法人と分割承継法人との間に100％の持株関係がある場合
- 分割法人と分割承継法人との間に50％以上100％未満の持株関係がある場合で、以下の要件のすべての該当するもの
    ① (カネの面)
        分割法人の分割事業にかかわる主要な資産および負債が分割承継法人に引き継がれていること
    ② (ヒトの面)
        分割法人の分割事業にかかわる従業者（役員、受入出向者などを含む）おおむね80％以上が分割後に分割承継法人の業務に従事することが見込まれていること
    ③ (モノ＜取引＞の面)
        分割法人の分割事業が分割承継法人において引き続き営まれることが分割時において見込まれていること

▶▶ 共同事業を行うための適格分割の場合は

共同事業を行うため分割であれば、政策的に課税を繰り延べようとの考え方から、次のように「共同事業であること」の要件が厳しく定められています。
- 分割法人と分割事業と分割承継法人の分割承継事業とが相互に関連性を有するものであること
- それぞれの事業の売上、従業員その他これらに準ずるもののいずれかの比率がおおむね5倍を超えないこと、または、分割法人の役員と常務クラス以上の役員が、分割後に分割承継法人の常務クラス以上の役員となることが見込まれていること
- 以下の事業関係を有すること
    ① (カネの面)
        分割法人の分割事業にかかわる主要な資産および負債が分割承継法人に引き継がれていること
    ② (ヒトの面)
        分割法人の分割事業にかかわる従業者（役員、受入出向者などを含む）

5-7 適格分割とその要件

おおむね80％以上が分割後に分割承継法人の業務に従事することが見込まれていること

③（モノ＜取引＞の面）

分割法人の分割事業が分割承継法人において引き続き営まれることが分割時において見込まれていること

- 分割により交付された分割承継法人の株式の全部を継続して保有することが見込まれること（分割法人の株主数が50人以上の場合を除く）

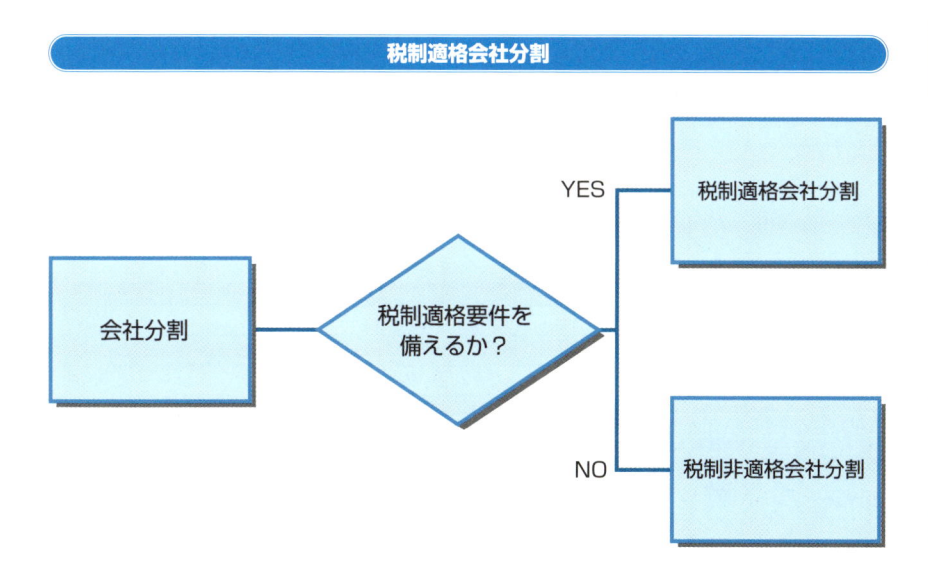

税制適格会社分割

会社分割 → 税制適格要件を備えるか？
- YES → 税制適格会社分割
- NO → 税制非適格会社分割

5-8

適格判断のフローチャート

税制適格会社分割の要件については、複雑なものがありますが、判断基準としてフローチャート化されています。会社分割スキームの検討にあたっては、活用すべきものです。

▶▶ 適格判断のフローチャート

税制適格分割にあたっての検討事項をひとまとめにしたものが、以下のフローチャートです。詳細な追加検討は必要ですが、分割スキームの採用の可否を検討する時点では、有用なフローチャートです。

税制適格会社分割の判断フローチャート

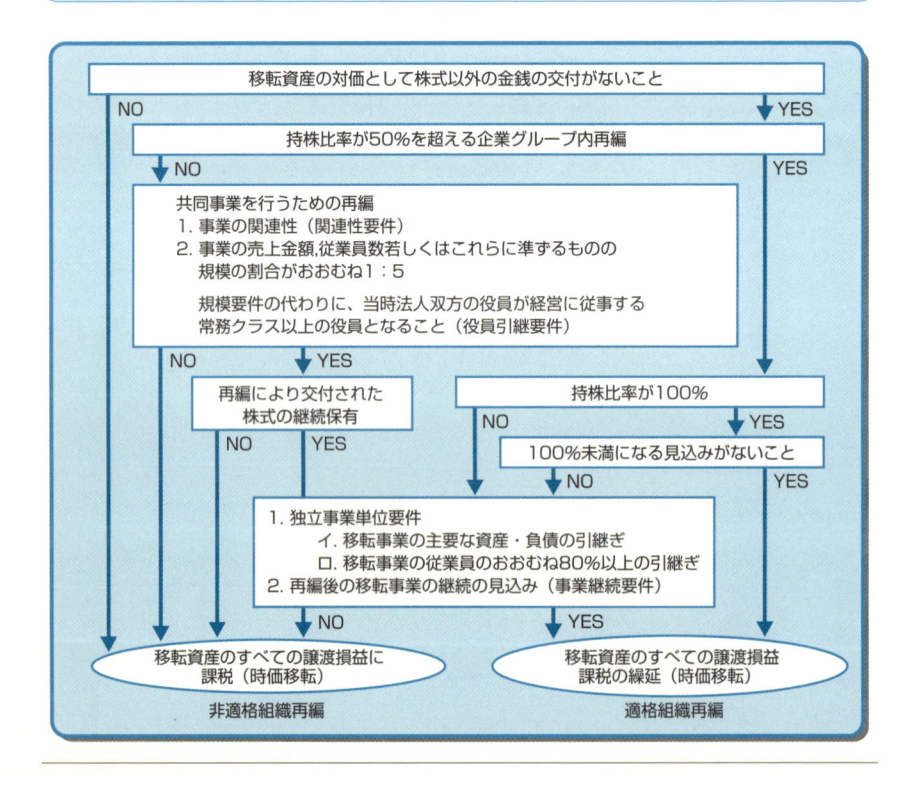

移転資産の対価として株式以外の金銭の交付がないこと
- NO → 移転資産のすべての譲渡損益に課税（時価移転）［非適格組織再編］
- YES → 持株比率が50%を超える企業グループ内再編
  - NO → 共同事業を行うための再編
    1. 事業の関連性（関連性要件）
    2. 事業の売上金額、従業員数若しくはこれらに準ずるものの規模の割合がおおむね1：5

       規模要件の代わりに、当時法人双方の役員が経営に従事する常務クラス以上の役員となること（役員引継要件）
    - NO → 非適格
    - YES → 再編により交付された株式の継続保有
      - NO → 非適格
      - YES → 1. 独立事業単位要件
         イ．移転事業の主要な資産・負債の引継ぎ
         ロ．移転事業の従業員のおおむね80％以上の引継ぎ
        2. 再編後の移転事業の継続の見込み（事業継続要件）
        - NO → 非適格
        - YES → 適格
  - YES → 持株比率が100%
    - NO → （共同事業ルートへ）
    - YES → 100%未満になる見込みがないこと
      - NO → （共同事業ルートへ）
      - YES → 移転資産のすべての譲渡損益 課税の繰延（時価移転）［適格組織再編］

5-9 会社分割の意義

企業再生において、会社分割の意義は、営業譲渡と同様に、「経営資源を保有するものと処分するものとに分ける手法」にあります。再生の対象とするコア事業を基準に保有するものと処分するものとに分けることになります。

▶▶ 会社分割の意義は何か

会社分割は、複雑な会計上、税務上の検討を得て実現されることになりますが、企業再生における会社分割の意義は、営業譲渡とともに、「経営資源を保有するものと処分するものとに分ける手法」にあります。

会社分割は、会社再生の観点から保有するものと、処分して流動化（資金化）して再投資に回すものとに分ける重要な技術です。

▶▶ 債権者の理解を得ることも重要

企業再生におけるセオリーは、再生の対象とする事業（コア事業）および関連する経営資源と撤退・売却などの整理を予定した事業および関連する経営資源とに分けることにあります。その意味で、営業譲渡および会社分割の手法は重要な手段です。とくに、会社分割は、再生会社の財産が包括的に処理され、適格会社分割による課税の繰延の可能性があるので、魅力的です。

しかしながら、再生の対象となる事業とその他の整理を予定した事業とに分割する場合には、株主のみならず、金融機関などの債権者の理解を得ることも重要です。通常、企業再生は、必ずしも順調ではない企業がその必要性に直面するので、整理にあたって、債務カットなどの一定の協力を金融機関などの債権者に依頼する必要があります。たとえば、会社分割を利用したスキームにおいて、債権者が極端な不利を受けなければならないない場合は、そのスキームそのものに協力が得られないでしょう。債権者においても、最悪でも、予測される清算（破産）配当率を超える回収は確保する必要はあるからです。

そこで、バランス感覚をもって、営業譲渡、会社分割を活用して、再生の対象とする事業（コア事業）および関連する経営資源と撤退・売却などの整理を予定した

5-9 会社分割の意義

事業および関連する経営資源とにわけ、将来キャッシュ・フローおよび損益を最大化するスキームを検討することが必要です。

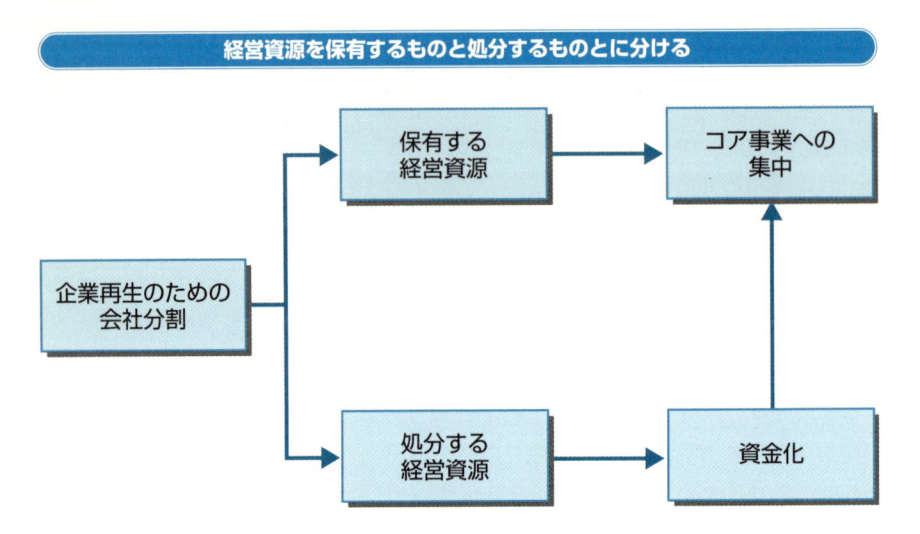

経営資源を保有するものと処分するものとに分ける

```
                    ┌─→ 保有する経営資源 ──→ コア事業への集中
企業再生のための会社分割 ┤                              ↑
                    └─→ 処分する経営資源 ──→ 資金化 ──┘
```

5-10 合併

合併とは、2つ以上の会社が1つになることです。企業再生においては、営業譲渡や会社分割と異なり、経営資源を1つにまとめる効果があり、活用されるべき手法の1つです。

▶▶ 合併とは

　会社の合併とは、2つ以上の会社が契約によって1つの会社に合体することです。企業再生においては、合併は、合体という意味で、会社分割とは逆に、「経営資源を1つにまとめる手法」に活用されることが多いと考えられます。

　合併には、吸収合併と新設合併の2つの形式があります。

　吸収合併とは、合併当事者の会社のうち、1つが存続して、他の会社が消滅する会社を吸収する手法です。ある1つの会社にまとまるというイメージです。新設合併とは、合併当事者のすべてが消滅して新しい会社を設立する場合です。新たにフレッシュスタートするイメージです。一般には、吸収合併の手法が採用されます。

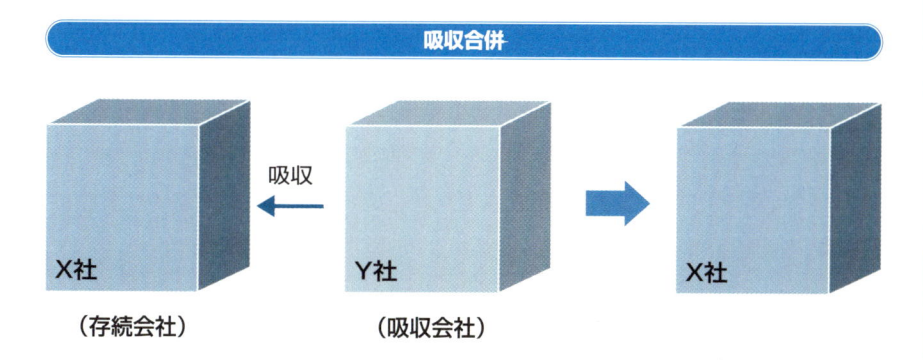

吸収合併

X社（存続会社）　←吸収　Y社（吸収会社）　→　X社

第5章　具体的にはどんな再生手法があるのか

5-10 合併

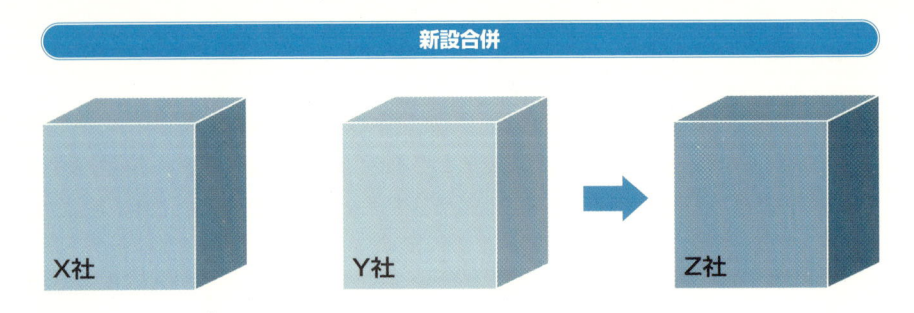

新設合併

X社　Y社　→　Z社

吸収合併と営業譲渡の違い

　なお、既存の会社との合併（吸収合併）の経済的な実態は、会社の全部の資産・負債の営業譲渡と類似しています。これは、合併によって、包括的に被合併会社の資産・負債を合併会社に統合するのと、営業譲渡元の会社のすべての資産・負債を営業譲渡先に譲渡して、営業譲渡先の資産・負債が増加することは、経済的には同じということです。

　ただ、法律的な手順や効果だけではなく、対価決済の方法、税金関連（営業譲渡は資産・負債の取引、合併は資本取引）などの点で異なります。

5-11 株式交換

株式交換とは、ある株主の株式を交換することによって、親子会社関係をつくる手法です。株式交換も、合併と同様、企業再生において、経営資源を1つにまとめる手法といえます。

▶▶ 株式交換とは

会社の株式交換とは、ある株式会社が他の会社の100％子会社となる取引において、その親会社となる会社が既存の会社である場合です。100％親会社・子会社体制を構築するという意味で、「経営資源を1つにまとめる手法」に活用されることが多いと考えられます。

例を用いれば、以下のように説明できます。株式交換においては、A社が契約により、既存のB社の発行済株式の全部を取得し、それと交換にA社株式を発行することになります。これにより、B社はA社の完全子会社（100％の親子関係）となり、B社の株主はA社の株主になることになります。

株主側から見れば、Y株主が保有するB社株式とA社株式を交換することになります。結果として、X株主とY株主はA社の株主となります。

▶▶ 株式交換における課税の繰延

株式交換の取引により生じた所得に対しては、一定の要件を充足する場合、企業再編の意味から経済的には変動がないとして、課税の繰延が認められています。そのため、資金負担を抑えて、株式交換を実現できることになります。

なお、ここでの一定の要件とは、親会社の受ける子会社株式の受入価額についての要件と交付金銭の支払の多寡に関する要件です。

5-11 株式交換

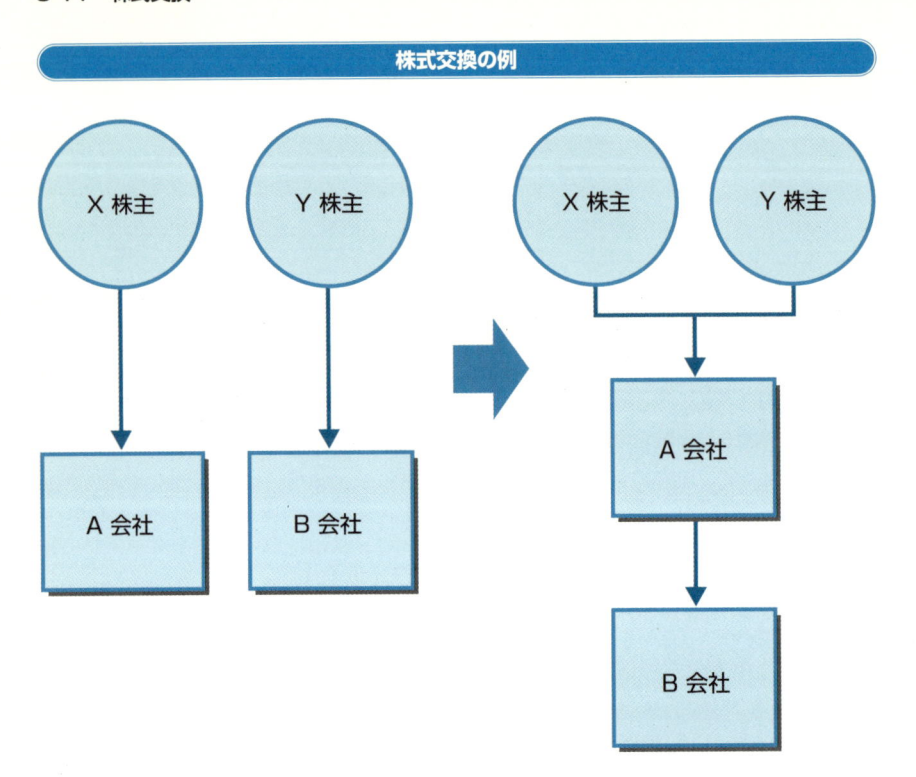

株式交換の例

X 株主 → A 会社
Y 株主 → B 会社

➡

X 株主, Y 株主 → A 会社 → B 会社

5-12

株式移転

株式移転とは、ある株主の株式を移転することによって、親子会社関係をつくる手法です。株式移転も、株式交換、合併と同様に、企業再生において、経営資源を1つにまとめる手法といえます。

株式移転とは

会社の株式移転とは、ある株式会社が他の会社の100％子会社となる取引において、その親会社となる会社が新設の会社である場合です。100％親会社・子会社体制を構築するという意味で、「経営資源を1つにまとめる手法」に活用されることが多いと考えられます。

例を用いれば、以下のように説明できます。株式移転においては、D社とE社が完全親会社となるC社を設立し、D社、E社はC社の完全子会社（100％子会社）になります。

株主側から見れば、X株主およびY株主はD社株式、E社株式をそれぞれ拠出して、C社からC社株式の割当を受けることになります。

株式移転における課税の繰延

株式移転の取引により生じた所得に対しては、株式交換と同様に、一定の要件を充足する場合、企業再編の意味から経済的には変動がないとして、課税の繰延が認められています。そのため、資金負担を抑えて、株式移転を実現できることになります。

なお、ここでの一定の要件とは、株式交換と同様で、親会社の受ける子会社株式の受入価額についての要件と交付金銭の支払の多寡に関する要件です。

5-12 株式移転

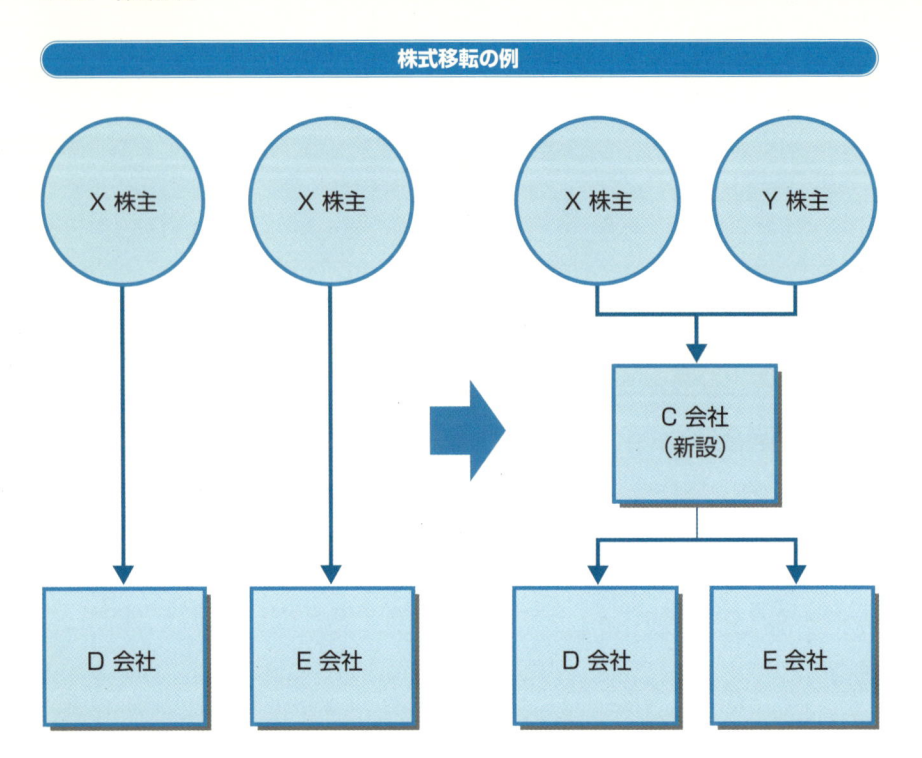

株式移転の例

X 株主 → D 会社

X 株主 → E 会社

→

X 株主, Y 株主 → C 会社（新設） → D 会社, E 会社

第6章

再生に必要な最低限の税務知識

　第6章では、再生業務にかかわる最低限必要な税務知識について説明します。

　再生業務において、どうしても、金融機関などからの債務免除や債務カットなどの資金的な問題が絡むので、会計・税務の知識はとても重要です。債務免除ないし債務カットにおいては、債務免除益が生じ、多額な所得が生じる場合があります。この債務免除益に対応する税務対応がないと、具体的な再建計画が策定できないでしょう。また、金融機関などの債務免除を行う側にとっても、考慮すべき都合があります。

　そこで、ここでは債務免除に関する重要な税務知識について説明します。

6-1
債務免除益

企業再生にあたっては、債権債務、関係会社等々のさまざまな整理を行うので、会計・税務上の対応は不可欠です。とりわけ、債権者や取引先からの支援を受けて、債務免除益が生じる場合、課税を回避して、再生計画の実行を高める必要があります。

▶▶ 再生にあたっての会計・税務への配慮

　企業再生にあたっては、債権債務、関係会社等々のさまざまな整理を行うので、会計・税務上の対応は不可欠です。たとえば、銀行などの債権者は取引先から、支援を受けて、債務免除など通例的でない事象が生じた場合、多額の債務免除益が計上されることになり、再生企業からの資金的な流出を避けるために、税務的な対応が不可欠な場面が多々生じます。また、税務的な対応の限界が、再生計画や再生スキームそのものに影響がある場合があります。

　たとえば、税金負担の状況が、再生企業からの資金流出を伴うので、再生計画にもとづく返済額に強い影響を及ぼします。また、そもそも、多額な税金負担が生じるスキームは、決して、合理的な再生スキームといえないので、選択可能なスキームとはいえないことになるでしょう。

▶▶ 債務免除益とは

　企業再生において、再生会社に対する金融機関などの債権者の支援を受けることが、一般的です。その支援の中には、再生会社に対する債権を大幅にカットして、財務的な負担を減らすことで、将来的な再生を促し、自己の債権回収を極大化することが含まれます。

　ここで、債権（再生会社にとっては債務）が大幅にカットされると、再生会社において、多額の債務免除益（益金）が生じます。仮に、その益金計上による課税が生じてしまうと再生計画は円滑に実行できないでしょう。

　実務的には、合理的な債務免除の計上時点を、再生計画の中で明らかにして、合理的に定める必要があると考えられます。

6-1 債務免除益

債務免除益の例

単位：百万円

賃貸対照表			
現金預金	500	買掛金	1,200
売掛金	2,000	借入金	10,000
棚卸資産	3,000	資本金	300
固定資産	1,500	欠損金	-4,500
計	7,000	計	7,000

⬇ 債務免除　8,000百万円

賃借対照表			
現金預金	500	買掛金	1,200
売掛金	2,000	借入金	2,000
棚卸資産	3,000	資本金	300
固定資産	1,500	欠損金	-4,500
		債務免除益	8,000
計	7,000	計	7,000

6-2 債務免除益と税務対応

再生にあたって、債権者などから支援を受けると債務免除益が多額に計上されることがあり、繰越欠損金の活用などの会計・税務上の対応が必要となります。このほかにも留意すべき会計・税務上の事項があります。

▶▶ 債務免除が生じたら

企業再生において、支援を受けると債務免除が生じて会計・税務的な対応が必要となりますが、その対応として主要なものは、繰越欠損金の活用と資産評価損の実施です。このほかにも、企業再生に応じて、留意すべき事項として、留保金課税対応、地方税対応および租税資金のファイナンスについて、以下に説明します。

▶▶ 繰越欠損金を活用する

通常、再生会社にあっては、業績が必ずしも良好ではないので、会計上の繰越欠損金だけではなく、多額の税務繰越欠損金も計上されている場合が多いと考えられます。たとえば、上記の多額の債務免除益が生じた場合、対応する税務繰越欠損金を活用して、課税所得を圧縮することが考えられます。

税務繰越欠損金の繰り越せる期間は限度（7年。2001年度3月31日以前開始事業年度において生じたものは5年）がありますが、一部に、特例措置があり、期間経過後の税務繰越欠損金を活用することができる場合があります。

また、本来あってはならないことですが、過去に粉飾決算を行い、課税所得が生じて税金を支払っていた場合も散見されます。その場合、期間に限度がありますが、過去に過大に納付していた税金が還付される場合があります。

このような制度上の支援がありますが、会計上の繰越欠損金だけが生じ、税務繰越欠損金が活用できる期間を経過してしまった場合の対応は、困難を極めます。法的整理（会社更生法、民事再生法など）による特例措置を活用することを考えますが、事情により法的整理が難しい場合、債務免除益による課税を生じないようにすることは、大変難しいといえます。早期の再生計画対応が必要であるという理由は、このようなところにも見いだせます。

資産評価損とは

　資産評価損においては、通常、法人税で認められていませんが、法的整理を原因とする資産評価換について、評価損を損金にすることが認められます。たとえば、田棚卸資産、有価証券、固定資産などが対象です。

　売掛金や貸付金などの債権については、通常における法人税における手当に枠内で、処理されることになります。

留保金課税とは

　同族会社の留保金課税とは、同族会社の税務上の留保金額の一部分について、特別に追加的に課税される制度です。ベンチャー企業や中小企業（自己資本比率50％以下で資本金が1億円以下の法人）に対しては、その留保金課税が停止されています。

　一方で、老舗で比較的規模の大きい同族会社の場合の支援については、要注意です。ベンチャー企業の再生においては、新しい技術なりマーケティング手法があるので、支援先の発見の可能性があるのに対して、老舗の場合は、利害関係者が多数におよび再生業務も複雑になります。その上で、留保金課税のリスクもあり、会計技術的にも注意が必要です。

地方税にも配慮する

　主要な税務対応として、課税所得の圧縮の点はよく議論されますが、通常、小額とはいえ、地方税（住民税、事業税、固定資産税など）に対する配慮も必要です。これは、再生会社にあっては、すでに金融機関に支援を依頼していることから、通常、小額となる地方税対応についても、新たに納税資金を調達する必要があり、その資金調達にも苦労が伴うからです。

租税資金のファイナンスについて

　これは、経験則に過ぎませんが、どうしても再生会社においては、管理業務に対するコストを削減してきたことから、適時に納税に関する情報を得られないことがあります。たとえば、当局からの連絡で、初めて中間納付などの必要性を理解する

6-2 債務免除益と税務対応

ことになり、対応が後手に回ることが、決して少なくないようです。後手の対応となると、再生会社にあっては、新たに納税資金を金融機関から調達することも難しいので、厳しい事態を迎える恐れがあります。

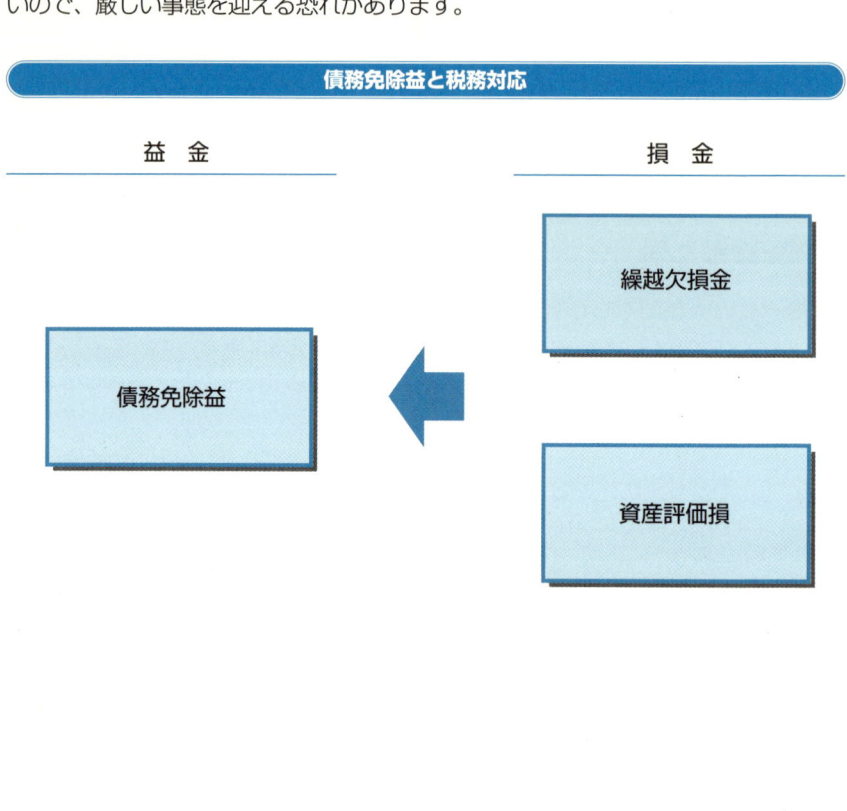

債務免除益と税務対応

益　金　　　　　　　　　　　　損　金

債務免除益　←　繰越欠損金

　　　　　　　　　資産評価損

6-3
支援債権者

　企業再生においては、再生会社側の都合が重要ですが、金融機関などの債権者や取引先などの支援先の事情も考慮に入れる必要があります。支援先の事情を考慮して、最適な再生計画を策定・実施する必要があります。

▶▶ 支援債権者側の処理

　再生会社に対する支援者は、再生会社に対する貸付金などの債権を放棄したり、条件を変更したりすることで支援を行います。

　その債権放棄が、支援債権者側で貸倒損失や貸倒引当金繰入額として、税務損金とできるかは、とくに、企業再生にかかる問題ではなく、通常の法人税などの規定の枠内で処理されることになります。

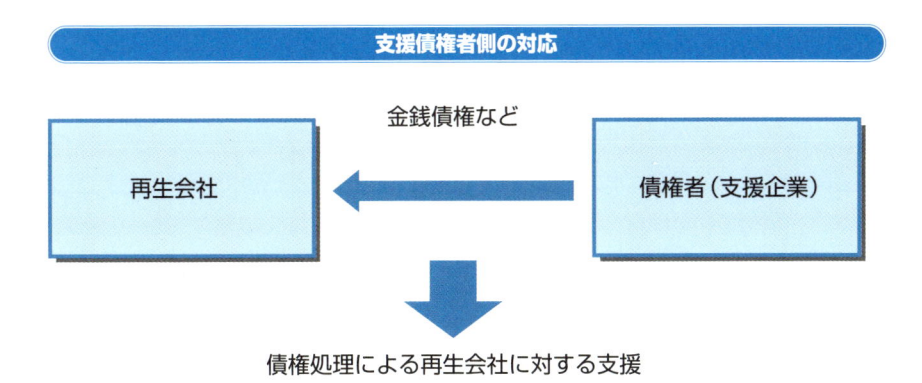

支援債権者側の対応

再生会社 ← 金銭債権など ― 債権者（支援企業）

↓

債権処理による再生会社に対する支援

6-4 債権分類

金融機関などの債権者においては、再生会社に対する債権を分類して管理しています。再生会社としては、自分あての債権がどのように考えられているかを理解するのは、再生交渉上で重要です。

▶▶ 債権の分類はどうなっているか

　支援債権者である金融機関においては、各行に工夫があり、実務的にはより複雑であるものの、「金融検査マニュアル」（金融庁）を参考にして、少なくとも以下のような大分類により債権が分類されています。その分類にしたがって、会計上では、債権の回収可能性を検討し、貸倒引当金を計上することになります。

　あくまで一般論ですが、企業再生において、相手先の再生会社の状態を金融機関が理解していれば、必要な貸倒引当金を計上し、会計上の手当ては終了しています。その場合、その金融機関に支援を申し出ても、会計上の手当てが終了していることから、どれだけ、どのように回収するかが問題になります。

　逆に、相手先の再生会社の状態を金融機関がよく理解していない場合、再生会社の支援の申し出は、突然の事項であり、「寝耳に水」です。直接取引先である支店および統括する本店と合わせての対応となり、タフな交渉になります。平時からの取引金融機関との関係作りは、重要であるといえます。

債権分類

分 類	内 容
正常先	正常先とは、業績が良好であり、かつ、財務内容にも特段の問題がないと認められる債務者をいう。
要注意先	要注意先とは、金利減免・棚上げを行っているなど貸出条件に問題のある債務者、元本返済若しくは利息支払いが事実上延滞しているなど履行状況に問題がある債務者のほか、業況が低調ないしは不安定な債務者または財務内容に問題がある債務者など今後の管理に注意を要する債務者をいう。 また、要注意先となる債務者については、要管理先である債務者とそれ以外の債務者とを分けて管理される。
破綻懸念先	破綻懸念先とは、現状、経営破綻の状況にはないが、経営難の状態にあり、経営改善計画などの進捗状況が芳しくなく、今後、経営破綻に陥る可能性が大きいと認められる債務者（金融機関などの支援継続中の債務者を含む）をいう。 具体的には、現状、事業を継続しているが、実質債務超過の状態に陥っており、業況が著しく低調で貸出金が延滞状態にあるなど元本および利息の最終の回収について重大な懸念があり、したがって損失の発生の可能性が高い状況で、今後、経営破綻に陥る可能性が大きいと認められる債務者をいう。
実質破綻先	実質破綻先とは、法的・形式的な経営破綻の事実は発生していないものの、深刻な経営難の状態にあり、再建の見通しがない状況にあると認められるなど実質的に経営破綻に陥っている債務者をいう。 具体的には、事業を形式的には継続しているが、財務内容において多額の不良資産を内包し、あるいは債務者の返済能力に比して明らかに過大な借入金が残存し、実質的に大幅な債務超過の状態に相当期間陥っており、事業好転の見通しがない状況、天災、事故、経済情勢の急変などにより多大な損失を被り（あるいは、これらに類する事由が生じており）、再建の見通しがない状況で、元金または利息について実質的に長期間延滞している債務者などをいう。
破綻先	破綻先とは、法的・形式的な経営破綻の事実が発生している債務者をいい、たとえば、破産、清算、会社整理、会社更生、民事再生、手形交換所の取引停止処分などの事由により経営破綻に陥っている債務者をいう。

6-5 税効果会計と自己資本比率

再生会社の重要な支援先である銀行においては、対支援先の事情だけではなく、自己の自己資本との関連が重要事項となります。再生会社としてはわかりにくい点ですが、円滑な交渉のために、この事情を理解する必要があります。

▶▶ 税効果会計とは

あくまで一般論ですが、相手先の再生会社の状態を金融機関が理解し、すでに必要な貸倒引当金を計上して会計上の手当ては終了していても、相手先の金融機関には別の問題があります。

少し、会計技術的に過ぎる点がありますが、以下のように説明できます。

会計上の手当てと税務上の貸倒処理とは、時期のズレがあり、一般に、会計上の手当ての方が先行します。そこで、会計上は費用処理、税務上は貸倒とはしていない項目については、将来の税金の節約可能額として、繰延税金資産として会計処理されています。これが税効果会計の適用です。税務上でも貸倒処理できる状況になれば、その貸倒処理で税金節約が実現したとして、繰延税金資産も取り崩します。

▶▶ 金融機関の自己資本比率が悪化する

ここで、金融機関としては、別の要請として、自己資本比率が一定率ないと、信用が担保されないとして、業務に支障がでる場合があります。そのため、自己資本を形成している繰延税金資産を取り崩されると自己資本比率が悪化してしまい、銀行経営としては、非常に重大な場面に遭遇してしまいます。

例としては、繰延税金資産の金額が論点でしたが、自己資本比率の維持をめぐって、**りそな銀行事件**＊、**足利銀行事件**＊が記憶に新しいところです。

何か難しい説明のようですが、あえて簡単に述べれば、「貸倒処理済みとはいえ、支援決定となると金融機関自身の自己資本が悪化してしまい、やっぱり、よろしくない」ということです。

このように金融機関においては、いつ、債権カットなどの支援を決定するのかは、個別相手先の事情だけでは決定できない状況があります。企業再生においては、こ

＊…りそな銀行事件　監査法人が、りそな銀行の税効果会計適用による繰延税金資産を一部しか認めないことが明らかになり、その結果、りそな銀行が定められた自己資本比率を超えることができず、金融安定化のため公的資金が注入され、国有化された事件。
＊…足利銀行事件　りそな銀行事件と同様に、監査法人が、足利銀行（あしぎんFG）の税効果会計適用による繰延税金資産を一部しか認めないことが通告され、その結果、足利銀行（あしぎんFG）が定められた自己資本比率を超えることができず、金融安定化のため公的資金が注入され、一時国有化された事件。

6-5 税効果会計と自己資本比率

のような金融機関側の事情を理解した上での、協力要請が必要であるといえます。

税効果資産と自己資本

債権者（銀行）貸借対照表

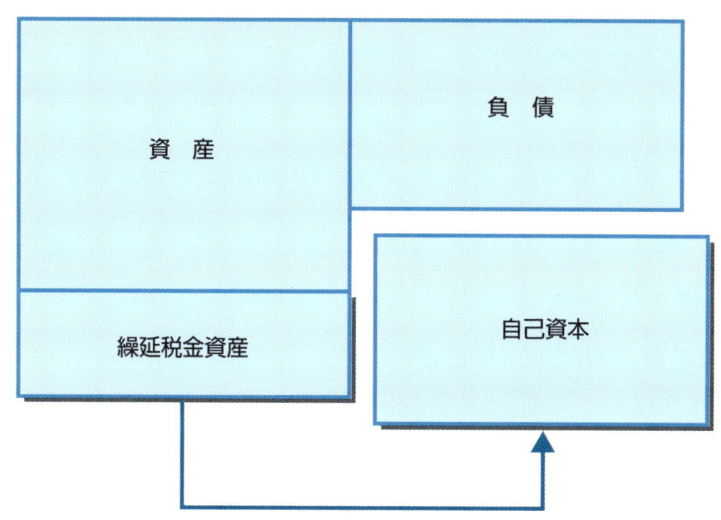

資　産	負　債
繰延税金資産	自己資本

繰延税金資産の多寡が自己資本に影響する！

Column コラム

新会社法と企業再生

　企業の基本法である「会社法」が2005年6月29日に成立し、2006年春にも施行されることになりました。この会社法は、現代化と称して、これまでの会社法（商法）を大幅に見直したものです。すなわち、会社法制の現代語化の作業（ひらがな口語化）の作業にあわせて、会社に係わる諸制度間の規律の不均衡の是正などを行うとともに、最近の社会経済情勢の変化に対応するための各種制度の見直しを行いました。

　この会社法制の現代化による見直しは、非常に多岐に及びますが、たとえば、以下の項目について見直しがされています。

- 設立関係
- 機関関係
- 株式・新株予約権関係
- 計算関係
- 組織再編行為関係
- 清算関係
- 合同会社関係
- その他

　これらの項目について、企業再生においても多方面に影響がありますが、とりわけ、組織再編行為関係の見直しは、大きな影響があると思われます。その一例が、略式組織再編行為の要件の緩和と合併対価などの柔軟化（金銭交付を認める）です。この組み合わせによって、少数株主の整理が容易となり、再編を加速することができます。少数株主の考え方もあるので、慎重な運営が必要とは思いますが、整理を容易にする制度ができたことは、企業再生にとって、前進といえると思います。

　また、合同会社が設立することができるようになり、今後税制面の手当ても必要になりますが、企業再生にあたり、人材などの経営資源の調達を簡単にすることに期待があります。

　このように、新会社法により、企業再生の現場においては、再生のために選択肢が広がり、再生が迅速かつ確実に実現できるように促進する環境ができつつあるといえると思われます。

（小泉正明）

第7章

まずデュー・ディリジェンスと清算配当率が重要

　第7章では、再生業務手順の内、最初に行うべきデュー・ディリジェンス（資産査定）と予想清算・破産配当率の計算について説明します。

　再生業務はさまざまな利害関係者（ステーク・ホルダー）の理解と協力を得て行われるものですが、最初にその再生は具体的にどの程度の内容を持つものであるという客観的な分析がはじめにありきです。

　一方で、仮に破産した場合の影響を予想清算・破産配当率として、具体的にどのような清算・破産などの影響を持つももものであるという客観的な分析もまた必要です。

　ここでは、再生計画を作成して、支援を得るのに最初に必要なデュー・ディリジェンス（資産査定）の内容と予想清算・破産配当率の計算方法を説明します。

7-1

再生業務手順

　再生業務は個別の事情にそって、個別の手順で実施されるものです。しかしながら、バラバラな手順の中にも、一般的な手順があるようです。少しでも、再生が実現する可能性を高めるために、一般的な再生手順を理解することは大変有用です。

▶▶ 3段階の再生業務手順

　再生業務手順は、まず大きく分けて、次の3段階に分けることができます。
1. 分析段階
2. 実行段階
3. フォローアップ段階

分析段階

　分析段階では、再生の対象となる企業の状況を分析し、今後の再生の方針を定めるものです。この分析段階では、資産査定業務、問題点の定義と対応策、コア事業の選定、再生計画の策定の業務に分類することができます。

　この段階では、事実を客観的に分析して、対象企業の再生の可能性を見極め、再生の実現についての段取りを定めます。この段階での緻密さが、再生の実現の可能性を高めるとともに、後の作業を円滑にします。

実行段階

　実行段階では、分析段階で策定された再生計画を、厳格な資金管理のもとで、実行する段階です。感覚としては、まさに「嵐が通り過ぎる」状況で、飛ぶように時間が過ぎていきます。

　この段階では、再生計画を迅速に実施することになります。通例、再生業務においては、資本関係や取引関係に大幅な変更を加えることになるので、粘り強い交渉もまた必要になります。

フォローアップ段階

　フォローアップ段階では、再生計画にそって継続的な再生企業の企業運営を行っていく段階です。分析段階で選定されたコア事業について、ビジネスプロセスを再編するほか、組織改革を行い、再生企業を「通常」企業にもどす段階です。通常、

7-1 再生業務手順

このフォローアップ段階で、再生業務を支援するステーク・ホルダーは役割を終えますが、その際に、株式公開、株式売却などを通じて、投下資金を回収することになります。

この段階では、分析段階、実行段階で得られた支援をもとに、再生計画にそって、再生を実現します。通常、厳格な資金管理のもと、強力なリーダーシップのもとに計画の実行力が求められます。

それでは、これから、分析段階、実行段階、フォローアップ段階の各段階の内容を、順を追って、もう少し詳しく説明することにしましょう。

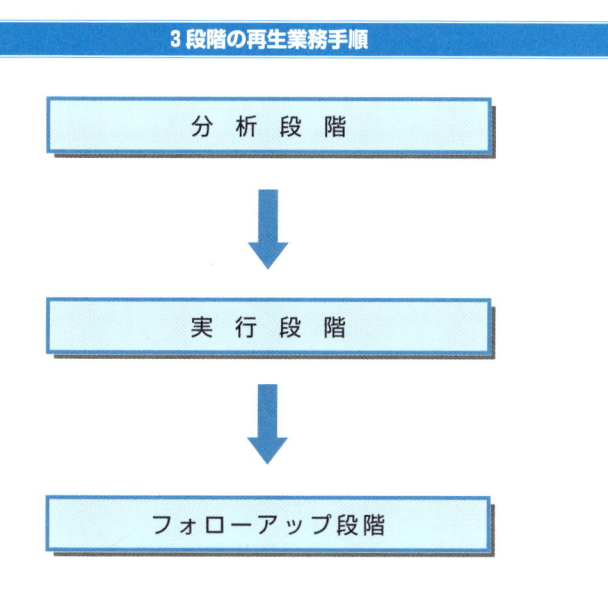

3段階の再生業務手順

分析段階
↓
実行段階
↓
フォローアップ段階

7-2
デュー・ディリジェンスとは

分析段階では、まず、客観的な事実を確認し、その事実にもとづく冷静な分析を実施する必要があります。そのために行うのがデュー・ディリジェンス（資産査定）です。

▶▶ 分析段階における作業プロセス

分析段階は、再生業務の最初の段階です。ここでは、再生の対象となる企業の状況を分析し、今後の再生の方針を定めることになります。

分析段階における作業プロセス

資産査定 → 問題点の定義と対応策 → コア事業の選定 → 再生計画の策定

▶▶ 資産査定（デュー・ディリジェンス）とは

再生対象会社が再生の意思を固めると、分析段階において、最初に実施されるのが、資産査定（デュー・ディリジェンス）です。デュー・ディリジェンスは、英語のdue diligence からで、「当然のチェック」のニュアンスといえます。日本の再生の現場では、略して、「デューデリ」と呼ばれたり、頭文字をとって「DD」と略されたりします。

この資産査定には、ビジネス面、法律面、財務面の3つ断面に分類されて実施されるのが通常です。各々をビジネス・デュー・ディリジェンス（ビジネス面）、リーガル・デュー・ディリジェンス（法律面）、ファイナンシャル・デュー・ディリジェンス（財務面）と呼びます。

7-2　デュー・ディリジェンスとは

デュー・ディリジェンスの分類

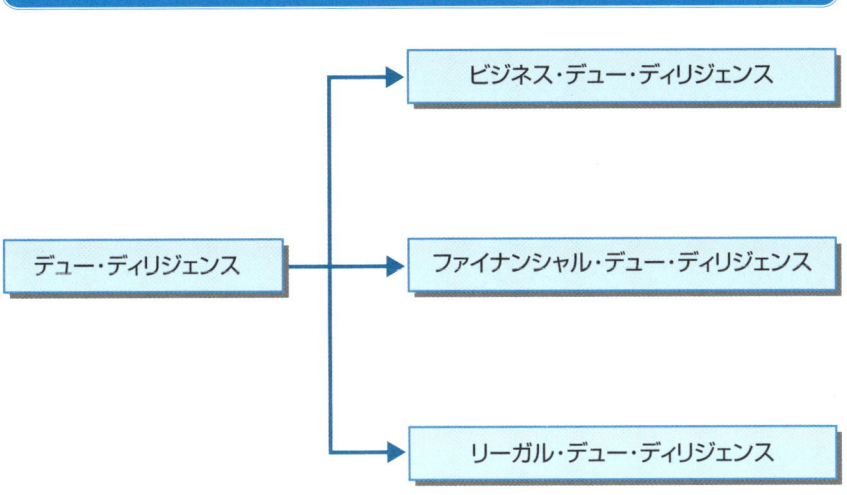

デュー・ディリジェンス
- ビジネス・デュー・ディリジェンス
- ファイナンシャル・デュー・ディリジェンス
- リーガル・デュー・ディリジェンス

7-3
ビジネス・デュー・ディリジェンス

　ビジネス・デュー・ディリジェンスとは、再生企業が現に実施していたビジネスを分析し、どのようなビジネスを展開し、どのように利益を計上しようとし、なぜ、事業が円滑に推移せず、再生という事態にいたったか、について理解を得ます。

▶▶ ビジネス・デュー・ディリジェンスとは

　ビジネス・デュー・ディリジェンスとは、「どのようにして、この会社は利益をあげようとしてきたか」について調査するものです。再生対象会社の行っている事業そのものについての分析を意味し、その企業の歴史、市場環境や顧客、競争相手、経営資源、意思決定スタイル、組織体制やビジネス（事業）プロセスなどを調査します。

▶▶ どのようにして利益をあげようとしてきたのか

　再生業務を支援する利害関係者の思惑によって、調査の力点は異なります。ある方は、将来のスポンサー候補として、そのスポンサーの状況と再生対象会社のビジネスの状況とを融合させて、シナジーを生み出すことができるかの点に重点をおいて、ビジネス・デュー・ディリジェンスを実行するかもしれません。また、ある方は、将来の買収対象候補として、再生対象会社のビジネス上のリスクに重点をおいて、ビジネス・デュー・ディリジェンスを実行するかもしれません。

　さまざまなビジネス・デュー・ディリジェンスのバリエーションはありますが、共通するのは、「どのようにして、この会社は利益をあげようとしてきたか」の調査です。その調査の結果は、後の再生計画の策定にあたり、大変重要な意味を持つことになります。

▶▶ なぜ、再生という事態になったのか

　同時に重要なのは、なぜ、狙ったビジネスを円滑に運営することができず、再生という事態にいたったかの分析です。一過性かもしれません。1つの過剰投資の意思決定だけが問題かもしれません。あるいは、ヒトの問題かもしれませんし、そもそ

7-3 ビジネス・デュー・ディリジェンス

も、生産している製品や提供しているサービスが時代遅れになっているのかもしれません。

どのような原因でビジネスが失敗し、再生という事態にいたったかを分析することは、後のコア事業の選定にあたって、とても重要なことであるといえます。

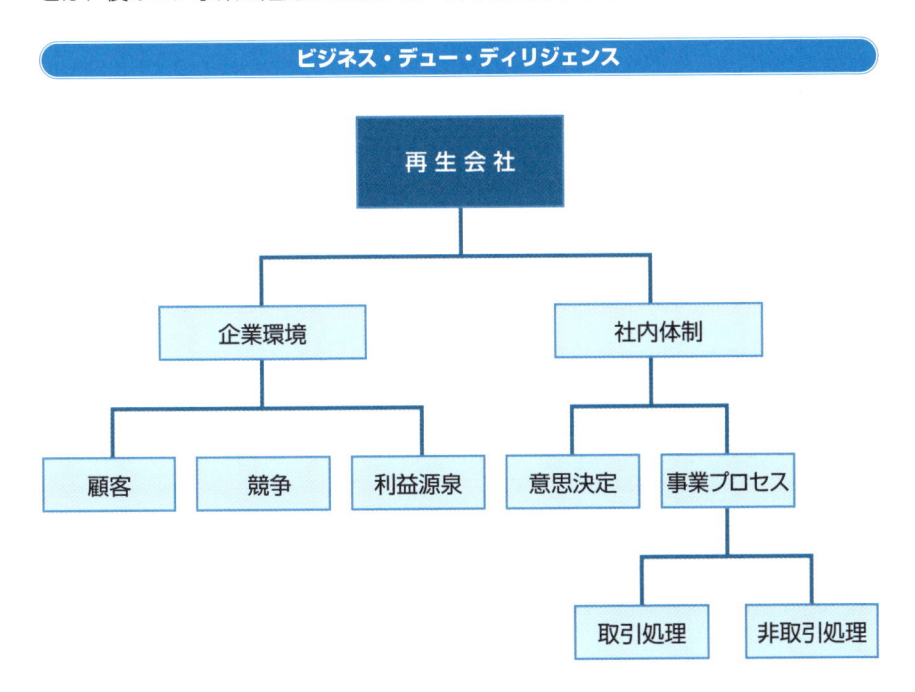

ビジネス・デュー・ディリジェンス

```
                    再生会社
                   ┌────┴────┐
                企業環境      社内体制
              ┌───┼───┐    ┌───┴───┐
             顧客 競争 利益源泉 意思決定 事業プロセス
                                  ┌───┴───┐
                                取引処理  非取引処理
```

7-4 リーガル・デュー・ディリジェンス

リーガル・デュー・ディリジェンスでは、再生企業の法務的な側面を分析し、法務的なリスクを確認します。再生企業においては、さまざまな支援を獲得するために法務的なチェックは不可欠な項目といえます。

▶▶ リーガル・デュー・ディリジェンスとは

リーガル・デュー・ディリジェンスとは、再生対象会社を取り巻く、法務的な側面において、再生対象会社を分析するものです。再生対象会社の今後の再生計画策定に資するために、法務的なリスクを確認することが、主要な目的です。

このリーガル・デュー・ディリジェンスは、法務担当者が実施する場合もありますが、複雑な場合などでは、弁護士などの法律事務所に依頼することもあります。

主な調査対象は、再生対象会社の基本的な情報、契約関係、資産・負債および担保の状況、人事労務関係、係争中および係争可能性の状況、許認可の状況などです。

リーガル・デュー・ディリジェンスで検討する項目の例

```
I. 会社概況
    A. 定款
    B. 商業登記簿謄本
    C. 取締役会議事録および関連資料（招集通知、添付書類など）
    D. 株主総会の議事録および関連資料（招集通知、添付書類など）
II. 株式関連
    A. 対象会社および子会社の株主名簿・保有株式数
    B. 株式の議決権に係る株主間協定書、委任状など
    C. 株式取扱規則
```

III. 法務関係
    A. 事業に係る許認可および届出一覧
    B. 取引に関する契約書(販売契約、代理店契約など)取引基本契約、商品供給契約、フランチャイズ契約および役務提供契約、業務委託契約の一覧および契約書
    C. 業務上の主な外注先一覧およびその契約書
    D. 株主、子会社・関連会社との契約一覧、およびその契約書
    E. 賃貸不動産のリスト(目的物、賃借人、賃料、保証金など)、不動産登記簿謄本
    F. ライセンス契約、技術契約、担保権設定契約その他の無体財産権に関連する契約
    G. 無体財産権一覧(特許、商標、著作権などの内容、出願中のものを含む)および登録証
    H. 訴訟、係争、紛争などの有無(今後提起される虞のあるものを含む)
    I. 製造物責任保証の内容
    J. 業務提携に関する契約書
    K. 会社または相手方が債務不履行の状態にある契約書
    L. 各種担保設定契約書
    M. 第三者に対する保証、補償約定(品質保証など非金銭的補償を含む)、債務引受、損害担保契約、保証予約、経営指導念書
    N. 会社の製品またはサービスに適用のある特別な安全規制その他の規制または事業を行うために必要とされる許認可または届出の一覧および写し
IV. 環境関連
V. 経営陣および従業員関連
    A. 役員退職慰労金支給規定
    B. 役員・従業員に対するインセンティブプランの有無、およびその内容
    C. 従業員に関する社内関連規則
    D. 福利厚生制度の概要
    E. 退職給付制度
    F. 労働安全規則
    G. 労災保険、健康保険状況、労災の状況
    H. 労働組合規定
    I. 労働基準監督署への提出書類
    J. 労働協約、時間外労働に関する協定その他の労働協定
    K. 従業員または役員との発明に関する契約
    L. 社会保険関連法上の義務の履行
    M. 男女雇用機会均等法、育児介護休業法の遵守
    N. 障害者雇用促進法の適用遵守
    O. 役員・従業員と会社との取引(保証、金銭貸借等)
    P. 役員・従業員・退職者との競業禁止ないし制限に関する契約・規則、秘密保持契約

7-5 ファイナンシャル・デュー・ディリジェンス

ファイナンシャル・デュー・ディリジェンスでは、再生企業の財務的な側面を分析し、財務的なリスクを確認します。再生企業においては、資本関係、取引関係について、大幅な変更を行うことが一般的なので、再生企業の財務的なチェックは不可欠な項目といえます。

▶▶ ファイナンシャル・デュー・ディリジェンスとは

ファイナンシャル・デュー・ディリジェンスとは、再生対象会社を取り巻く、財務的な側面において、再生対象会社を分析するものです。一定の基準日を定めて、その基準日の貸借対照表などを手がかりに、資産、負債の実在性や網羅性を確認する手続が一般的です。

このファイナンシャル・デュー・ディリジェンスは、専門性の高さが要求されることから、とくに、公認会計士や監査法人などの会計専門家に依頼するのが通例です。

主な調査対象は、基準日現在の資産・負債の実在性および網羅性の確認、簿外負債の有無の確認、関係会社がある場合の企業グループとしての財務状況の確認などです。

▶▶ ファイナンシャル・デュー・ディリジェンスの活用

ファイナンシャル・デュー・ディリジェンスによって、財務的な側面から再生対象企業を分析し、資産と負債の実在性や網羅性などを確認します。経験ある会計専門家であれば、分析結果から、単に、財務的な検討を超えた再生対象企業の本質的な問題を推測することができるものです。たとえば、以下の項目があります。

- 再生にいたった事象の財務的な影響
- 採算部門と不採算部門の財務的な状況
- 再生対象会社の主要社内手続の流れ
- 再生対象会社グループの主要な資金的な流れ

- 予想破産・清算配当率の計算にあたっての検討すべき事項
- その他

　このような項目は、再生計画の策定・実行には、大変重要な項目ばかりです。企業再生において、ファイナンシャル・デュー・ディリジェンスにおける会計専門家をフル活用するべきでしょう。

ファイナンシャル・デュー・ディリジェンスで検討する項目の例

- ☐ 有価証券報告書、営業報告書など
- ☐ 監査法人から対象会社に提出した報告書
- ☐ 税務申告書
- ☐ 月次決算資料
- ☐ 残高試算表
- ☐ 予算・実績の対比
- ☐ 部門別・製品別損益（売上、費用、損益、人員、設備投資など）
- ☐ 取引先別売上高／取引先別仕入高
- ☐ 勘定課目内訳明細
- ☐ 固定資産台帳
- ☐ 長期滞留債権
- ☐ 長期滞留たな卸資産
- ☐ 総勘定元帳／補助元帳
- ☐ 保有（/賃貸）不動産の明細（所有権、地番、面積、用途地域。　含、遊休地）
- ☐ 有価証券の明細（銘柄、数量、時価情報、事業用/その他の区別、など）
- ☐ リース資産明細
- ☐ 預金残高明細
- ☐ 有利子負債明細
- ☐ オフバランス取引の内容
- ☐ 偶発債務、その内容
- ☐ 税効果会計の計算明細、繰延税金試算の回収可能性検討資料
- ☐ 経理マニュアル、会計処理規定など
- ☐ 主要子会社・関連会社に関する決算書
- ☐ 連結精算表
- ☐ 発行済株式総数および自己株式数
- ☐ 後発事象など

7-6
デュー・ディリジェンスの総合評価

資産査定（デュー・ディリジェンス）として行ってきた、ビジネス、法務、財務の3つのデュー・ディリジェンスを統合し、客観的な事実をもとにした再生の対象となる会社のビジネスの実態を理解します。

▶▶ 3つのデュー・ディリジェンスの統合

　資産査定（デュー・ディリジェンス）にあたっては、個別に実施されたビジネス・デュー・ディリジェンス（ビジネス面）、リーガル・デュー・ディリジェンス（法律面）、ファイナンシャル・デュー・ディリジェンス（財務面）を、どこかで統合する必要があります。1つの事象を3面でとらえているので、3面からの情報で再生会社の実態の核心に迫る必要があります。

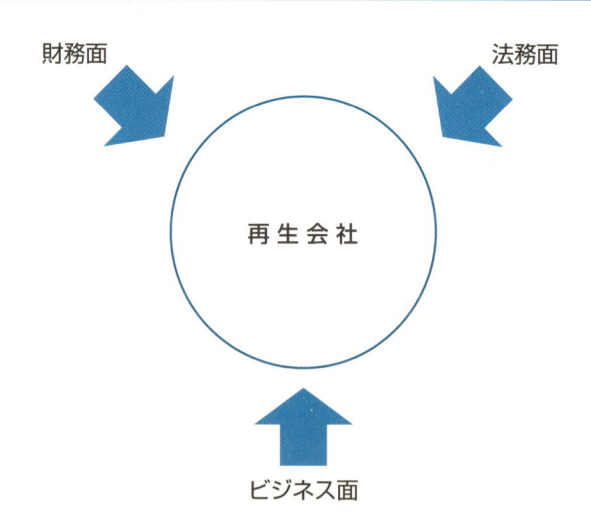

3面からの情報で再生会社の実態の核心に迫る

財務面 → 再生会社 ← 法務面
　　　　　　↑
　　　　ビジネス面

7-7

問題点の定義と対応策

　資産査定（デュー・ディリジェンス）によって再生対象の会社の実態を理解した結果として、破綻にいたった原因などの問題点をまとめ、その問題点への対応策を検討します。再生計画の骨子を検討することになります。

▶▶ 再生にあたっての問題点の定義と対応

　資産査定（デュー・ディリジェンス）によって、再生対象会社の実態を理解した上、一体何が問題であったのか、何が問題となって再生という事態となったのか、そして、そのような問題にどのように対処すればいいのか、について、深く考察する必要があります。再生手順で、一番、アイディアが求められるところといえるでしょう。また、問題点への対応策は、つづく再生計画における重要な骨子となります。

▶▶ 破綻にいたった原因の定義

　まず、再生という事態となった背景には、その企業の実質的な破綻ということがあると思われます。なぜ、破綻にいたったのか、という破綻にいたった経緯について、正しい理解を関係者間で共通認識として、後の再生作業の基盤にする必要があります。

　破綻にいたった原因は何か。さまざまな理由があるものです。たとえば、典型的な例としては、以下のようなものがあります。

1. 本業外への投資　バブル時代に多額な不動産や有価証券投資を行い、借入金が多額に及んでしまい実質的に破綻した。

2. 過大投資　不動産や有価証券といった金融資産でなくても、将来の見込みを誤って、多額な生産設備への投資、多店舗展開と関連する在庫投資にともなって、借入金が多額に及ぶことになり実質的に破綻した。

3. マネジメントの欠落　人的ないし地域的なしがらみから、適切なマネジメントを実行できず、ずるずるとシェアを失い、結果として、資金不足から設備更新もできない、という悪循環に陥ってしまい、ついには、打つ手もなくなり、実質的に破綻した。

7-7 問題点の定義と対応策

4. 不適応　すでに顧客ニーズが変わっているにもかかわらず、従来商品を従来のとおりに販売しつづけ、ずるずるとシェアを失い、ついには、打つ手もなくなり、実質的に破綻した。

実際には、単純に破綻原因を定義できるときもありますが、さまざまな理由が複雑に絡みあっていることが多いようです。

▶▶ コア事業の選定

ここまでで、再生対象会社の実情を資産査定（デュー・ディリジェンス）により理解し、破綻にいたった原因が特定できました。次に、再生するにあたって、どのような事業を展開するかが問題となります。いいかえれば、再生会社の中心とするコア事業とは何か、という点です。企業戦略の策定においては、「選択と集中」が基本であるといわれますが、企業再生にあたっては、経営資源の不足と再生への速いスピードを背景に、選択と集中による再生計画の策定がぴったりと適合します。

再生会社が展開すべきコア事業が定まったら、そのコア事業によって、どの程度のキャッシュ・フローを生むことが可能であるかについて、検討します。コア事業の選択の結果を数値表現することになります。

ただ、残念ながら、再生を決意した会社のすべてが再生できるわけではありません。また、再生のためのコア事業が選定されても、後に述べる破産・清算配当率を上回り、かつ、返済期間が合理的なキャッシュ・フローが見込まれない限り、現実問題として、再生は不可能です。コア事業の選定、続くそのコア事業の戦略を策定するのは、大変難しい問題です。

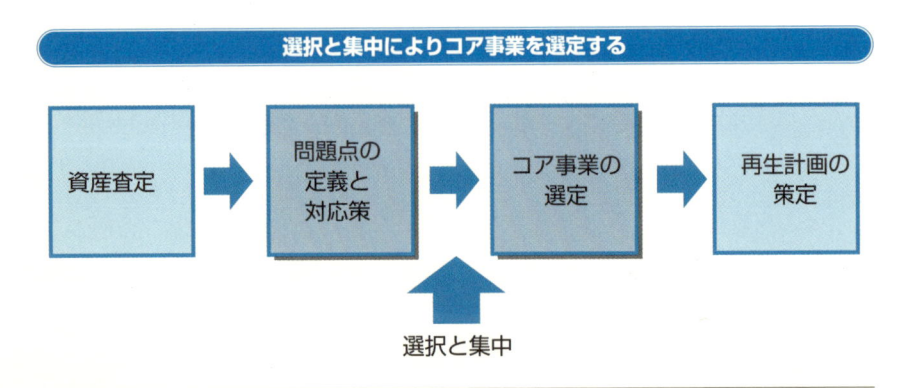

選択と集中によりコア事業を選定する

資産査定 → 問題点の定義と対応策 → コア事業の選定 → 再生計画の策定

↑ 選択と集中

7-8 破産・清算配当率の算定

再生計画においては、破産や清算をするよりは経済的な利益がある計画である必要があります。その検証のために予想される破産・清算配当率を計算して、債権者や取引業者の理解を得ていく必要があります。

▶▶ 破産・清算配当率とは

破産・清算配当率とは、ある一定時点で仮に再生対象会社が、再生を断念して、破産ないし清算をした場合、各債権者が手にすることができる配当率を意味します。つまり、再生努力をしないで、破産・清算になったら、少なくとも、どの程度の債権回収が期待できるか、ということです。

再生にあたっては、一般的には、私的整理であれ、民事再生法などの法的整理であれ、債権者や取引業者の協力を得なければ、成り立ちません。そこで、どの程度の協力を引き出すか、についての指標がこの破産・清算配当率です。

具体的には、下記の図で計算されています。計算のステップは以下のとおりです。

1. 一定時点の再生対象会社の貸借対照表を手がかりにして、資産と負債の金額を計算する。
2. 負債の中で別除権などの相殺適状であるものを相殺する。
3. 破産、清算したことを前提にして、資産を財産評定する。
4. 租税債権や労働債権などの優先債権（会社にとっては負債）や破産・清算にあたって計上される費用などを計上する。
5. 財産評定された資産合計と優先債権を含めた負債合計を対比して、予想される破産・清算配当率を計算する。

7-8 破産・清算配当率の算定

破産・清算配当率の計算例

科目	基準日貸借対照表	相殺	相殺後残高	財産評定	評定後	優先債権	計
現金預金	500		500		500		500
売掛金	2,000		2,000	-1,800	200		200
棚卸資産	3,000		3,000	-2,700	300		300
固定資産	1,500	-500	1,000	-500	500		500
資産計	7,000		6,500		1,500		1,500
買掛金	1,200		1,200		1,200		1,200
借入金	10,000	-500	9,500		9,500		9,500
優先債権						500	500
負債計	11,200		10,700		10,700		11,200
資本金	300						
欠損金	-4,500						
資本計	-4,200						
合計	7,000						
破産・清算配当率							13%

1　4,200百万円の債務超過であった。
2　500百万円を借入金と担保に入っていた固定資産と相殺した。
3　財産評定により、以下を減額した。
　　回収不能売掛金　　1,800　　百万円
　　不良在庫　　　　　2,700　　百万円
　　固定資産時価下落　　500　　百万円
4　人件費等の優先債権500百万円を計上した。
5　以上の結果、破産・清算配当率が、13％と計算された。

破産・清算配当率の意義

　計算された破産・清算配当率は、再生計画において重要な意義を持ちます。提示された再生計画において、破産・清算配当率を超えての回収が見込めるなら、債権者や取引業者は、破産・清算するよりは、その再生計画を支持して、できるだけ回収を増額させた方が有利です。逆に、提示された再生計画において、破産・清算配当率を超えることのできない回収しか見込めないなら、債権者や取引業者は、その再生計画を支持することなく、破産・清算後の配当を手にした方が有利です。

　再生の現場では、必ずしもこのような単純には意思決定はされないかもしれません。しかしながら、破産・清算配当率は、大変、重要な指標であることは、間違いありません。

7-8 破産・清算配当率の算定

破産・清算配当率と意思決定

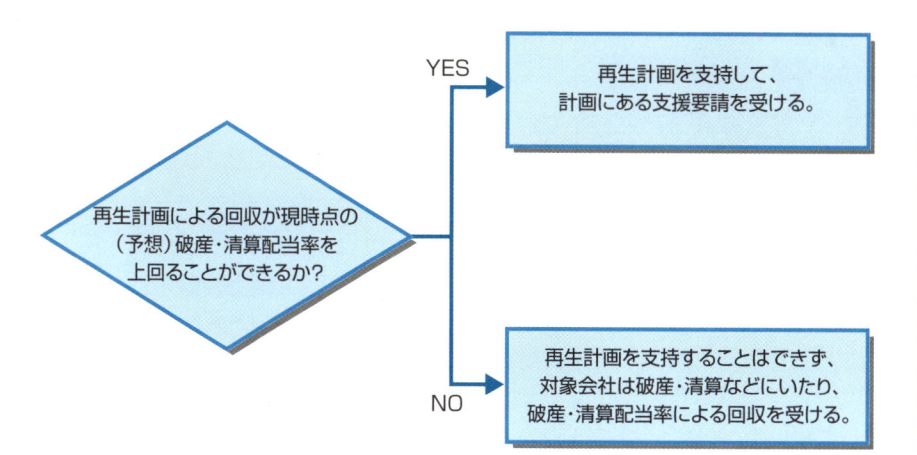

再生計画による回収が現時点の（予想）破産・清算配当率を上回ることができるか？

YES → 再生計画を支持して、計画にある支援要請を受ける。

NO → 再生計画を支持することはできず、対象会社は破産・清算などにいたり、破産・清算配当率による回収を受ける。

第7章 まずデュー・ディリジェンスと清算配当率が重要

Column コラム

地獄の釜の蓋

　「地獄の釜の蓋を開けて中をのぞき込んではじめてことの深刻さがわかる」といううたとえ話があります。これを痛感したのは、この仕事を通じて何人かの経営者からの再生相談を受けたときでした。

　多くの場合「資金が詰まり、このままでは不当たりを出しそうなので何とかして欲しい。」という依頼から始まるのですが、財務状況を調べてみると、ことはかなり深刻であり、直近の資金ショートの問題というよりも根本的な経営改革をしなければ、早晩完全に行き詰まることが予測できることが少なくありません。ここで双方の問題把握のズレが起きることが多いのです。すなわち企業の経営者たる者でも、帳簿上の利益とキャッシュフローの違いを理解していないことを露呈するケースが少なくありません。

　医者から聞いた話では、最近はインターネットなどで自己診断してから来院する患者が多くてやりにくいというのです。「インフルエンザで熱があるので、シンメトレル（抗ウイルス剤）の注射をしてくれ」などと勝手に診断してくるのだそうです。我々のところに来る相談者もまさにこれで、「資金ショートするので何とかしてくれ」という依頼は「風邪だから熱冷まし」という程度の依頼のしかたに他なりません。だから検査の後に、「原因は風邪ではなくもっと重篤な病である」と伝えても、聞く耳を持たない患者のようなものなのです。そこで資金ショートという症状さえ一時的に治まればケロッとしてしまい、後にもっと重体になった時には、たいがい手遅れになるのです。

　ここに「自主再建」案件の難しさがあります。民事再生なり特定調停なり法的処置に至った案件であれば、どういう経営改革を通じて企業再建計画を立てるべきかが白日の下にさらされることになり、経営者も自己の責任をしっかりと意識することになります。すなわち真の病因が何であるかを自覚せざるを得ないのです。ところが自主再建の場合は、まだ「しつこい風邪に過ぎない」と言い張れる余地を残してしまうことが少なくないのです。

　企業再生にあたる医者も「医は仁術」だとわきまえる必要はありますが、時として地獄の釜の蓋をちょっと開けてみせる荒療治も必要になるのではないでしょうか。

（水野誠一）

第8章

再生計画の策定と実行

　第8章では、再生業務手順のうち、再生計画の内容についての考え方とこの再生計画を実行し、フォローアップを行ううえでの留意点を説明します。

　再生計画は大変重要です。再生業務の具体的な方法、さまざまな利害関係者（ステーク・ホルダー）に依頼された具体的な支援の内容、今後の事業展開等々が記載されます。

　また、この再生計画を実行し、フォローアップを行うには、通常の事業計画の事項とは違った面での配慮が必要です。

　ここでは、再生計画の内容と再生計画の実行とフォローアップを行うにあたっての留意点を説明します。

8-1
再生計画と整理スキーム

さまざまな事実、選択されたコア事業、目標とする破産・清算配当率を得て、いよいよ再生計画を具体化します。再生という環境下にある戦略と事業計画の策定ともいえるでしょう。

▶▶ 再生計画の策定

自らが再生するために、再生業務を支援する利害関係者（ステーク・ホルダー）の利害を調整するために、再生計画が策定される必要があります。再生という、厳しい環境下を前提とした企業戦略と事業計画とを策定するといいかえることもできるでしょう。

一般企業の経営戦略と事業計画がそうであるように、再生計画において、とくに、ひな形のようなものがあるわけではありませんが、少なくとも、次の3つについての項目については、明解な考え方の提示がある必要があります。

1. 再生にあたっての、私的整理ないし法的整理にいたる場合の、債権整理のスキームについて
2. 再生にあたってのコア事業の事業展開について
3. 当該事業展開した後の返済計画について

▶▶ 整理スキーム

再生においては、私的整理であれ、法的整理であれ、債権者に対して何らかの協力を要請することが必要です。たとえば、返品受入、支払延期、一部ないし全部の債務免除などです。このような債権者に対する協力の要請は、考え方にしても時系列から見ても、再生のための「第一歩」ともいえます。

そこで、どのようなかたちで、経済合理的に債権を整理するのか、という整理スキームの提示は、再生計画の中で、重要です。

通例、債務整理、債務免除益の課税回避などの法律的、会計・税務的な事項を検討する必要があるので、複雑なものになります。

8-1 再生計画と整理スキーム

再生計画

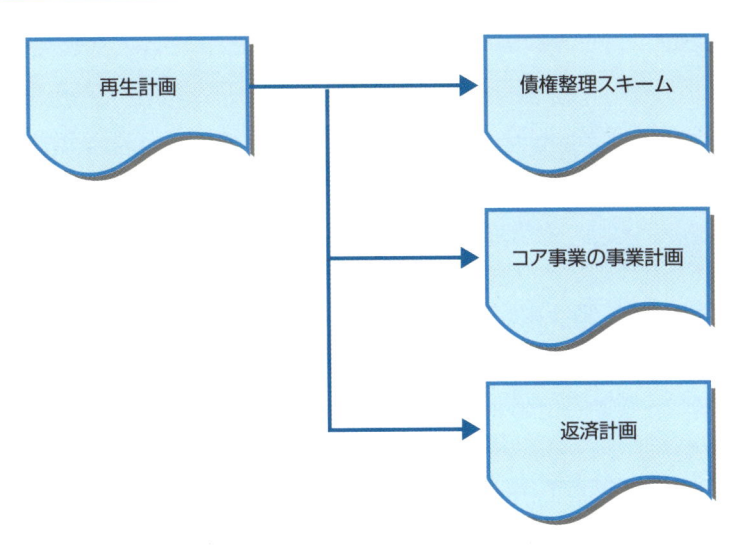

- 再生計画
  - 債権整理スキーム
  - コア事業の事業計画
  - 返済計画

整理スキーム

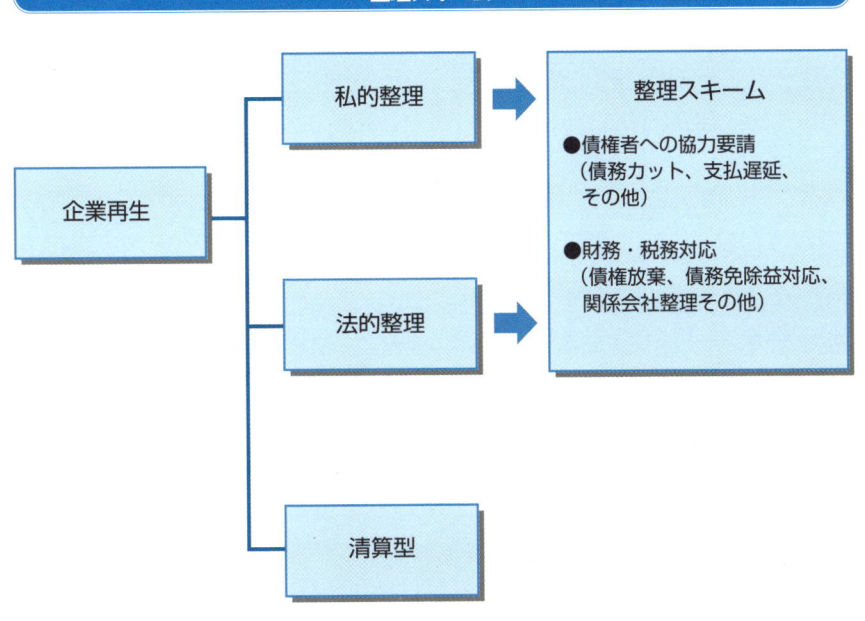

- 企業再生
  - 私的整理 → 整理スキーム
  - 法的整理
  - 清算型

整理スキーム
- ●債権者への協力要請（債務カット、支払遅延、その他）
- ●財務・税務対応（債権放棄、債務免除益対応、関係会社整理その他）

第8章 再生計画の策定と実行

8-2

事業展開と返済計画

　再生計画における1つの要素として、選択されたコア事業をどのように展開するかという点があります。再生という厳しい状況の中で、すでに保有している経営資源、あらたに調達する経営資源から、どのような展開を行うかに知恵を絞る必要があります。

▶▶ 事業展開の考え方

　整理スキームで、債権者からの協力を得て、財務的な負担、いわば経営上「重荷」、に一応のメドがたてば、次に、再生会社が、各ステーク・ホルダーに、いかにして再生を実現するかを説明する必要があります。

　この再生実現という事業展開についての説明は、事業計画（ビジネスプラン）の説明とおおよそ同じです。すなわち、市場を調査して、適切な市場を選択し、ビジネスモデルを策定し、そのビジネスモデルを実現するような社内プロセスを構築する、というものです。

　このような通常の事業計画の策定と異なる点は、再生企業がすでに持っている経営資源や取引先を前提としての計画という点であると考えられます。全く、新規で、白紙からの立ち上げの事業計画ではないという点です。

　すでに経営資源が存在するという点で、ある程度の先が読めるという利点と、事業目標がある程度制約されるという欠点とがあるといえます。

　また、あらたな経営資源の調達にあたっても少し配慮が必要です。どうしても、一度、債権者、取引先をはじめとする各ステーク・ホルダーに対して、支払遅延や債務カットなどの支援を依頼していることから、ニューマネーなどの追加的な経営資源の調達は容易ではありません。しかしながら、新規投資がないとコア事業が円滑に推移せず、結果として、再生計画による返済も実現しないことになってしまいます。

▶▶ 再生計画による返済計画

　再生計画には、事業の再生という一面と同時に、一時期は重荷であった借入金などの負債について、支援を受けた後に計画どおり、返済するという面があります。

　再生計画においては、従来の債権者から一定の支援を受けるのが通常ですし、新たなニューマネーの投入の必要から新しいスポンサーからの資金援助もあります。その場合、再生計画において、どれほどの利益や資金を生み出して、どのくらいの金額をどのような諸条件（返済金額、期間、金利など）で返済するか、を示す必要があります。

　また、獲得された資金については、本来、早期に返済すべきではありますが、全額返済に回しては、新しい事業の再投資に資金が流れないことになってしまいます。

　返済と再投資について、バランスのとれた再生計画が必要です。

　なお、再生計画にいたるまでには、すでに債権者から十分な支援を受けていることは、容易に想像されます。しかも、通例、再生計画では、当該債権者から一部債権カットなどの支援を要求することになります。再生計画策定にあたって、債権者のさらなる協力を獲得するためには、確実な資金的な裏づけを持った説得力のある再生計画の策定が必要です。

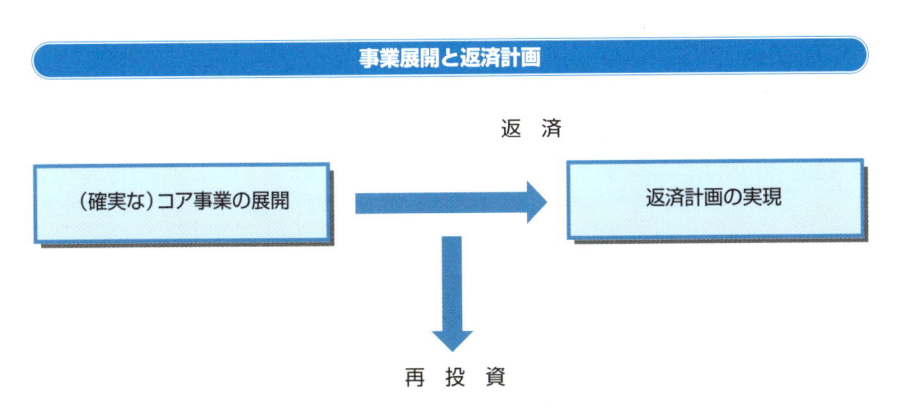

事業展開と返済計画

（確実な）コア事業の展開 →（返済）→ 返済計画の実現
　　　　　　　　　　　↓
　　　　　　　　　　再投資

8-3

ステーク・ホルダーと再生計画

　再生あたっては、再生企業を取り巻く債権者、取引業者などのステーク・ホルダーの理解なしに事態が進みません。各ステーク・ホルダーとの対話には十分に時間をかけてもかけ過ぎることはないといえます。

▶▶ ステーク・ホルダーによる理解と説得

　再生計画においては、再生企業がすでに持っている経営資源や取引先を前提としての計画であり、全く、白紙からの立ち上げの事業計画ではありません。また、再生時点における債権（再生会社からみれば債務）の支払などについて、一定の支援援助することも前提です。

　再生計画策定において、金融機関などの債権者のみならず、スポンサー、株主、取引業者、役員・従業員等々の再生企業をとりまくさまざまなステーク・ホルダーによる、再生に対する理解と説得が大変重要です。これらステーク・ホルダーの理解が得られなければ、再生は成功しないといって過言ではないでしょう。

　また、ステーク・ホルダーに対する説得ですが、個々の事情によってさまざまな説得が必要であると考えられます。ただ、共通していえるのは、再生が必要な時点で破産・清算するよりは、支援を続けて事業を継続させた方が、結局、経済的に利益がある、という説明に疑いがあってはならないということです。

▶▶ 金融機関との交渉

　重要なステーク・ホルダー金融機関との交渉は、大変重要です。金融機関との交渉が成功しなければ、再生計画の実効はきわめて乏しいといえるでしょう。

　金融機関としては、貸出債権について、できる限りの回収（極大回収）を図ることを目的としているので、厳格に、「破産・清算するよりは、支援を続けて事業を継続させた方が、結局、経済的に利益がある」ということを示す必要があると考えられます。

　また、金融機関との関係は、従前の貸出債権の問題にとどまりません。再生計画においては、ただ、前からの事業を踏襲しては当然ながら破綻する確率が高くなり

ます。そのため、何らかの新機軸を提案する必要があります。それは、新規の設備投資を伴ったり、人材の獲得を伴ったりするものです。その場合、当然ながら、新たな資金（ニューマネー）の投下が必要です。そのニューマネーの調達について、別途スポンサーがいれば別ですが、金融機関からの新たな直接金融、間接金融の手段を問わず、あらゆる調達方法を検討する必要があります。

　従前の貸出債権の回収問題の解決と新規投資資金の交渉という課題を解決する必要があり、金融機関との交渉は大変重要なものがあるといえます。

ステーク・ホルダーと再生計画

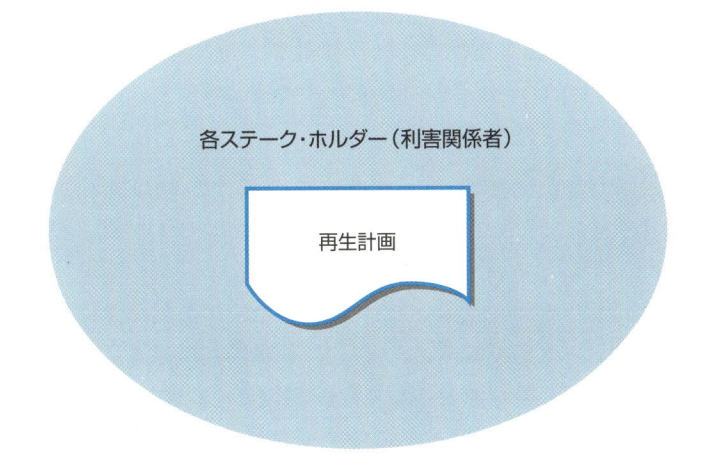

各ステーク・ホルダー（利害関係者）

再生計画

8-4
再生計画とヒト・モノ・カネ

　事業計画でも同様ですが、再生計画でもヒトの問題は重要です。再生においてとくに問題となるのは、株主（元のオーナー）、従業員と新規コア事業におけるリーダーシップです。

▶▶ 株主責任の考え方

　通常、再生会社は株式会社ですので、株主が存在し、その株主が再生会社を所有していることになります。しかし、中堅規模会社の再生の場合、オーナー経営であり、所有（株主）と経営（マネジメント）は必ずしも分離しておらず、むしろ、一致していて、再生にいたった経緯について、マネジメントであり、株主であるオーナーの責任は重いものがあります。

　そこで、オーナーは、株主責任として所有株式については、価値がなくなっているとして、減資などの財務スキームを通じて、実質的に手放すことになるのが通常です。

　あるいは、オーナーの責任の重さから、再生会社に対する経済的な関係、たとえば、金銭貸借関係や保証関係についても、責任を果たすことになります。

　ただ、実際運用には、株主責任の取り方も千差万別といえ、単に株式や債権の放棄、保証債務の履行だけではないようです。逆に、旧オーナーの存続が企業再生において重要になることもありえます。

▶▶ 新リーダーシップのスカウト

　再生にいたった経緯においては、多かれ少なかれ、これまでのマネジメントに問題があるのが通常です。そこで、再生会社においては、これまでのマネジメントにかえて、新リーダーシップの存在が求められます。

　新リーダーシップには、業種の専門的知識ばかりではなく、新会社における強力なリーダーシップ、再生業務としての改革を実践する能力等々が求められます。

8-4 再生計画とヒト・モノ・カネ

▶▶ 退職債務の取り扱い

　再生計画において、人件費圧縮のためといったマネジメント側の都合で、あるいは、再生会社の将来に失望して退職を願う従業員側の都合で、退職債務が生じることがあります。

　再生直前の会社は資金繰りに窮しているのが通常なので、退職債務について十分に引当はされていないものです。あるいは、安全のために会社が積み立てていた預金なども事業資金に回されているものです。

　また、退職債務は、法的整理にあったとしても、労働債権として、一般債権より優先されます。労働者は、会社のために働きますが、会社とは別人格のステーク・ホルダーとして、利害関係を持つことになります。

　このような事情で、再生計画において、どの程度の退職債務が存在し、どの程度支払が必要になるのか、について見極めることは大変重要です。

　資金的な面に限らず、経営的な面での配慮も重要であり、新規のコア事業の展開にあたっては、得難い人材には、是非ともこのまま参加することの要請もあります。

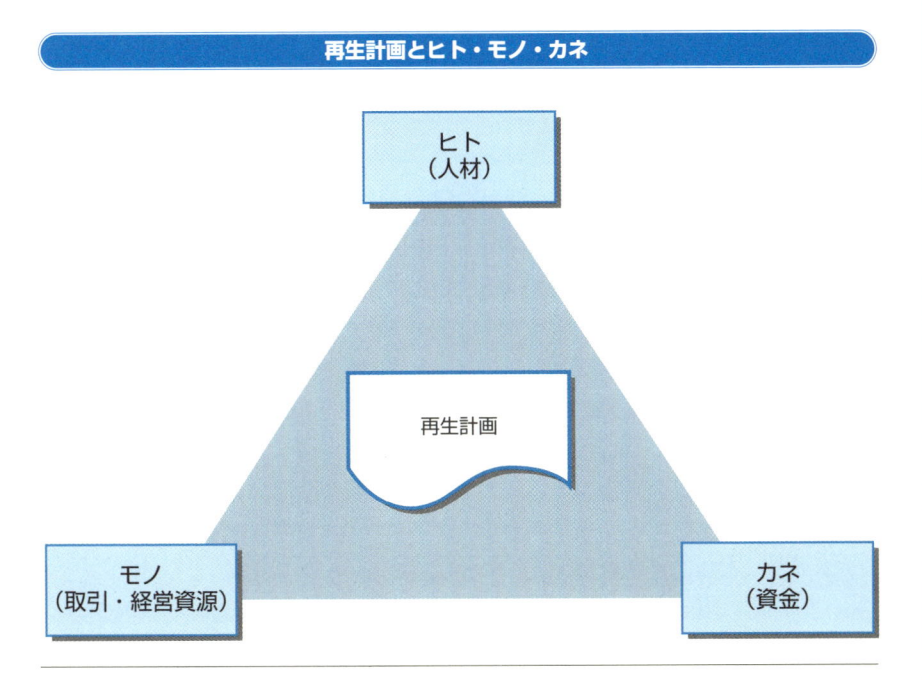

再生計画とヒト・モノ・カネ

```
          ヒト
         （人材）

            再生計画

  モノ                    カネ
（取引・経営資源）       （資金）
```

8-5 ステーク・ホルダーの支持と再生計画

　再生計画において、債務整理の金額が大きいことから金融機関への配慮が先行しますが、事業を継続して再生していくという意味で、得意先、仕入先との継続的な関係は非常に大切です。

▶▶ 得意先・仕入先の確保

　再生計画においては、再生企業がすでに持っている経営資源や取引先を前提としての計画であり、全く、白紙からの立ち上げの事業計画ではありません。そこで、さまざまなステーク・ホルダーによる、再生に対する理解と説得が大変重要です。

　とくに、中心としている事業を支えている得意先・仕入先については、十分な配慮が必要です。

　得意先が重要であることは当然です。しかしながら、得意先としては、資金繰りが悪化し、再生中の会社から商品を購入することを躊躇する可能性があります。販売する商品に販売後の保証やアフターサービスを伴う業種を営んでいる企業であれば、将来の負担および将来負担に対する対価の支払が不透明となってしまい、不安が増大します。そこで、再生計画においては、再生という事実が営業活動に悪影響がないことが必要であり、得意先の理解の獲得が必要です。

　仕入先においても、事業に必要な商品を供給するという意味で重要です。得意先の理解を得られたとしても、商品を供給できなければ、事業の継続をしようもありません。しかしながら、再生計画によって、仕入先のもつ再生会社に対する債権について、円滑に回収されないリスクが生じます。実際に、一定額の減額交渉があるかもしれません。そこで、再生計画においては、自分の事情ももちろんですが、仕入先の事情に配慮しつつ、商品の継続的な安定供給を目指す必要があります。実際、粘り強い交渉が必要です。

▶▶ ステーク・ホルダーによる再生計画の承認

　これまで述べてきたように、金融機関、株主、従業員、得意先、仕入先等々のステーク・ホルダーとの交渉を経て、再生計画が承認されます。形式的には、債権者集会や株主総会などの決議となると考えられますが、その決議の前段階の根回しには多大な労力と多くの時間を費やし、粘り強い交渉が必要です。

　再生計画が承認されれば、この再生計画にしたがって、業務を強力に推進するだけです。

ステーク・ホルダーの支持と再生計画

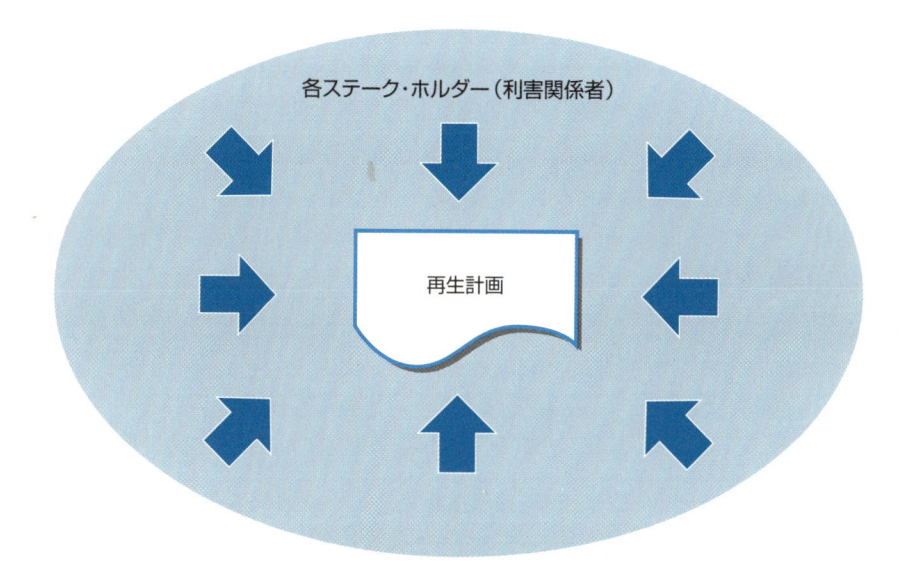

各ステーク・ホルダー（利害関係者）

再生計画

8-6
再生計画のチェック項目のまとめ

これまでの経過を得て再生計画が策定されますが、ここでは、再生計画を見直して、一般に含まれる項目が検討されているかどうかを確認します。

▶▶ 再生計画のチェック

これまで再生計画の策定にあたって、考慮すべき内容について記述してきましたが、具体的項目について以下に記載しておきます。その項目から再生計画がより具体的にイメージできるかもしれません。

再生計画は個々別々であるうえ、守秘義務の問題もあるので、再生計画例を事例としてあげることは困難ですが、一般的には以下の項目が盛り込まれます。これは、「再生計画の策定支援及び検証について」（日本公認会計士協会　経営研究調査会研究報告第202号、2004年5月17日）から、まとめたものです。

▶▶ 再生計画の体系

再生計画は、再生という緊急事態を前提としますが、計画自体の体系は、通常の事業計画（ビジネスプラン）ときわめて類似しているといえます。すなわち、環境分析、SWOT分析のもとに経営戦略が策定され、経営戦略を実現するために中期計画があり、中期計画が利益計画として、損益計画、資金計画にて数値化され、その数値を具体化するために販売計画、設備投資計画、人員計画等々の個別計画があるという体系です。

8-6 再生計画のチェック項目のまとめ

再生計画作成にあたってのチェックリスト*

再生計画		
利益計画	概要	外的環境
		業界内での地位
		利害関係者の影響
		同業他社、業界平均との比較
		計画期間内における各種数値の変動の合理性
	売上計画	得意先の意向
		販売量と販売金額(単価)の販売実績との整合性
		過去の販売実績との重要な差異の合理性
		再生計画の構成要素間での整合性
	変動費計画	
	固定費計画	
	在庫計画	
	生産計画	
	仕入計画・外注計画	
	製造原価・販売費・管理費計画	
	人件費計画	従業員(労働組合)の協力
		売上計画・生産計画などとの対応
		適正な人員
		退職給付
		その他人件費
	その他固定費計画	減価償却費
		修繕費
		リース料
	営業外損益計画	
	特別損益計画	
	法人税・住民税・事業税計画	
設備投資計画	設備の能力評価における設備の見直し	
	再生計画との整合性	
資金計画	概要	
	資金調達計画の算定	DES、増資・減資など
		スポンサーの支援
		基準日現在の現預金
		弁済額の算定
予想貸借対照表		
再生計画の管理体制		

＊…**チェックリスト** 日本公認会計士協会『経営研究調査会研究報告』第202号（2004年5月17日）をもとに作成。

8-7
再生実行段階

　再生計画が決定されると、その再生計画を実行し、コア事業を展開し、返済を実行する必要があります。とくに、資金については、通常事業より慎重に取り扱って、再生計画の実現を図ります。

▶▶ 再生計画の実行

　再生計画が各ステーク・ホルダーに承認された次の段階は、その再生計画の実行です。多くの時間の説得と多くの方々の承認と協力の申し出を受けて策定されたものですから、必達の意気込みで再生計画は実行されなくてはなりません。

　しかしながら、綿密に練られたはずの再生計画でも、実行段階にあたり、修正する必要が生じる場合も多々あります。とくに、選択されたコア事業の展開にあたっては、事業環境の変化があるので、修正は不可欠のようです。

　このような場合には、再生の趣旨を逸脱しない範囲で、再生計画を適宜修正して対応する必要があります。

　なお、修正の必要ある場合においても、最終的な返済計画に影響が出る場合には、その変更とその影響をもって、再度、各ステーク・ホルダーの理解を得る必要があります。再生計画上、大幅な修正がある場合には、再度、債権者集会を開催して、再生計画を変更することもあります。計画自体の修正であれば、まだ、理解も得やすいところですが、今更になって、思わぬ簿外負債が発見されて、大騒ぎになることも、少なくないようです。

▶▶ 厳格な資金管理

　通例、再生直前までは借入金の約定返済のための資金作りに、「東奔西走」の状態であったのに比べ、再生後は、一時的であれ支払が停止されたり、弁済金額が減額されたりするので、急に資金繰りが楽になったような状況になります。

　しかしながら、これは、「錯覚」といってもいいでしょう。事業を立て直して再生しつつ、一定の支援を受けたとはいえ、リスケジュールされた返済計画にもとづいての返済は、決して容易ではありません。しかも、スポンサーがある場合は、スポ

8-7 再生実行段階

ンサーの出口戦略に適応するように再生計画の猛烈なスピード展開が要求されます。

　資金に注目しての経営は、再生前であっても、再生後であっても、変化がないといえるでしょう。むしろ、約束した返済計画があり、各ステーク・ホルダーから多くの支援を得ていることから、これまで以上に厳格な資金管理が必要であり、実践しなくてはならないといえます。

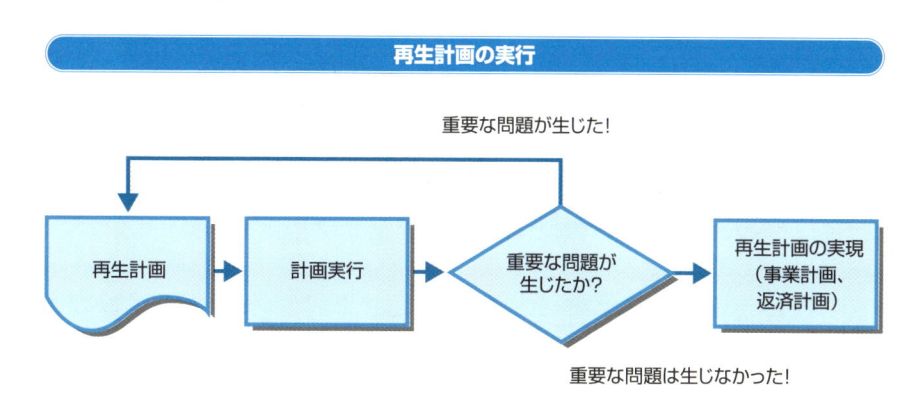

再生計画の実行

再生計画 → 計画実行 → 重要な問題が生じたか？
- 重要な問題が生じた！ → 再生計画へ戻る
- 重要な問題は生じなかった！ → 再生計画の実現（事業計画、返済計画）

8-8

フォローアップ段階

再生計画を実行する過程で、短期的な対応も重要ですが、長期的な対応も重要です。長期的な課題とは、事業環境に対応した事業そのものの見直しや社内の業務プロセスそのものの見直しです。また、スポンサーの出口戦略にも配慮する必要があります。

▶▶ 事業見直しと業務プロセスの再編

再生計画にそって一定の資本政策、資金援助などの実行が終了すると、再生計画を実現するために、コア事業を見直して、より利益体質にする必要があります。従来の経営では事実上破綻したわけですから、何か異なる手段を考え、実行する必要があります。

再生計画においては、通常の新規事業立ち上げと異なり、再生企業がすでに持っている経営資源や取引先を前提としての計画という点なので、経営資源の投下やターゲット市場の定義を変えての事業運営と考えられます。

その新しい事業運営のために、業務の流れそのもの（業務プロセス）を変革することが通常です。市場の定義、ビジネスモデルの変化にともなって業務を変革するというものです。たとえば、管理機能のありかた、販売モデル、在庫リスクの考え方等々には、相当影響があります。

▶▶ 出口戦略

再生計画にスポンサーがいる場合、なんらかの方法で投資を回収することがあります。その回収の計画・方法を出口戦略といいます。出口戦略は、さまざまですが、大きく2つあります。1つは、株式公開です。もう1つは、売却です。

株式公開とは、再生企業が株式市場に株式を公開することを意味します。回収については、再生会社を事業の見直しと業務プロセスの再編によって、企業価値を高め、最後に資本調達として株式公開し、公開の過程で、スポンサーが保有株式などの一部を通じて投資を回収するというものです。大きく回収が見込める一方で、適格な事業の見直し、業務プロセスの再編が必要です。例としては、新生銀行やマックスバリュ東海（旧ヤオハン）があります。

もう1つは、売却です。さまざまなM＆Aの手法を通じて、スポンサーが保有株式などの一部を実質的に売却して、投資を回収するものです。再生会社は非公開会社であることが通常なので、あまりニュースとして報道されることは少ないかもしれませんし、統計資料も乏しいのですが、株式公開という出口戦略よりは、この手法の方が頻繁であると考えられます。

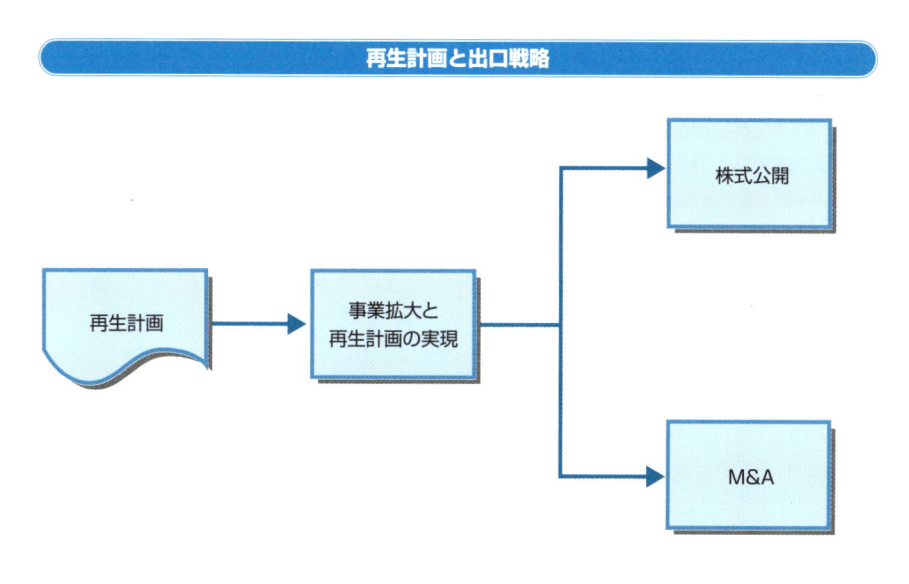

再生計画と出口戦略

再生計画 → 事業拡大と再生計画の実現 → 株式公開／M&A

Column コラム 「社員」を守るということ

　企業あるいは事業は、「ヒト」「モノ」「カネ」の三要素から成り立っているといわれます。この三要素に歪みが生じたときに企業の破綻は起きるのです。
　「ヒト」という点から見ると、企業にはいわゆるステークホルダーといわれる利害関係者がいます。それは株主であり、経営者、社員、顧客、金融機関を含む取引先といった企業を取り巻く関係者のことを意味します。このうち、誰の立場を最重視して再生を行うべきかという選択が時に必要になります。もちろん理想的には、「三方すべてよし」の再生を目指すべきであることは間違いないのですが、その過程ではどこかがより大きな痛みを負担していかなければならないからです。
　企業再生の上でまず守るべきは弱者であるべきことは明らかです。そうなると、それは経営者でも金融機関でもなく、社員であり、一般債権を持つ取引業者ということになるでしょう。再生計画の趣旨が、その企業の破滅によって派生する社会への混乱を最小限に抑えることにある、と言われれば当然のことです。破綻企業の経営者が、「社員と暖簾だけは守ってくれ」と、いわば常套句の下に依頼してくるケースが多いこととも符合します。
　ところで社員にはふたつの顔があります。従業員としての社内での顔と、会社を一歩出たときには、その地域を形成する市民としての顔です。同一人物が、従業員としては「会社人（企業人）」としての立場ですが、顧客や地域住民となったとたんに「社会人」の立場に変身するわけです。だがこの「会社」と「社会」という紛らわしい言葉の類似性は日本語独特のものであり、往々として混乱して間違いが起きます。特殊株主対策のような会社への忠誠心が社会からは犯罪とみなされることからもわかります。
　すなわち、社員を最優先して考えるということは、単に雇用を死守することではなくて、最大のステークスホルダーとしてのヒトを尊重し利用するということに他ならなりません。
　再生のための至上命令としてのリストラと、社員を守るというこれまた重要なテーマ、これらの間に挟まれてジレンマに陥ることは少なくありません。だがいま、それを両立させるための「知恵」もまたここに潜んでいるのです。

（水野誠一）

第9章

再生現場で何が起こっているか

この章では、筆者らが手がけた各種案件の中から、企業再建の面白さを見て取れる事例を紹介します。成功例からのみならず失敗例も見ていくことで、具体的に現場で何が起こっているかを知っていただこうと考えています。

9-1 金融機関の了解とスポンサー獲得の成功例

　150年の歴史を誇る老舗百貨店Aは、創業以来の危機に瀕していました。オーナーはその土地の名士です。このケースでは、メインのB銀行に体力があり、一気に80数億円のA百貨店向け債権を整理回収機構に売却処理しました。

▶▶ バブル経済崩壊後の地方流通業

　日本のバブル経済崩壊後の地方流通業は、弱肉強食のいばらの道に入っていきました。とくに大型のGMS*であるダイエーや西友が急速にその力を落としていき、その商圏にイオングループや外資系流通業による買収工作と、過剰な新規出店があらゆる地域で進みました。また、ダイヤモンドシティーのような郊外型の大型SC*の出店攻勢もこの時期に集中して行われています。

そのような中、大半の地方都市の伝統的百貨店や中小スーパーは、大手の出店に対抗すべく90年代に行った増床のための借入の返済に苦しみ続けました。増床効果もなく借入だけが残り、売上は落ち続けたからです。この時期にはほとんどの地方流通業は、借入返済のため、あるいは運転資金確保のために、銀行債務者区分をよく保とうとして多少なりとも粉飾気味の決算を繰り返しています。

▶▶ 150年の歴史を誇る老舗百貨店Aのケースでは

　中国地方のある県庁所在地で150年の歴史を誇る老舗百貨店Aは、創業以来の危機に瀕していました。オーナーはその土地の名士であり、A百貨店はメイン行の地銀よりもはるかに歴史のある企業です。このケースでは、メインのB銀行に体力があり、一気に80数億円のA百貨店向け債権を整理回収機構に売却処理するスキームを実行しました。B銀行がほぼ一行取引に近い状態であったことも幸いしました。その上でB銀行は事実上のスポンサーにもなり、社長Cを送りこむと同時に、A百貨店の株式を社長Cの名義で100％保有し、A百貨店再建計画の追加融資にも応じました。また、ここにいたるシナリオと事業再建計画はB銀行によって外部の再建コンサルタント会社に依頼され、その計画を持って他の債権銀行の説得をして回りました。今

*…**GMS**　General Merchandise Storeの略。
*…**SC**　Shopping Centerの略。

9-1　金融機関の了解とスポンサー獲得の成功例

後は計画に基づいて新社長のもと再建を進め、計画実行の目処がついた時点で再度減増資を行い、新しいスポンサー企業にA百貨店を渡していき再建を終える予定です。

2002年時点での地方百貨店の収益力総合評価*

●売上／有利子負債回転率（ワースト順）

順位	商号	売上／有利子負債回転率
1	ちまきや	0.72
2	津松菱	0.99
3	本金西武	1.03
4	岡島	1.38
5	福田屋百貨店	1.69
6	リウボウインダストリー	1.84
7	東武宇都宮百貨店	1.88
8	鶴屋百貨店	2.09
9	浜屋百貨店	2.13
10	宮崎山形屋	2.17
11	トキハ	2.21
12	中三	2.35
13	藤崎	2.51
14	金沢名鉄丸越百貨店	2.57
15	藤丸	2.71
16	静岡伊勢丹	2.75
17	矢尾百貨店	2.78
18	八木橋	2.85
19	ヤマトヤシキ	3.10
20	福屋	3.23
21	川徳	3.23
22	藤沢さいか屋	4.09
23	大沼	4.26
24	山交	4.45
25	中合	4.57
26	スズラン	5.62
27	丸広百貨店	6.18
28	山形屋	6.86
29	水戸京成百貨店	9.80
30	佐世保玉屋	9.85

売場面積当り売上（ワースト順）

順位	商号	売上高／面積（千円/㎡年）
1	ちまきや	356
2	中三	448
3	金沢名鉄丸越百貨店	501
4	中合	543
5	山交	582
6	津松菱	614
7	スズラン	660
8	ヤマトヤシキ	665
9	福屋	678
10	岡島	701
11	梅屋	759
12	浜屋百貨店	771
13	大沼	779
14	藤丸	802
15	矢尾百貨店	803
16	福田屋百貨店	824
17	トキハ	842
18	佐世保玉屋	871
19	リウボウインダストリー	933
20	川徳	943
21	八木橋	951
22	静岡伊勢丹	956
23	宮崎山形屋	1,089
24	本金西武	1,106
25	水戸京成百貨店	1,244
26	東武宇都宮百貨店	1,266
27	丸広百貨店	1,328
28	藤崎	1,443
29	藤沢さいか屋	1,487
30	鶴屋百貨店	1,717

＊…収益力総合評価　百貨店調査年鑑　2002ストアーズより。

9-1 金融機関の了解とスポンサー獲得の成功例

2002年時点での地方百貨店の収益力総合評価＊

●従業員1人当り売上高（ワースト順）

順位	商号	従業員1人当売上（百万円／人）
1	中三	31
2	ちまきや	31
3	津松菱	35
4	佐世保玉屋	35
5	矢尾百貨店	36
6	大沼	36
7	トキハ	36
8	福田屋百貨店	38
9	本金西武	44
10	八木橋	46
11	スズラン	46
12	川徳	47
13	東武宇都宮百貨店	47
14	浜屋百貨店	47
15	山形屋	48
16	宮崎山形屋	50
17	静岡伊勢丹	50
18	リウボウインダストリー	50
19	福屋	51
20	藤丸	54
21	水戸京成百貨店	54
22	中合	55
23	鶴屋百貨店	59
24	梅屋	59
25	藤崎	62
26	金沢名鉄丸越百貨店	62
27	丸広百貨店	72
28	ヤマトヤシキ	72
29	藤沢さいか屋	74
30	岡島	76
31	山交	

売場面積当り売上（ワースト順）

順位	商号	経常利益（百万円）
1	ちまきや	▲12
2	津松菱	▲121
3	中三	▲528
4	福田屋百貨店	1,183
5	トキハ	▲368
6	浜屋百貨店	243
7	本金西武	39
8	矢尾百貨店	4
9	丸広百貨店	544
10	大沼	61
11	金沢名鉄丸越百貨店	▲74
12	岡島	▲696
13	リウボウインダストリー	692
14	スズラン	542
15	東武宇都宮百貨店	246
16	福屋	1,183
17	藤丸	17
18	宮崎山形屋	144
19	八木橋	90
20	佐世保玉屋	6
21	中合	▲85
22	川徳	565
23	ヤマトヤシキ	107
24	静岡伊勢丹	129
25	山交	26
26	鶴屋百貨店	2,366
27	藤崎	514
28	梅屋	▲114
29	山形屋	653
30	水戸京成百貨店	218
31	藤沢さいか屋	186

＊…収益力総合評価　百貨店調査年鑑　2002ストアーズより。

9-2 ベンチャーキャピタルからの資金導入の成功例

　革小物の大手百貨店問屋のA社は、91年には史上最高益を上げながらもその後2000年代に入って売上の激減から資金繰りにも窮するようになっていました。このケースでは、ベンチャーキャピタルから資金を導入しました。

▶▶ 革小物の大手百貨店問屋A社のケースでは

　90年代の百貨店のリセッションは、その取引業者に対しても大きなダメージを与え続けました。革小物の大手百貨店問屋のA社は、91年には史上最高益を上げながらもその後2000年代に入って売上の激減から資金繰りにも窮するようになっていきました。その間、そごう百貨店の破綻などによる売掛の回収不能なども追い討ちをかけました。これら百貨店のサプライヤー企業は、最高益を出す前後で必ずといっていいほど、海外進出、自社ビル購入、ブランドの過剰開発などを進めており、そのための借入金の返済完了前に売上の激減という事態に直面しています。A社の場合は親子会社関係が複雑に絡んで、不動産の所有と子会社への製造委託などが絡み合い、グループ会社すべてが利益を上げられない状態にありました。再建コンサルタント会社の意見では、総借入額80億円に対し不動産担保余力が45億円ほどあり、整理の仕方しだいでは銀行に債権放棄を依頼をせずとも再生可能性ありとのことでした。しかし、どうしても資金調達のシナリオとして、ベンチャーキャピタル（**VC** *）の導入と最終的に株式公開ができるのならば、との条件付きでした。

▶▶ A社を純粋営業会社、親会社を不動産資産保有会社に

　そこで、A社を不動産を持たない純粋営業会社とし、親会社を不動産資産保有会社Bとして借入金もB社に集中させる案をメイン行であったみずほ銀行に飲んでもらいました。その結果A社は借入金がわずか8億円の会社となり、リストラによる利益構造作りも成功して、第三者割り当て増資により5億円の資金を投資家とVCから調達できました。その結果、B社は不動産の処分を進めて借入を40億円前後まで圧縮することに成功すると同時に、A社の借入のほとんどを引き受けた見返りにA社の

＊…**VC**　Venture Capitalの略。

9-2 ベンチャーキャピタルからの資金導入の成功例

50％の株式を保有しました。B社は残りの借入金の返済に際し、残り不動産の売却だけでは足りませんので、A社の業績向上に合わせてこの保有株を少しずつ売却することで補い、最終的には保有株が20％を割ったあたりでA社の公開を位置付けることで、過去の借入の全額返済とオーナーの個人保証解除をねらうことができました。この事例は、比較的優良な不動産を所有していたために可能だったともいえます。

合併・適正分割による営業会社の新設

再建スキーム

Step1 債務の一本化 ＜2003年2月1日＞
Step2 営業会社の適正分割 ＜2003年5月21日＞

(株)A
- 資本金　90百万円
- 年商　9,924百万円
- 純資産　1,646百万円
- 借入残高　3,455百万円

↓ B商事による吸収合併

B商事(株)
- 資本金　25百万円
- 年商　340百万円
- 純資産　3,053百万円
- 借入残高　463百万円

→ **合併会社「(株)B」**
- 資本金　25百万円
- 年商　8,900百万円
- 純資産　4,609百万円
- 借入残高　4,154百万円
- ※子会社の借入も統合

→ **新「B商事(株)」**
- 資本金　25百万円
- 年商　317百万円
- 純資産　4,109百万円
- 借入残高　3,654百万円

適正分割 新会社発足 →

新「(株)A」
- 資本金　100百万円
- 発行済株式数　2,000株
- 資本準備金　300百万円
- 年商　7800百万円
- 純資産　400百万円
- 借入残高　800百万円

ベンチャーキャピタル → 第3者割当増資の引受け

9-3
取引関係の維持と私的整理の成功例

　A社は全国の百貨店150余りに売り場を持つ、創業60年の中堅の宝飾アクセサリー問屋です。91年に過去最高益を計上しましたが、その後売上は激減し、手形決済が危ない状態に陥りました。このケースでは、営業譲渡という手法をとりました。

▶▶ 中堅の宝飾アクセサリー問屋のケースでは

　A社は全国の百貨店150余りに売り場を持つ、創業60年の中堅の宝飾アクセサリー問屋です。商品は自社在庫で、百貨店内に売り場を持ついわゆる消化仕入れ問屋です。この会社も多くの事例にもれず、91年に過去最高売上利益を計上しましたが、その後の10年間で売上は激減し、2004年には手形決済が危ない状態に陥りました。その時点で借入総額は20億円あり、見かけ上は利益を上げていましたが、借入返済の原資を生み出せるにはいたっていませんでした。再生コンサルティングに入ったときは、すぐに棚卸資産の計上を利用した粉飾決算により利益を上げているが、実質的には債務超過状態との感触を得ました。そのために多分営業譲渡による債務処理が必要になると判断し、すぐに受け皿会社の設立を進めました。その間、メイン行がUFJ銀行であったこともあり、銀行はかたくなに債務者区分正常を主張し、返済のための融資を繰り返す姿勢でした。しかし、その姿勢も資金ショートの幅がしだいに広がるにつれ危なくなり、メイン行自ら2004年8月には遂に一方的に債務者区分を引き下げるや否や口座ロックをするという荒業に出てきました。なりふり構わず取引先のことより自分のみが大切という行動です。それは、その他の銀行もビックリするような強引な方法でした。

▶▶ 同じ名前の新会社に営業譲渡

　この件の場合は、取引先との買掛全額と社員の退職金と雇用を守ることを条件に、A社を再建するというかなりハードルが高いものでした。銀行の詐害性取り消し訴訟のリスクを乗り越えて、営業譲渡を手法として取ったのにはわけがあります。百貨店と消化仕入れ問屋の力関係と慣例です。もし法的再建手法をとったなら、A社は二

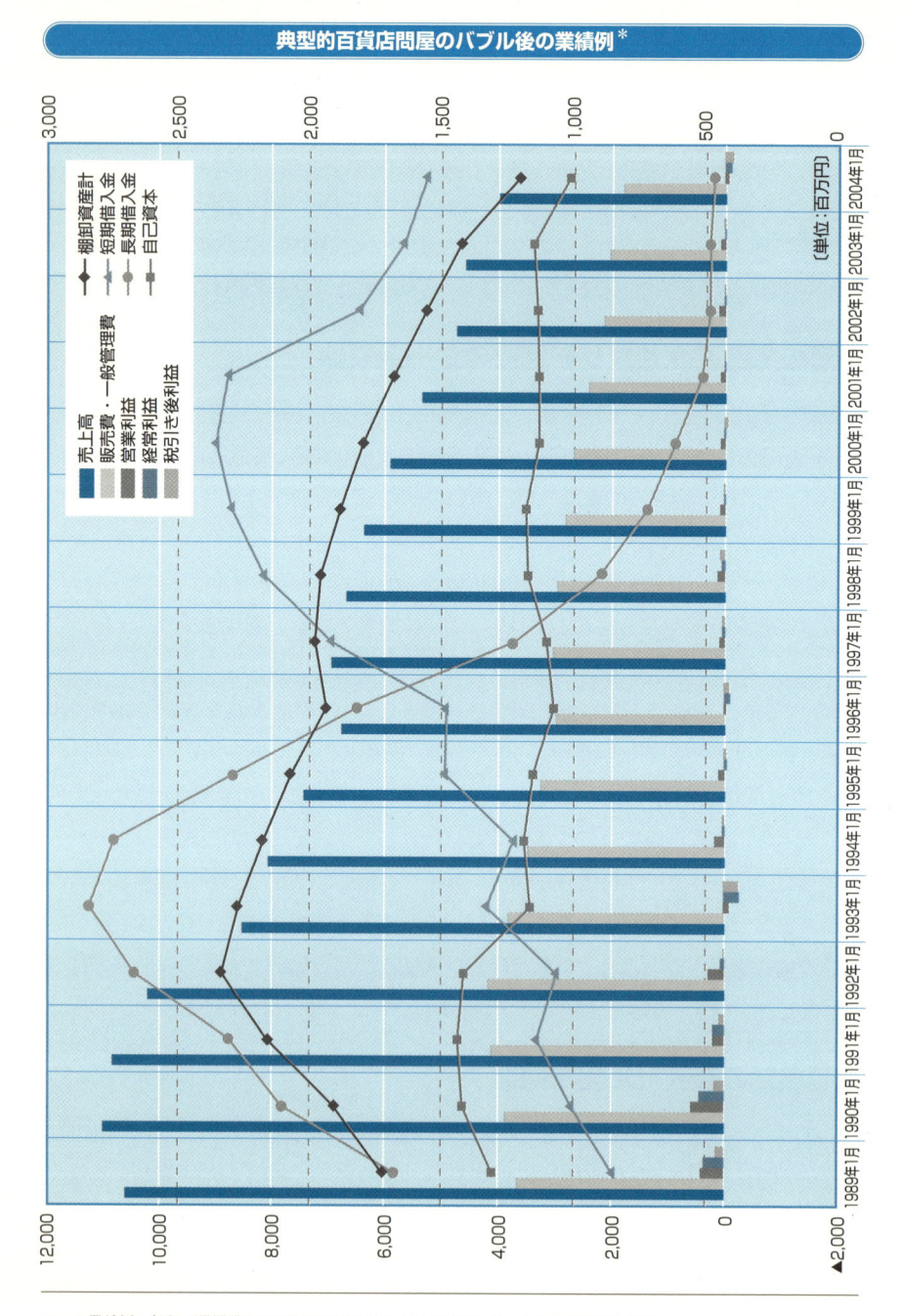

9-3 取引関係の維持と私的整理の成功例

典型的百貨店問屋のバブル後の業績例*

(単位：百万円)

凡例：
- 売上高
- 販売費・一般管理費
- 営業利益
- 経常利益
- 税引き後利益
- 棚卸資産計
- 短期借入金
- 長期借入金
- 自己資本

＊…の業績例　銀行が長期貸入れを短期に切り替えた時が見切りをつけられた瞬間と判断。

度と百貨店問屋として返り咲くことは難しかったでしょう。それほど百貨店というところは保守的なのです。営業譲渡とともに新会社をA社と同じ名前にし、譲渡財産の正確な見積もりを弁護士事務所に依頼し、営業譲渡価格を客観的に決めそれの支払いに入りました。その結果、現在新A社は再建計画の実行途中にあり、近い内に一応の再建を終えてスポンサー企業の募集に入ります。旧A社の方は、担保物権の整理と営業譲渡代金などその他資産をもって銀行への返済を遂行し、その後和解により債務の処理を終えて清算されます。

9-4
曖昧な株主責任とコア事業展開の迷走

　大手雑貨卸売業のA社の場合、オーナーは3代目であり製品のデザイン開発に大きな発言力がありましたが、経営にはさして興味を持っていませんでした。このケースでは、自主再建の道を選び、銀行債務も全額返済するスキームを立てました。

▶▶ 大手雑貨卸売業のA社のケースでは

　これは失敗例です。再建にとって銀行の債権放棄を依頼する場合に、株主やオーナーの退陣はセットで実行されなければなりません。しかし、自主再建の道を選び銀行債務も一応全額返済するスキームを立てた場合、必ずしもオーナーは退陣を要求されず、それに伴って注意しなければならないことが出てきます。

　大手雑貨卸売業のA社の場合、オーナーは3代目であり製品のデザイン開発に大きな発言力をもっていました。しかし、経営力はお世辞にも「ある」といい難く、本人もさして興味を持っていませんでした。この場合自主再建でしたので、当初オーナーを取締役会長に棚上げし、外から強力な指導力のある社長を持ってくるだけで大丈夫と踏んでいました。しかし、この判断は、後に後悔することになりました。新しい社長に権限を譲渡するように見えたのは最初の内だけで、一番厳しくリストラする部分、すなわち公開を目指してオーナー企業体質を一掃しなければいけない部分には、なかなか協力が得られなくなってきたのです。たとえば、会長関連経費の削減、複数の関連会社からの給与を止めること、海外子会社の閉鎖などにはことごとく抵抗され、反面、新社長の落ち度に対しては厳しく責任を追及してくるといった具合です。これによりコア事業の再建についても、会長子飼いの部下は会長の方をみて行動を取ることが多くなってきました。その結果、新社長によるコア事業の推進が思うように進まなくなり、二頭政治による迷走が始まったのです。

▶▶ 経営に向かないオーナーを廃さない限り再建はない

　ここから得た教訓は、自主再建といえども過去の経営責任を厳しく追及し、自ら襟を正すオーナーでない限り再建は難しいということです。このような場合には、

9-4　曖昧な株主責任とコア事業展開の迷走

初期の段階から増資などでオーナーの持分を33％以下に押さえ、増資を引き受けてくれた先を大株主とし、社長人事をそこが握る必要があります。それが再建ファンドならばさらにやりやすいでしょう。経営に向かないオーナーを廃さない限り再建はない、ということです。

二頭政治による迷走

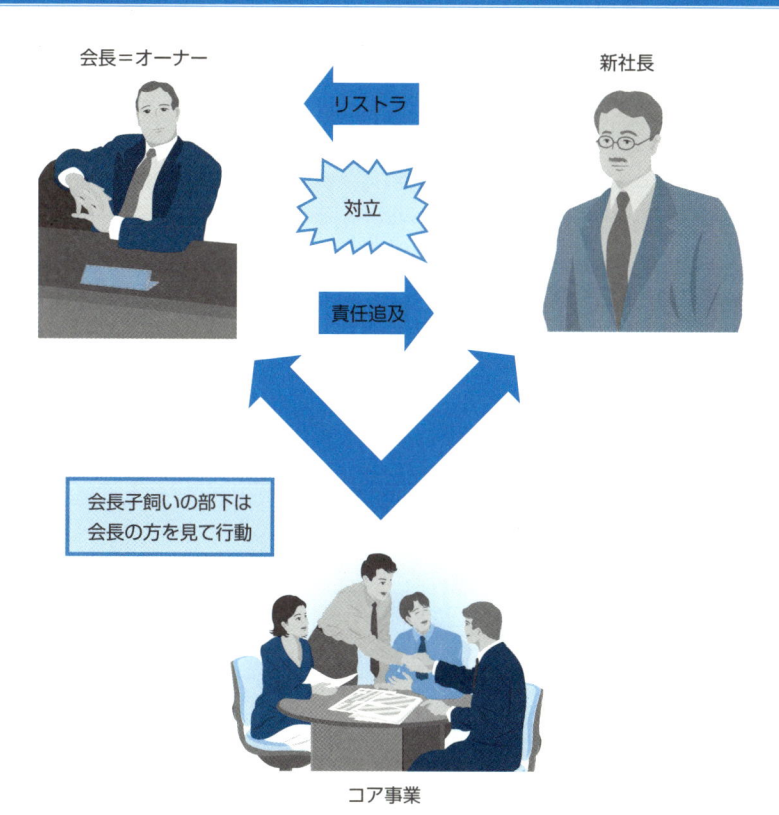

会長＝オーナー　　　　新社長

リストラ
対立
責任追及

会長子飼いの部下は
会長の方を見て行動

コア事業

9-5
金融機関の迷いと再生計画の白紙撤回

　A百貨店は地方中堅都市の駅前に本店を構え、戦後行商から大きくなった立志伝中のオーナー企業でした。総借入額は約100億円に達し、すでに返済は止まり、地元の第二地銀から社長以下役員が入って、事実上銀行支配に置かれていました。

▶▶ 立志伝中のオーナー企業A百貨店のケースでは

　A百貨店は地方中堅都市の駅前に本店を構え、戦後行商から大きくなった立志伝中のオーナー企業でした。傘下に小規模ながら食品スーパーや他の小売業態も擁し、小さいながらも総合流通業の体裁を持っていました。メイン行は地元の第二地銀がほぼ一行取引をしておりました。総借入額は約100億円に達し、すでに返済は止まり銀行から社長以下役員が入って、事実上銀行支配に置かれている会社でした。

　この企業の再建に当たっては、コア事業の設定を地域に根ざした食品スーパー事業と位置付け、百貨店はすでに商圏を隣接する大都市に取られていることから、テナント事業に徹することを描きました。これはあくまでもマーケットオリエンテッドに判断した再建プランで、整理回収機構もこれを評価してスキームの実行を銀行が進めるのみになっていました。また銀行にも再建計画上の債権放棄案を飲み込む体力がありました。しかし、2005年7月にその実行の期限がきますが、銀行は迷ったあげく実行を止めることになるでしょう。

▶▶ 銀行のプライドが、健全な再建を妨げる

　当初から銀行は、自らの駅前支店が入っているA百貨店の存続を望み、マーケットを見てくれませんでした。すでにA百貨店がその役目を終えていることは、誰の目にも明らかでした。その裏では、銀行は収益の上がるスーパー部門をA社のコンペティターに当たる同業のスーパーに売却を打診していたのでした。銀行は、70億円近い債権放棄の行内決定はすでにしており、その見返りに駅前のA社本店を維持し、子会社の食品スーパーは同業に売却し、売却先も同じ銀行がメインですから一石二鳥をねらっていたわけです。

9-5 金融機関の迷いと再生計画の白紙撤回

そのために再建コンサルタントにスキームを書かせ、整理回収機構をかませることにより、このスキームが公に認知されているかのごとく銀行はアピールしたかったようです。

しかし、経済合理性のないこのスキームはコンサルタントと整理回収機構が断り、白紙撤回されることになり、銀行の思惑は外れました。

これは地方銀行案件の場合、銀行の地元に対する過剰なプライドが、健全な再建を妨げることがあるという例です。

整理回収機構再生ファンド利用の再建スキーム

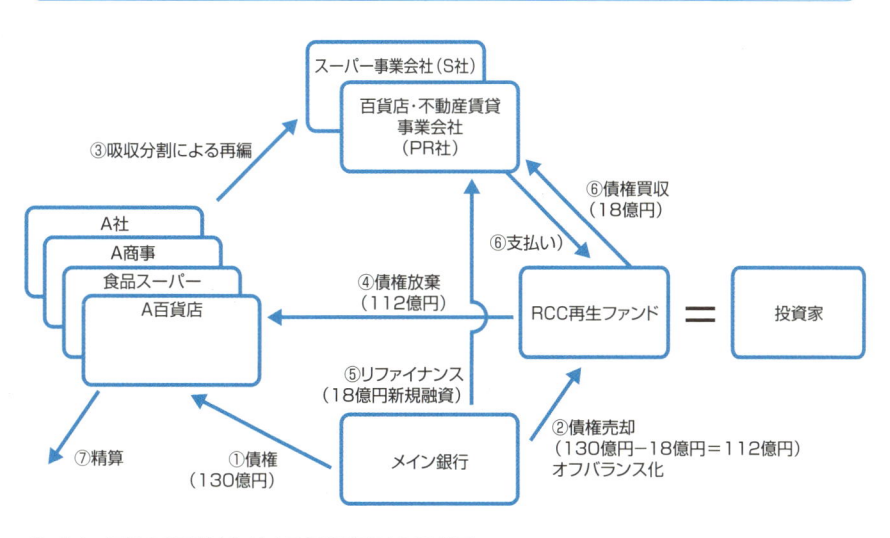

① メイン銀行のA百貨店に対する債権残高は130億円
② メイン銀行は、RCC再生ファンドへ130億円の全債権を18億円で売却
③ A百貨店グループを吸収分割にてPR社とS社に再編する
④ RCC再生ファンドは、再編後精算前のA百貨店に対し、112億円の債権放棄を行う
⑤ メイン銀行は、グループ再編後のPR社とS社に対し、18億円をリファイナンス
⑥ PR社はリファイナンス資金をもってRCC再生ファンドが持つ債権18億円を買い取る
⑦ 債権放棄を受けたA百貨店と食品スーパーを精算する

9-6

スポンサーの途中棄権

A社は百貨店の中堅取引先として60年の歴史を持った企業でした。20社を超える下請けメーカーを持ち百貨店の浮沈と行動を共にしてきました。A社の危機に際し、下請けの中の優良メーカーB社は支援を申し出て、資本提携を進めました。

▶▶ 百貨店の中堅取引先A社のケースでは

　A社は百貨店の中堅取引先として60年の歴史を持った企業でした。その先には20社を超える下請けメーカーを持ち百貨店の浮沈と行動を共にしてきました。A社の危機に際し、その中の優良メーカーB社は支援を申し出て、A社の49％の株を持つ資本提携を進めました。

　これにより取引の信用不安は取り除かれ、A社は再建計画を実行していけると誰もが考えました。またB社自身も最大取引先の1つでしたので、売掛の保全がこれにより確保され、自らも最も大きなメリットを受けた取引先の1つになりました。

　しかし、B社はA社の営業の商権を手に入れて、工場から消費者を一気につなぐいわゆるSPA＊構造を創ることに興味があったのです。しかし、幹部社員を送り込み内容を知るにつれ、この再建計画の中心である銀行債務の処理について、その知識のなさから不安を抱き始め、最終的に全面的スポンサー企業になることを途中棄権しました。これにより、A社は再度自主再建の道を歩むこととなり、再建スピードはかなり落ちることとなりそうです。

▶▶ 法的問題点さえクリアーできれば「なんでもあり」

　しかし、この件の最大の問題は、B社は途中棄権が全くリスクなく行われることです。さらに、2004年にA社の破綻が救われたことで、当時のB社の売掛債権は全額保全されることになりました。これでB社の初期の目的は達成されたといってもよいでしょう。

　A社自体もスポンサー企業の棄権で再建スピードは落ちるものの、2004年の破綻リスクを取りあえずは回避した点でメリットがありました。これは意図して行われたことではありませんが、企業再生の高等テクニックの1つなのかもしれません。

＊…**SPA**　Speciality store retailer of Private label Apparelの略。

9-6 スポンサーの途中棄権

これらの例からわかるように、企業再生の現場では必ずしも奇麗ごとではなく、生き馬の眼を抜くようなかたちで、法的問題点さえクリアーできれば「なんでもあり」だといえそうです。

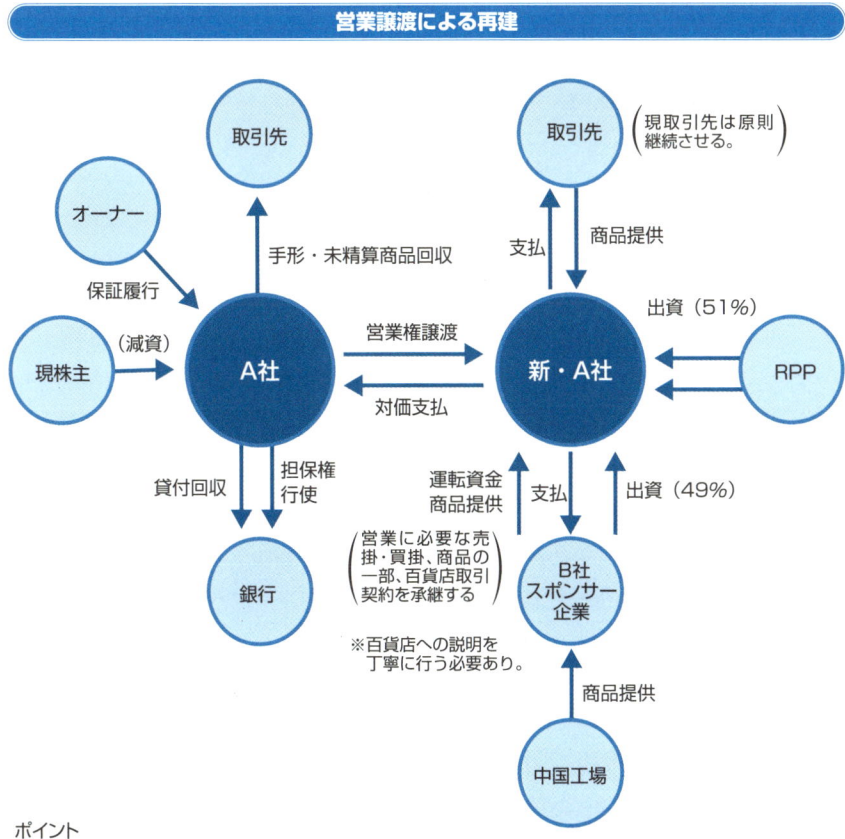

営業譲渡による再建

```
                取引先                           取引先  （現取引先は原則
                 ↑                                ↑↓     継続させる。）
   オーナー       │手形・未精算商品回収      支払│商品提供
      │保証履行  │                              │
      ↓          │            営業権譲渡        │              出資（51%）
   現株主─(減資)→ A社 ─────────────────→ 新・A社 ←─────── RPP
                    ←─────────────────
                          対価支払
          貸付回収│↑担保権              │↑
                 │ 行使    運転資金    支払│出資（49%）
                 ↓│       商品提供       ↓│
                 銀行          │         B社
                               │       スポンサー
                    （営業に必要な売）     企業
                     掛・買掛、商品の        ↑
                     一部、百貨店取引        │商品提供
                     契約を承継する         │
                    ※百貨店への説明を    中国工場
                     丁寧に行う必要あり。
```

ポイント
・新会社に営業権を譲渡して抜本的再建を行う。
・B社は、運転資金の提供、RPPは商品開発とデザインの提供を行う。
・A社の無形資産である百貨店取引口座（約150ヶ店）を保ち、営業と社員の雇用を守ることとなる。

Column コラム

新旧のDNAを注入する

　企業再生を行っていく上で、その会社の業態や体質がどれほどの新鮮さを保っているかを見極めることが重要です。

　企業が抱える問題は、大きく2つに分かれます。よく老舗に見られるように前近代的経営手法からあまり進歩していないという問題か、20世紀に中途半端に近代化してきた方法がすでに21世紀の現代に合わなくなっているかのどちらかのようです。

　それはなにも企業ごとの問題とは限りません。業態自体が20世紀的近代的業態なのだけど、21世紀になってどうも時代対応ができなくなっているものもあります。最近も、ダイエーの破綻などが話題になりましたが、これはダイエーだけの問題ではなく、終わりなき拡大を続けるGMSや大型SC、あるいは食品スーパー（SM）などの業態がすべて成長の限界に差し掛かっているのではないでしょうか。こうした、20世紀アメリカ的な近代流通業の最大の勝者がウォルマートです。だがそのウォルマート流も日本では受け入れられていません。このことからも、20世紀型近代的流通業の拡大の限界を見るような気がします。　そのアメリカでも21世紀的新業態が生まれ始めています。食品スーパーに限定しても、その1つはオーガニックやスローフードの考え方、さらにLOHASというライフスタイルに沿った食品スーパー「ホールフード」社の発展。また食材の宅配専門スーパー「フレッシュダイレクト」社の成功などがその例でありましょう。

　いま日本の首都圏の食品スーパーの一店あたりの店頭売り上げを見ても漸減してきています。過当競争というよりも、中途半端に近代化された業態の限界が見えてきたということでしょう。

　そこで我々が首都圏の食品スーパーの再生を図ろうとするとき、その中途半端さから脱するふたつのDNAの組み込みを試みています。

　それは首都圏食品スーパーの潤沢な店頭在庫を活用しながら、昔ながらの「ご用聞き」サービスの良さを、現代のIT技術を駆使した宅配事業の下で実現するというビジネスモデルです。新しい技術だけではダメで、この小売業の原点であるご用聞きのDNAをどう組み込めるかというところにこの再生の正否が掛かっているのです。

（水野誠一）

Appendix

付録

- ・私的整理に関するガイドライン
- ・民事再生法(総則)
- ・商法(企業再編関連を抜粋)
- ・新会社法(企業再編関連を抜粋)
- ・参考文献
- ・索引

付録-1
私的整理に関するガイドライン

1．対象となる私的整理
（1）このガイドラインによる「私的整理」は、会社更生法や民事再生法などの手続によらずに、債権者と債務者の合意に基づき、債務（主として金融債務）について猶予・減免などをすることにより、経営困難な状況にある企業を再建するためのものであって、多数の金融機関等が後述の主要債権者又は対象債権者として関わることを前提とするものであり、私的整理の全部を対象としていない限定的なものである。
（2）このガイドラインが想定している企業の再建は、会社更生法や民事再生法などの手続によるのが本来であるが、これらの手続によったのでは事業価値が著しく毀損されて再建に支障が生じるおそれがあり、私的整理によった方が債権者と債務者双方にとって経済的に合理性がある場合のみ、このガイドラインによる私的整理が限定的に行われる。
（3）また、このガイドラインによる私的整理は、債権者に債務の猶予・減免などの協力を求める前提として、債務者企業自身が再建のための自助努力をすることはもとより、その経営責任を明確にして、株主（特に支配株主が存在する場合にはその支配株主）が最大限の責任を果たすことを予定している。

2．私的整理の準則
（1）このガイドラインは、第1項の私的整理を公正かつ迅速に行うための準則であり、金融界と産業界を代表する者が中立公平な学識経験者などとともに協議を重ねて策定したものであって、法的拘束力はないものの、金融機関等である主要債権者及び対象債権者、企業である債務者、並びにその他の利害関係人によって、自発的に尊重され遵守されることが期待されている。いわば真に再建に値する企業の私的整理に関する金融界・産業界の経営者間の一般的コンセンサスである。
（2）「主要債権者」（債権額上位行を含む複数の金融機関であるのが通常である）は、債務者からこのガイドラインによる私的整理を行いたいとの真摯な申し出があったときは、誠実かつ迅速にこれに対応し、主要債権者と債務者は相互に手続の円滑で速やかな進行に協力する。
（3）「対象債権者」（再建計画が成立したとすれば、それにより権利を変更されることが予定されている債権者であって、主要債権者も含む）は、この準則による私的整理に誠実に協力する。
（4）対象債権者と債務者は、私的整理の過程において、共有した情報につき相互に守秘義務を負う。
（5）この私的整理は公正衡平を旨とし、透明性を尊重する。

3．対象債務者となり得る企業
次のすべての要件を備える企業は、このガイドラインによる私的整理を申し出ることができる。
（1）過剰債務を主因として経営困難な状況に陥っており、自力による再建が困難であること。
（2）事業価値があり（技術・ブランド・商圏・人材などの事業基盤があり、その事業に収益性や将来性があること）、重要な事業部門で営業利益を計上しているなど債権者の支援により再建の可能性があること。
（3）会社更生法や民事再生法などの法的整理を申し立てることにより当該債務者の信用力が低下し、事業価値が著しく毀損されるなど、事業再建に支障が生じるおそれがあること。
（4）私的整理により再建するときは、破産的清算はもとより、会社更生法や民事再生法などの手続による

付録-1　私的整理に関するガイドライン

よりも多い回収を得られる見込みが確実であるなど、債権者にとっても経済的な合理性が期待できること。

4．私的整理の開始
(1) 第3項の要件を備える債務者が主要債権者に対し、このガイドラインによる私的整理を申し出る。私的整理の申し出にあたり、債務者は主要債権者に対して、過去と現在の資産負債と損益の状況、及び経営困難な状況に陥った原因、並びに再建計画案とその内容などを説明するに足りる資料を提出する。
(2) 主要債権者は、債務者が提出した本項(1)の資料を精査し、債務者の説明を受けた上で、次の各点について検討して、「一時停止」の通知を発するのが相当かどうかを判断する。主要債権者が複数であるときは、一時停止の通知を発するかどうかの判断は、主要債権者全員の合意により行う。
　①第3項の要件を備えるかどうか。
　②再建計画案につき対象債権者の同意を得られる見込みがあるかどうか。
　③再建計画案の実行可能性があるかどうか。
(3) 主要債権者が本項(2)により、一時停止の通知を発するのが相当であると判断したときは、主要債権者と債務者は連名にて、対象債権者全員に対して、その通知を発する。
(4) 対象債権者の範囲は、金融機関債権者であるのが通常であるが、相当と認められるときは、その他の大口債権者などを含めることができる。
(5) 一時停止の通知は、「第1回債権者会議」招集通知（開催日時場所の通知）を兼ねて、書面により発するものとし、第1回債権者会議における説明資料（債務者の資産負債と損益の状況や再建計画案など）を添付する。
(6) 一時停止の通知を発するかどうかの判断は迅速に行うものとし、主要債権者がその通知を発しないのを相当と判断したときは、速やかにその旨を債務者に回答する。主要債権者は、一時停止の通知を発するかどうかを判断するために必要があると認めるときは、債務者に対し追加の資料の提出や追加の説明を求めることができる。なお、一時停止の通知を発しないとの判断は、このガイドラインによる私的整理を開始しないとの判断を意味する。

5．第1回債権者会議と債権者委員会
(1) 債務者と主要債権者は、対象債権者に対して一時停止の通知を発した日から2週間以内の日を開催日とする第1回債権者会議を招集する。
(2) 第1回債権者会議は、債務者と主要債権者が連名にて招集するが、債権者会議の冒頭において、主要債権者の中から議長を選任することを原則とし、議長は、債権者会議（第2回以降の債権者会議も含む。以下同じ）を主宰するとともに、債権者会議の円滑な進行に努める。
(3) 第1回債権者会議は次のとおり行う。
　①債務者による過去と現在の資産負債と損益の状況と再建計画案の内容の説明、及びそれらに対する質疑応答、並びに出席した対象債権者間における意見の交換。
　②資産負債や損益の状況及び再建計画案の正確性、相当性、実行可能性などを調査検証するために、公認会計士、税理士、弁護士、不動産鑑定士、その他の専門家（アドバイザー）を選任するかどうかを検討し、必要な場合には被選任者を決定。
　③一時停止の期間の決定。
　④第2回債権者会議の開催日時場所の決定。
　⑤「債権者委員会」を設置するかどうかと設置するとした場合の「債権者委員」の選出。
　⑥その他の必要な事項の決定。

付録-1　私的整理に関するガイドライン

(4) 債権者委員会は互選により「債権者委員長」を選出する。債権者委員長は債権者委員会を主宰する。
(5) 債権者委員会は、再建計画案の相当性や実行可能性を調査して、その結果を対象債権者に報告し、債権者会議から付託されたその他の事項を処理する他、このガイドラインに則り、私的整理の円滑な進行のために必要な行為を行う。
(6) 債権者会議において債権者委員会を設置したときは、本項(3)の②④、第6項の(1)①、第6項の(3)を含む事項の決定を債権者委員会に付託することができる。
(7) 債権者会議の決議は出席した対象債権者全員の同意によって成立する。
ただし、対象債権者の権利義務に関わらない手続的な事項は、対象債権者数の過半数によって決定することができる。

6．一時停止

(1) 一時停止の期間中においては、対象債権者全員と債務者は、次の行為などを差し控えることとする。なお、一時停止の通知があったことのみをもって、銀行取引約定書等において定める期限の利益喪失事由として扱わないものとする。

　①債務者は、通常の営業過程によるものの他、特に債権者会議又はその付託を受けた債権者委員会が許可したものを除き、その資産を処分してはならず、新債務を負担してはならない。
　②債務者は、一部の対象債権者に対する弁済（代物弁済を含む、以下同じ）や相殺など債務消滅に関する行為の他、物的人的担保の供与などを行ってはならない。
　③対象債権者は、一時停止の通知を発した日における「与信残高」（手形貸付・証書貸付・当座貸越などの残高）を維持し、他の対象債権者との関係における債務者に対する相対的地位を改善してはならず、弁済を受け、相殺権を行使するなどの債務消滅に関する行為をなし、追加の物的人的担保の供与を求め、担保権を実行し、強制執行や仮差押え・仮処分や法的倒産処理手続の申立てをしてはならない。

(2) 一時停止の期間は、一時停止の通知を発した日から第1回債権者会議終了時まで、第1回債権者会議においてその開催日から3か月を超えない範囲内で延長を定めたときはその日までとする。ただし、第2回債権者会議及び第8項の(5)の続行期日における債権者会議において、必要があるときは、一時停止期間の延長期間を定めることができる。
(3) 一時停止の期間中の追加融資は、債権者会議の決議、又はその付託を受けた債権者委員会の決定により定めた金額の範囲内で、その定めた方法により、必要に応じて行うものとし、追加融資による債権は対象債権者が有する債権に優先して随時弁済される。

7．再建計画案の内容

再建計画案は次の内容を含むものでなければならない。
(1) 事業計画案
事業計画は債務者の自助努力が十分に反映されたものであるとともに、以下の事項を含む内容を記載することを原則とする。
　①経営が困難になった原因。
　②事業再構築計画の具体的内容（経営困難に陥った原因の除去を含む）。
　③新資本の投入による支援や債務の株式化（デットエクイティスワップ）などを含む自己資本の増強策。
　④資産・負債・損益の今後の見通し（10年間程度）。
⑤資金調達計画。
⑥債務弁済計画等。

付録-1　私的整理に関するガイドライン

(2) 実質的に債務超過であるときは、再建計画成立後に最初に到来する事業年度開始の日から3年以内を目処に実質的な債務超過を解消することを内容とする。

(3) 経常利益が赤字であるときは、再建計画成立後に最初に到来する事業年度開始の日から3年以内を目処に黒字に転換することを内容とする。

(4) 対象債権者の債権放棄を受けるときは、支配株主の権利を消滅させることはもとより、減増資により既存株主の割合的地位を減少又は消滅させることを原則とする。

(5) 対象債権者の債権放棄を受けるときは、債権放棄を受ける企業の経営者は退任することを原則とする。

(6) 再建計画案における権利関係の調整は、債権者間で平等であることを旨とし、債権者間の負担割合については、衡平性の観点から、個別に検討する。

(7) 破産的清算や会社更生法や民事再生法などの再建手続によるよりも多い回収を得られる見込みが確実であるなど、対象債権者にとって経済的な合理性が期待できることを内容とする。

8．再建計画の成立

(1) 主要債権者（債権者委員会が設置されたときは債権者委員会）は、第2回債権者会議に先立ち、対象債権者全員に対し、再建計画案の相当性と実行可能性などについての調査検討結果を報告する。

(2) 第2回債権者会議では、本項(1)の報告及び債務者に対する質疑応答、並びに再建計画案に対する出席対象債権者間における意見交換を行う。

(3) 第2回債権者会議においては、対象債権者が書面により再建計画案に対する同意不同意を表明すべき期限を定める。

(4) 対象債権者全員が再建計画案に同意する旨の書面を提出した時に再建計画は成立し、債務者は再建計画を実行する義務を負担し、対象債権者の権利は、成立した再建計画の定めに従って変更され、対象債権者は、猶予・減免など再建計画の定めに従った処理をする。

(5) 再建計画案の一部を変更することなどのために、第2回債権者会議を続行する必要があるときは、その続行期日（開催時間場所を含む）を定めることができる。続行期日においても本項(2)、(3)の議事を行う。

(6) 再建計画案（本項(5)による変更後の再建計画案も含む）に対して、本項(3)又は(5)により定めた期限までに対象債権者全員の同意が得られないときは、このガイドラインによる私的整理は終了し、債務者は法的倒産処理手続開始の申立てなど適宜な措置をとらなければならない。

9．その他

(1) 再建計画が成立したときは、債務者は、相当な方法により、再建計画の概要を公表するが、公表により再建に著しい支障が生ずるおそれがあるときはこの限りでない。

(2) 債務者は対象債権者に対し、再建計画の定めに従って、その成立後に定期に開催される債権者会議などにおいて、再建計画の実施状況を報告しなければならない。

(3) 債務者は、対象債権者に対する債務弁済計画を履行できないときは、法的倒産処理手続開始の申立てをするなどの適宜の措置をとらなければならず、放置してはならない。ただし、変更再建計画案について、対象債権者全員の同意が得られたときは、この限りでない。

(4) 専門家（アドバイザー）に対する報酬、債権者会議・債権者委員会の開催に関わる費用等、このガイドラインによる私的整理のために要した費用は、債務者がその全額を負担する。民事再生法（総則）
（平成十一年十二月二十二日法律第二百二十五号）

付録-2
民事再生法（総則）

(平成十一年十二月二十二日法律第二百二十五号)
最終改正：平成一六年一二月三日法律第一五四号

第一章　総則（第一条～第二十条）

第一章　総則

（目的）
第一条　この法律は、経済的に窮境にある債務者について、その債権者の多数の同意を得、かつ、裁判所の認可を受けた再生計画を定めること等により、当該債務者とその債権者との間の民事上の権利関係を適切に調整し、もって当該債務者の事業又は経済生活の再生を図ることを目的とする。

（定義）
第二条　この法律において、次の各号に掲げる用語の意義は、それぞれ当該各号に定めるところによる。
一　再生債務者　経済的に窮境にある債務者であって、その者について、再生手続開始の申立てがされ、再生手続開始の決定がされ、又は再生計画が遂行されているものをいう。
二　再生債務者等　管財人が選任されていない場合にあっては再生債務者、管財人が選任されている場合にあっては管財人をいう。
三　再生計画　再生債権者の権利の全部又は一部を変更する条項その他の第百五十四条に規定する条項を定めた計画をいう。
四　再生手続　次章以下に定めるところにより、再生計画を定める手続をいう。

（外国人の地位）
第三条　外国人又は外国法人は、再生手続に関し、日本人又は日本法人と同一の地位を有する。

（再生事件の管轄）
第四条　この法律の規定による再生手続開始の申立ては、債務者が個人である場合には日本国内に営業所、住所、居所又は財産を有するときに限り、法人その他の社団又は財団である場合には日本国内に営業所、事務所又は財産を有するときに限り、することができる。
2　民事訴訟法（平成八年法律第百九号）の規定により裁判上の請求をすることができる債権は、日本国内にあるものとみなす。

第五条　再生事件は、再生債務者が、営業者であるときはその主たる営業所の所在地、営業者で外国に主たる営業所を有するものであるときは日本におけるその主たる営業所の所在地、営業者でないとき又は営業者であっても営業所を有しないときはその普通裁判籍の所在地を管轄する地方裁判所が管轄する。

付録-2　民事再生法（総則）

2　前項の規定による管轄裁判所がないときは、再生事件は、再生債務者の財産の所在地（債権については、裁判上の請求をすることができる地）を管轄する地方裁判所が管轄する。

3　前二項の規定にかかわらず、法人が株式会社の総株主の議決権（商法（明治三十二年法律第四十八号）第二百十一条ノ二第四項に規定する種類の株式についての議決権を除き、同条第五項の規定により議決権を有するものとみなされる株式についての議決権を含む。次項、第五十九条第三項及び第四項並びに第百二十七条の二第二項第二号イ及びロにおいて同じ。）の過半数又は有限会社の総社員の議決権（商法第二百十一条ノ二第四項に規定する持分についての議決権を除き、同条第五項の規定により議決権を有するものとみなされる持分についての議決権を含む。次項、第五十九条第三項及び第四項並びに第百二十七条の二第二項第二号イ及びロにおいて同じ。）の過半数を有する場合には、当該法人（以下この条及び第百二十七条の二第二項第二号ロにおいて「親法人」という。）について再生事件又は更生事件（以下この条において「再生事件等」という。）が係属しているときにおける当該株式会社又は有限会社（以下この条及び第百二十七条の二第二項第二号ロにおいて「子会社」という。）についての再生手続開始の申立ては、親法人の再生事件等が係属している地方裁判所にもすることができ、子会社について再生事件等が係属しているときにおける親法人についての再生手続開始の申立ては、子会社の再生事件等が係属している地方裁判所にもすることができる。

4　子会社又は親法人及び子会社が他の株式会社の総株主の議決権の過半数を有する場合には、当該他の株式会社を当該親法人の子会社とみなして、前項の規定を適用する。子会社又は親法人及び子会社が他の有限会社の総社員の議決権の過半数を有する場合も、同様とする。

5　第一項及び第二項の規定にかかわらず、株式会社の監査等に関する商法の特例に関する法律（昭和四十九年法律第二十二号。以下この項及び第五十九条第三項において「商法特例法」という。）第一条の二第一項に規定する大会社について再生事件等が係属している場合における当該大会社の同条第四項に規定する連結子会社（当該大会社の直前の決算期において商法特例法第十九条の二又は第二十一条の三十二の規定により当該連結子会社に係る連結計算書類が作成され、かつ、定時総会において当該連結計算書類が報告されたものに限る。）についての再生手続開始の申立ては、当該大会社の再生事件等が係属している地方裁判所にもすることができ、当該連結子会社について再生事件等が係属している場合における当該大会社についての再生手続開始の申立ては、当該連結子会社の再生事件等が係属している地方裁判所にもすることができる。

6　第一項及び第二項の規定にかかわらず、法人について再生事件等が係属している場合における当該法人の代表者についての再生手続開始の申立ては、当該法人の再生事件等が係属している地方裁判所にもすることができ、法人の代表者について再生事件が係属している場合における当該法人についての再生手続開始の申立ては、当該法人の代表者の再生事件が係属している地方裁判所にもすることができる。

7　第一項及び第二項の規定にかかわらず、次の各号に掲げる者のうちいずれか一人について再生事件が係属しているときは、それぞれ当該各号に掲げる他の者についての再生手続開始の申立ては、当該再生事件が係属している地方裁判所にもすることができる。

一　相互に連帯債務者の関係にある個人
二　相互に主たる債務者と保証人の関係にある個人
三　夫婦

8　第一項及び第二項の規定にかかわらず、再生債権者の数が五百人以上であるときは、これらの規定による管轄裁判所の所在地を管轄する高等裁判所の所在地を管轄する地方裁判所にも、再生手続開始の申立てをすることができる。

9　第一項及び第二項の規定にかかわらず、再生債権者の数が千人以上であるときは、東京地方裁判所

付録-2　民事再生法（総則）

又は大阪地方裁判所にも、再生手続開始の申立てをすることができる。
10　前各項の規定により二以上の地方裁判所が管轄権を有するときは、再生事件は、先に再生手続開始の申立てがあった地方裁判所が管轄する。

（専属管轄）
第六条　この法律に規定する裁判所の管轄は、専属とする。

（再生事件の移送）
第七条　裁判所は、著しい損害又は遅滞を避けるため必要があると認めるときは、職権で、再生事件を次に掲げる裁判所のいずれかに移送することができる。
一　再生債務者の主たる営業所又は事務所以外の営業所又は事務所の所在地を管轄する地方裁判所
二　再生債務者の住所又は居所の所在地を管轄する地方裁判所
三　第五条第二項に規定する地方裁判所
四　次のイからハまでのいずれかに掲げる地方裁判所
イ　第五条第三項から第七項までに規定する地方裁判所
ロ　再生債権者の数が五百人以上であるときは、第五条第八項に規定する地方裁判所
ハ　再生債権者の数が千人以上であるときは、第五条第九項に規定する地方裁判所
五　第五条第三項から第九項までの規定によりこれらの規定に規定する地方裁判所に再生事件が係属しているときは、同条第一項又は第二項に規定する地方裁判所

（任意的口頭弁論等）
第八条　再生手続に関する裁判は、口頭弁論を経ないですることができる。
2　裁判所は、職権で、再生事件に関して必要な調査をすることができる。

（不服申立て）
第九条　再生手続に関する裁判につき利害関係を有する者は、この法律に特別の定めがある場合に限り、当該裁判に対し即時抗告をすることができる。その期間は、裁判の公告があった場合には、その公告が効力を生じた日から起算して二週間とする。

（公告等）
第十条　この法律の規定による公告は、官報に掲載してする。
2　公告は、掲載があった日の翌日に、その効力を生ずる。
3　この法律の規定により送達をしなければならない場合には、公告をもって、これに代えることができる。ただし、この法律の規定により公告及び送達をしなければならない場合は、この限りでない。
4　この法律の規定により裁判の公告がされたときは、一切の関係人に対して当該裁判の告知があったものとみなす。
5　前二項の規定は、この法律に特別の定めがある場合には、適用しない。

（法人の再生手続に関する登記の嘱託等）
第十一条　法人である再生債務者について再生手続開始の決定があったときは、裁判所書記官は、職権で、遅滞なく、再生手続開始の登記を再生債務者の各営業所又は各事務所の所在地の登記所に嘱託しなけ

付録-2　民事再生法（総則）

ればならない。

2　前項の再生債務者について第五十四条第一項、第六十四条第一項又は第七十九条第一項（同条第三項において準用する場合を含む。次項において同じ。）の規定による処分がされた場合には、裁判所書記官は、職権で、遅滞なく、当該処分の登記を再生債務者の各営業所又は各事務所の所在地の登記所に嘱託しなければならない。

3　前項の登記には、次の各号に掲げる区分に応じ、それぞれ当該各号に定める事項をも登記しなければならない。

一　前項に規定する第五十四条第一項の規定による処分の登記　監督委員の氏名又は名称及び住所並びに同条第二項の規定により指定された行為

二　前項に規定する第六十四条第一項又は第七十九条第一項の規定による処分の登記　管財人又は保全管理人の氏名又は名称及び住所、管財人又は保全管理人がそれぞれ単独にその職務を行うことについて第七十条第一項ただし書（第八十三条第一項において準用する場合を含む。以下この号において同じ。）の許可があったときはその旨並びに管財人又は保全管理人が職務を分掌することについて第七十条第一項ただし書の許可があったときはその旨及び各管財人又は各保全管理人が分掌する職務の内容

4　第二項の規定は、同項に規定する処分の変更若しくは取消しがあった場合又は前項に規定する事項に変更が生じた場合について準用する。

5　第一項の規定は、同項の再生債務者につき次に掲げる事由が生じた場合について準用する。

一　再生手続開始の決定の取消し、再生手続廃止又は再生計画認可若しくは不認可の決定の確定

二　再生計画取消しの決定の確定（再生手続終了前である場合に限る。）

三　再生手続終結の決定による再生手続の終結

6　登記官は、第一項の規定により再生手続開始の登記をする場合において、再生債務者について整理開始又は特別清算開始の登記があるときは、職権で、その登記を抹消しなければならない。

7　登記官は、第五項第一号の規定により再生手続開始の決定の取消しの登記をする場合において、前項の規定により抹消した登記があるときは、職権で、その登記を回復しなければならない。

8　第六項の規定は、第五項第一号の規定により再生計画の認可の登記をする場合における破産手続開始の登記について準用する。

（登記のある権利についての登記等の嘱託）

第十二条　次に掲げる場合には、裁判所書記官は、職権で、遅滞なく、当該保全処分の登記を嘱託しなければならない。

一　再生債務者財産（再生債務者が有する一切の財産をいう。以下同じ。）に属する権利で登記がされたものに関し第三十条第一項（第三十六条第二項において準用する場合を含む。）の規定による保全処分があったとき。

二　登記のある権利に関し第百三十四条の二第一項（同条第七項において準用する場合を含む。）又は第百四十二条第一項若しくは第二項の規定による保全処分があったとき。

2　前項の規定は、同項に規定する保全処分の変更若しくは取消しがあった場合又は当該保全処分が効力を失った場合について準用する。

3　裁判所書記官は、再生手続開始の決定があった場合において、再生債務者に属する権利で登記がされたものについて商法第三百八十七条第二項（同法第四百五十四条第二項　において準用する場合を含む。）の規定による登記があることを知ったときは、職権で、遅滞なく、その登記の抹消を嘱託しなければならない。

付録-2　民事再生法（総則）

4　前項の規定による登記の抹消がされた場合において、再生手続開始の決定を取り消す決定が確定したときは、裁判所書記官は、職権で、遅滞なく、同項の規定により抹消された登記の回復を嘱託しなければならない。
5　第三項の規定は、再生計画認可の決定が確定した場合において、裁判所書記官が再生債務者に属する権利で登記がされたものについて破産手続開始の登記があることを知ったときについて準用する。

（否認の登記）
第十三条　登記の原因である行為が否認されたときは、監督委員又は管財人は、否認の登記を申請しなければならない。登記が否認されたときも、同様とする。
2　登記官は、前項の否認の登記に係る権利に関する登記をするときは、職権で、次に掲げる登記を抹消しなければならない。
一　当該否認の登記
二　否認された行為を登記原因とする登記又は否認された登記
三　前号の登記に後れる登記があるときは、当該登記
3　前項に規定する場合において、否認された行為の後否認の登記がされるまでの間に、同項第二号に掲げる登記に係る権利を目的とする第三者の権利に関する登記（再生手続の関係において、その効力を主張することができるものに限る。第五項において同じ。）がされているときは、同項の規定にかかわらず、登記官は、職権で、当該否認の登記の抹消及び同号に掲げる登記に係る権利の再生債務者への移転の登記をしなければならない。
4　裁判所書記官は、第一項の否認の登記がされている場合において、再生債務者について、再生計画認可の決定が確定したときは、職権で、遅滞なく、当該否認の登記の抹消を嘱託しなければならない。
5　前項に規定する場合において、裁判所書記官から当該否認の登記の抹消の嘱託を受けたときは、登記官は、職権で、第二項第二号及び第三号に掲げる登記を抹消しなければならない。この場合において、否認された行為の後否認の登記がされるまでの間に、同項第二号に掲げる登記に係る権利を目的とする第三者の権利に関する登記がされているときは、登記官は、職権で、同項第二号及び第三号に掲げる登記の抹消に代えて、同項第二号に掲げる登記に係る権利の再生債務者への移転の登記をしなければならない。
6　裁判所書記官は、第一項の否認の登記がされている場合において、再生債務者について、再生手続開始の決定の取消し若しくは再生計画不認可の決定が確定したとき、又は再生計画認可の決定が確定する前に再生手続廃止の決定が確定したときは、職権で、遅滞なく、当該否認の登記の抹消を嘱託しなければならない。

（非課税）
第十四条　前三条の規定による登記については、登録免許税を課さない。

（登録への準用）
第十五条　前三条の規定は、登録のある権利について準用する。

（事件に関する文書の閲覧等）
第十六条　利害関係人は、裁判所書記官に対し、この法律（この法律において準用する他の法律を含む。）の規定に基づき、裁判所に提出され、又は裁判所が作成した文書その他の物件（以下この条及び次条第一項において「文書等」という。）の閲覧を請求することができる。

付録-2 民事再生法(総則)

2 利害関係人は、裁判所書記官に対し、文書等の謄写、その正本、謄本若しくは抄本の交付又は事件に関する事項の証明書の交付を請求することができる。

3 前項の規定は、文書等のうち録音テープ又はビデオテープ(これらに準ずる方法により一定の事項を記録した物を含む。)に関しては、適用しない。この場合において、これらの物について利害関係人の請求があるときは、裁判所書記官は、その複製を許さなければならない。

4 前三項の規定にかかわらず、次の各号に掲げる者は、当該各号に定める命令、保全処分、処分又は裁判のいずれかがあるまでの間は、前三項の規定による請求をすることができない。ただし、当該者が再生手続開始の申立人である場合は、この限りでない。

一 再生債務者以外の利害関係人 第二十六条第一項の規定による中止の命令、第二十七条第一項の規定による禁止の命令、第三十条第一項の規定による保全処分、第三十一条第一項の規定による中止の命令、第五十四条第一項若しくは第七十九条第一項の規定による処分、第百三十四条の二第一項の規定による保全処分、第百九十七条第一項の規定による中止の命令又は再生手続開始の申立てについての裁判

二 再生債務者 再生手続開始の申立てに関する口頭弁論若しくは再生債務者を呼び出す審尋の期日の指定の裁判又は前号に定める命令、保全処分、処分若しくは裁判

(支障部分の閲覧等の制限)

第十七条 次に掲げる文書等について、利害関係人がその閲覧若しくは謄写、その正本、謄本若しくは抄本の交付又はその複製(以下この条において「閲覧等」という。)を行うことにより、再生債務者の事業の維持再生に著しい支障を生ずるおそれ又は再生債務者の財産に著しい損害を与えるおそれがある部分(以下この条において「支障部分」という。)があることにつき疎明があった場合には、裁判所は、当該文書等を提出した再生債務者等(保全管理人が選任されている場合にあっては、保全管理人。以下この項及び次項において同じ。)、監督委員、調査委員又は個人再生委員の申立てにより、支障部分の閲覧等の請求をすることができる者を、当該申立てをした者及び再生債務者等に限ることができる。

一 第四十一条第一項(第八十一条第三項において準用する場合を含む。)、第四十二条第一項、第五十六条第五項又は第八十一条第一項ただし書の許可を得るために裁判所に提出された文書等

二 第六十二条第二項若しくは第二百二十三条第三項(第二百四十四条において準用する場合を含む。)に規定する調査の結果の報告又は第百二十五条第二項若しくは第三項の規定による報告に係る文書等

2 前項の申立てがあったときは、その申立てについての裁判が確定するまで、利害関係人(同項の申立てをした者及び再生債務者等を除く。次項において同じ。)は、支障部分の閲覧等の請求をすることができない。

3 支障部分の閲覧等の請求をしようとする利害関係人は、再生裁判所に対し、第一項に規定する要件を欠くこと又はこれを欠くに至ったことを理由として、同項の規定による決定の取消しの申立てをすることができる。

4 第一項の申立てを却下した決定及び前項の申立てについての裁判に対しては、即時抗告をすることができる。

5 第一項の規定による決定を取り消す決定は、確定しなければその効力を生じない。

(民事訴訟法の準用)

第十八条 再生手続に関しては、特別の定めがある場合を除き、民事訴訟法の規定を準用する。

(最高裁判所規則)

付録-2　民事再生法（総則）

第十九条　この法律に定めるもののほか、再生手続に関し必要な事項は、最高裁判所規則で定める。

第二十条　削除

付録-3
商法（企業再編関連を抜粋）

第六節ノ二　完全親会社

第一款　株式交換

第三百五十二条　会社ハ其ノ一方ガ他方ノ発行済株式ノ総数ヲ有スル会社（以下之ヲ完全親会社ト、他方ヲ完全子会社ト称ス）トナル為株式交換ヲ為スコトヲ得

○2　株式交換ニ因リテ完全子会社トナル会社ノ株主ノ有スル其ノ会社ノ株式ハ次条第二項第六号ノ日ニ於テ株式交換ニ因リテ完全親会社トナル会社ニ移転シ、其ノ完全子会社トナル会社ノ株主ハ其ノ完全親会社トナル会社ガ株式交換ニ際シテ発行スル新株ノ割当ヲ受クルコトニ因リ其ノ日ニ於テ其ノ会社ノ株主トナル

○3　株式交換ニ因リテ完全親会社トナル会社ハ次条第二項第六号ノ日ニ於テ株式交換契約書ノ記載ニ従ヒ株式交換ニ因リテ完全子会社トナル会社（以下本項ニ於テ発行会社ト称ス）ノ発行シタル新株予約権（新株予約権付社債ニ付セラレタルモノヲ除ク）ニ係ル義務ヲ承継ス但シ発行会社ガ其ノ新株予約権ニ付テノ第二百八十条ノ二十第二項ノ決議ニ於テ左ノ事項ヲ定メ且次条第二項第四号ノ二ノ規定ニ基ク株式交換契約書ノ記載ガ第二号ニ掲グル事項ニ付テノ定ニ沿フモノナルトキニ限ル

一　発行会社ヲ株式交換ニ因リテ完全子会社トナル会社トスル株式交換ヲスル際シテ新株予約権ニ係ル義務ヲ其ノ株式交換ニ因リテ完全親会社トナル会社ニ承継セシムルコト

二　前号ノ場合ニ於ケル新株予約権ノ目的タル完全親会社トナル会社ノ株式ノ種類及数並ニ其ノ新株予約権ニ付テノ第二百八十条ノ二十第二項第四号乃至第八号ニ掲グル事項ノ決定ノ方針

第三百五十三条　会社ガ株式交換ヲ為スニハ株式交換契約書ヲ作リ株主総会ノ承認ヲ得ルコトヲ要ス

○2　株式交換契約書ニハ左ノ事項ヲ記載スルコトヲ要ス

一　完全親会社トナル会社ガ株式交換ニ因リ定款ノ変更ヲ為ストキハ其ノ規定

二　完全親会社トナル会社ガ株式交換ニ際シテ発行スル新株ノ総数、種類及数並ニ完全子会社トナル会社ノ株主ニ対スル新株ノ割当ニ関スル事項

三　完全親会社トナル会社ノ増加スベキ資本ノ額及資本準備金ニ関スル事項

四　完全子会社トナル会社ノ株主ニ支払ヲ為スベキ金額ヲ定メタルトキハ其ノ規定

四ノ二　完全親会社トナル会社ガ株式交換ニ際シテ完全子会社トナル会社ノ発行シタル新株予約権ニ係ル義務ヲ承継スルトキハ承継後ノ各新株予約権ノ目的タル完全親会社トナル会社ノ株式ノ種類及数並ニ其ノ新株予約権ニ付テノ第二百八十条ノ二十第二項第四号乃至第八号ニ掲グル事項但シ有償ニテ新株予約権ノ消却ヲ為ス旨ヲ定ムルコトヲ得ズ

五　各会社ニ於テ前項ノ決議ヲ為スベキ株主総会ノ期日

六　株式交換ノ日

七　各会社ガ前号ノ日迄ニ利益ノ配当又ハ第二百九十三条ノ五第一項ノ金銭ノ分配ヲ為ストキハ其ノ限度額

付録-3　商法（企業再編関連を抜粋）

○3　第二百八十一条第三項ノ規定ハ株式交換契約書ニ之ヲ準用ス
○4　株式交換契約書ノ要領ハ第二百三十二条ニ定ムル通知ニ之ヲ記載又ハ記録スルコトヲ要ス
○5　第一項ノ決議ハ第三百四十三条ノ規定ニ依ルニ非ザレバ之ヲ為スコトヲ得ズ
○6　完全親会社トナル会社ノ定款ニ株式ノ譲渡ニ付取締役会ノ承認ヲ要スル旨ノ定アリ完全子会社トナル会社ノ定款ニ其ノ定ナキトキハ其ノ会社ニ於ケル第一項ノ決議ハ第三百四十八条第一項及第二項ノ規定ニ依ルニ非ザレバ之ヲ為スコトヲ得ズ
○7　完全親会社トナル会社ガ株式交換ニ因リ定款ヲ変更シテ前項ノ定ヲ設クル場合ニ於テハ其ノ会社及完全子会社トナル会社ニシテ定款ニ其ノ定ナキモノニ付亦同項ニ同ジ
○8　第六項ノ決議ヲ為スベキ株主総会ニ付テハ完全親会社トナル会社ノ定款ニ同項ノ定アル旨ヲ第四項ノ通知ニ記載又ハ記録スルコトヲ要ス

第三百五十四条　　取締役ハ前条第一項ノ株主総会ノ会日ノ二週間前ヨリ株式交換ノ日後六月ヲ経過スル日迄左ニ掲グルモノヲ本店ニ備置クコトヲ要ス
一　　株式交換契約書
二　　完全子会社トナル会社ノ株主ニ対スル株式ノ割当ニ関スル事項ニ付其ノ理由ヲ記載シタル書面
二ノ二　　完全親会社トナル会社ガ完全子会社トナル会社ノ発行シタル新株予約権ニ係ル義務ヲ承継スルトキハ前条第二項第四号ノ二ニ掲グル事項ニ付其ノ理由ヲ記載シタル書面
三　　前条第一項ノ株主総会ノ会日ノ前六月内ノ日ニ於テ作リタル株式交換ヲ為ス各会社ノ貸借対照表
四　　前号ノ貸借対照表ガ最終ノ貸借対照表ニ非ザルトキハ最終ノ貸借対照表
五　　株式交換ヲ為ス各会社ノ最終ノ貸借対照表ト共ニ作リタル損益計算書
六　　前号ノ損益計算書ノ外第三号ノ貸借対照表ト共ニ損益計算書ヲ作リタルトキハ其ノ損益計算書
○2　第三十三条ノ二第一項ノ規定ハ前項第三号ニ掲グルモノニ、第二百八十一条第三項ノ規定ハ前項第二号第二号ノ二及第六項ニ掲グル書類ニ之ヲ準用ス
○3　株主ハ営業時間内何時ニテモ左ノ請求ヲ為スコトヲ得但シ第二号又ハ第四号ノ請求ヲ為スニハ会社ノ定メタル費用ヲ支払フコトヲ要ス
一　　第一項ニ掲グルモノガ書面ヲ以テ作ラレタルトキハ其ノ書面ノ閲覧ノ請求
二　　前号ノ書面ノ謄本又ハ抄本ノ交付ノ請求
三　　第一項ニ掲グルモノノ電磁的記録ヲ以テ作ラレタルトキハ其ノ電磁的記録ニ記録セラレタル情報ノ内容ヲ法務省令ニ定ムル方法ニ依リ表示シタルモノノ閲覧ノ請求
四　前号ノ電磁的記録ニ記録セラレタル情報ヲ電磁的方法ニシテ法務省令ニ定ムルモノニ依リ提供スルコトノ請求又ハ其ノ情報ノ内容ヲ記載シタル書面ノ交付ノ請求
○4　株式交換ノ日ノ前日迄ハ完全子会社トナル会社ノ新株予約権者ニ付亦前項ニ同ジ

第三百五十五条　　第三百五十三条第一項ノ株主総会ニ先チ会社ニ対シ書面ヲ以テ株式交換ニ反対ノ意思ヲ通知シ且総会ニ於テ株式交換契約書ノ承認ニ反対シタル株主ハ会社ニ対シ自己ノ有スル株式ヲ承認ノ決議ナカリセバ其ノ有スベカリシ公正ナル価格ヲ以テ買取ルベキ旨ヲ請求スルコトヲ得
○2　第二百四十五条ノ二第二項、第二百四十五条ノ三及第二百四十五条ノ四ノ規定ハ前項ノ場合ニ之ヲ準用ス

第三百五十六条　　完全親会社トナル会社ハ株式交換ニ際シテ為ス新株ノ発行ニ代ヘテ其ノ有スル自己ノ株式ヲ完全子会社トナル会社ノ株主ニ移転スルコトヲ得此ノ場合ニ於テハ移転スベキ株式ノ総数、種類及

付録-3　商法（企業再編関連を抜粋）

数ヲ株式交換契約書ニ記載スルコトヲ要ス

第三百五十七条　完全親会社トナル会社ノ資本ハ株式交換ノ日ニ於テ完全子会社トナル会社ニ現存スル純資産額ニ其ノ会社ノ発行済株式ノ総数ニ対スル株式交換ニ因リテ完全親会社トナル会社ニ移転スル株式ノ数ノ割合ヲ乗ジタル額ヨリ左ノ金額ヲ控除シタル額ヲ限度トシテ之ヲ増加スルコトヲ得
一　完全子会社トナル会社ノ株主ニ支払ヲ為スベキ金額
二　前条ノ規定ニ依リ完全子会社トナル会社ノ株主ニ移転スル株式ニ付会計帳簿ニ記載又ハ記録シタル価額ノ合計額

第三百五十八条　完全親会社トナル会社ガ株式交換ノ際シテ発行スル新株ノ総数ガ其ノ会社ノ発行済株式ノ総数ノ二十分ノ一ヲ超エザルトキハ其ノ会社ニ於テハ第三百五十三条第一項ノ承認ハ之ヲ得ルコトヲ要セズ但シ完全子会社トナル会社ノ株主ニ支払ヲ為スベキ金額ヲ定メタル場合ニ於テ其ノ金額ガ最終ノ貸借対照表ニ依リ完全親会社トナル会社ニ現存スル純資産額ノ五十分ノ一ヲ超ユルトキハ此ノ限ニ在ラズ
○2　第三百五十六条ノ規定ニ依リ完全子会社トナル会社ノ株主ニ移転スル株式ハ前項ノ規定ノ適用ニ付テハ之ヲ株式交換ニ際シテ発行スル新株ト看做ス
○3　第一項本文ノ場合ニ於テハ株式交換契約書ニ完全親会社トナル会社ニ付テハ第三百五十三条第一項ノ承認ヲ得ズシテ株式交換ヲ為ス旨ヲ記載スルコトヲ要シ、同条第二項第一号ニ掲グル事項ハ之ヲ記載スルコトヲ得ズ
○4　完全親会社トナル会社ハ株式交換契約書ヲ作リタル日ヨリ一週間内ニ完全子会社トナル会社ノ商号及本店、株式交換ノ日並ニ第三百五十三条第一項ノ承認ヲ得ズシテ株式交換ヲ為ス旨ヲ公告シ又ハ株主ニ通知スルコトヲ要ス
○5　前項ノ規定ニ依ル公告又ハ通知ノ日ヨリ二週間内ニ会社ニ対シ書面ヲ以テ株式交換ニ反対ノ意思ヲ通知シタル株主ハ会社ニ対シ自己ノ有スル株式ヲ株式交換契約ナカリセバ其ノ有スベカリシ公正ナル価格ヲ以テ買取ルベキ旨ヲ請求スルコトヲ得
○6　前項ノ請求ハ同項ノ期間ノ満了ノ日ヨリ二十日内ニ株式ノ種類及数ヲ記載シタル書面ヲ提出シテ之ヲ為スコトヲ要ス
○7　第二百四十五条ノ二第二項、第二百四十五条ノ三第二項乃至第六項及第二百四十五条ノ四ノ規定ハ第五項ノ場合ニ之ヲ準用ス
○8　完全親会社トナル会社ノ総株主ノ議決権ノ六分ノ一以上ヲ有スル株主ガ第五項ノ規定ニ依ル反対ノ意思ノ通知ヲ為シタルトキハ此ノ条ニ定メタル手続ニ依ル株式交換ハ之ヲ為スコトヲ得ズ
○9　第一項本文ノ場合ニ於ケル完全親会社トナル会社ニ付テノ第三百五十四条第一項ノ規定ノ適用ニ付テハ同項中「前条第一項ノ株主総会ノ会日ノ二週間前」トアリ及同項第三号中「前条第一項ノ株主総会ノ会日」トアルハ「第三百五十八条第四項ノ規定ニ依ル公告又ハ通知ノ日」トス

第三百五十九条　完全子会社トナル会社ハ第三百五十三条第一項ノ決議ヲ為シタルトキハ其ノ旨並ニ株式交換ノ日ノ前日迄ニ株券ヲ会社ニ提出スベキ旨及株式交換ノ日ニ於テ株券ハ無効トナル旨ヲ其ノ日ノ一月前ニ公告シ且株主及株主名簿ニ記載又ハ記録アル質権者ニハ各別ニ之ヲ通知スルコトヲ要ス
○2　第二百十六条ノ規定ハ第三百五十三条第一項ノ決議ヲ為シタル場合ニ之ヲ準用ス

第三百五十九条ノ二　前条ノ規定ハ完全親会社トナル会社ガ株式交換ニ因リテ新株予約権ニ係ル義務ヲ承継シタル場合ニ於ケル新株予約権証券ニ之ヲ準用ス

付録-3　商法（企業再編関連を抜粋）

第三百五十九条ノ三　　完全親会社トナル会社ガ株式交換ニ因リテ新株予約権ニ係ル義務ヲ承継シタルトキハ株式交換ノ日ヨリ本店ノ所在地ニ於テハ二週間、支店ノ所在地ニ於テハ三週間内ニ新株予約権ノ登記ヲ為スコトヲ要ス

第三百六十条　　取締役ハ株式交換ノ日、其ノ日ニ於テ完全子会社トナリタル会社ニ現存スル純資産額、株式交換ニ因リテ完全親会社ニ移転シタル完全子会社ノ株式ノ数其ノ他ノ株式交換ニ関スル事項ヲ記載シタル書面ヲ作リ之ヲ株式交換ノ日ヨリ六月間本店ニ備置クコトヲ要ス
○2　第二百八十一条第三項及第三百五十四条第三項ノ規定ハ前項ノ書面ニ之ヲ準用ス

第三百六十一条　　完全親会社トナル会社ノ取締役及監査役ニシテ株式交換前ニ就職シタルモノハ株式交換契約書ニ別段ノ定ノ記載アルトキヲ除クノ外株式交換後最初ニ到来スル決算期ニ関スル定時総会ノ終結ノ時ニ退任ス

第三百六十二条　　第二百八条及第二百九条第三項第四項ノ規定ハ完全子会社トナル会社ノ株式ヲ目的トスル質権ニ之ヲ準用ス
○2　第三百五十条第一項第三項及第三百五十条ノ二ノ規定ハ第三百五十三条第七項ノ完全親会社トナル会社ノ執ルベキ手続ニ之ヲ準用ス
○3　第二百二十条ノ七第六項ノ規定ハ第三百五十六条ノ規定ニ依リ完全親会社トナル会社ガ自己ノ株式ヲ移転スル場合ニ之ヲ準用ス

第三百六十三条　　会社ノ株式交換ノ無効ハ株式交換ノ日ヨリ六月内ニ訴ヲ以テノミ之ヲ主張スルコトヲ得
○2　前項ノ訴ハ各会社ノ株主、取締役、監査役又ハ清算人ニ限リ之ヲ提起スルコトヲ得
○3　第一項ノ訴ハ完全親会社トナリタル会社ノ本店ノ所在地ノ地方裁判所ノ管轄ニ専属ス
○4　株式交換ヲ無効トスル判決ガ確定シタルトキハ完全親会社トナリタル会社ハ株式交換ニ際シテ発行シタル新株又ハ第三百五十六条ノ規定ニ依リ移転シタル株式ノ株主ニ対シ其ノ有シタル完全子会社トナリタル会社ノ株式ヲ移転スルコトヲ要ス
○5　第百五条第二項第三項、第百九条、第百三十七条、第二百四十九条及第二百八十条ノ十七ノ規定ハ第一項ノ訴ニ、第二百八条及第二百九条第三項第四項ノ規定ハ前項ノ場合ニ之ヲ準用ス

第二款　株式移転

第三百六十四条　　会社ハ完全親会社ヲ設立スル為株式移転ヲ為スコトヲ得
○2　株式移転ニ因リテ完全子会社トナル会社ノ株主ノ有スル其ノ会社ノ株式ハ株式移転ニ因リテ設立スル完全親会社ニ移転シ、其ノ完全子会社トナル会社ノ株主ハ其ノ完全親会社ガ株式移転ニ際シテ発行スル株式ノ割当ヲ受クルコトニ因リ其ノ完全親会社ノ株主トナル
○3　株式移転ニ因リテ設立スル完全親会社ハ次条第一項ノ決議ニ従ヒ株式移転ニ因リテ完全子会社トナル会社（以下本項ニ於テ発行会社ト称ス）ノ発行シタル新株予約権（新株予約権付社債ニ付セラレタルモ

付録-3　商法（企業再編関連を抜粋）

ノヲ除ク）ニ係ル義務ヲ承継ス但シ発行会社ガ其ノ新株予約権ニ付テノ第二百八十条ノ二十第二項ノ決議ニ於テ左ノ事項ヲ定メ目次条第一項ノ決議ニ於ケル同項第四号ノニニ掲グル事項ノ定ガ第二号ニ掲グル事項ニ付テノ定ニ沿フモノナルトキニ限ル

一　発行会社ヲ株式移転ニ因リテ完全子会社トナル会社トスル株式移転ヲスル際ニシテ新株予約権ニ係ル義務ヲ其ノ株式移転ニ因リテ設立スル完全親会社ニ承継セシムルコト

二　前号ノ場合ニ於ケル新株予約権ノ目的タル設立スル完全親会社ノ株式ノ種類及数並ニ其ノ新株予約権ニ付テノ第二百八十条ノ二十第二項第四号乃至第八号ニ掲グル事項ノ決定ノ方針

第三百六十五条　　会社ガ株式移転ヲ為スニハ左ノ事項ニ付株主総会ノ承認ヲ受クルコトヲ要ス

一　設立スル完全親会社ノ定款ノ規定

二　設立スル完全親会社ガ株式移転ニ際シテ発行スル株式ノ種類及数並ニ完全子会社トナル会社ノ株主ニ対スル株式ノ割当ニ関スル事項

三　設立スル完全親会社ノ資本ノ額及資本準備金ニ関スル事項

四　完全子会社トナル会社ノ株主ニ支払ヲ為スベキ金額ヲ定メタルトキハ其ノ規定

四ノ二　設立スル完全親会社ガ株式移転ニ際シテ完全子会社トナル会社ノ発行シタル新株予約権ニ係ル義務ヲ承継スルトキハ承継後ノ新株予約権ノ目的タル設立スル完全親会社ノ株式ノ種類及数並ニ其ノ新株予約権ニ付テノ第二百八十条ノ二十第二項第四号乃至第八号ニ掲グル事項但シ有償ニテ新株予約権ノ消却ヲ為ス旨ヲ定ムルコトヲ得ズ

五　株式移転ヲ為スベキ時期

六　完全子会社トナル会社ガ株式移転ノ日迄ニ利益ノ配当又ハ第二百九十三条ノ五第一項ノ金銭ノ分配ヲ為ストキハ其ノ限度額

七　設立スル完全親会社ノ取締役及監査役ノ氏名

八　会社ガ共同シテ株式移転ニ因リ完全親会社ヲ設立スルトキハ其ノ旨

○2　設立スル完全親会社ノ定款ニ株式ノ譲渡ニ付取締役会ノ承認ヲ要スル旨ヲ定ムル場合ニ於テ完全子会社トナル会社ノ定款ニ其ノ定ナキトキハ前項ノ決議ハ第三百四十八条第一項及第二項ノ規定ニ依ルニ非ザレバ之ヲ為スコトヲ得ズ

○3　第三百五十三条第四項ノ規定ハ第一項ノ場合ニ於ケル議案ノ要領ニ、同条第五項ノ規定ハ第一項ノ決議ニ之ヲ準用ス

第三百六十六条　　取締役ハ前条第一項ノ株主総会ノ会日ノ二週間前ヨリ株式移転ノ日後六月ヲ経過スル日迄左ニ掲グルモノヲ本店ニ備置クコトヲ要ス

一　前条第一項ノ場合ニ於ケル議案ノ要領

二　完全子会社トナル会社ノ株主ニ対スル株式ノ割当ニ関スル事項ニ付其ノ理由ヲ記載シタル書面

二ノ二　設立スル完全親会社ガ完全子会社トナル会社ノ発行シタル新株予約権ニ係ル義務ヲ承継スルトキハ前条第一項第四号ノ二ニ掲グル事項ニ付其ノ理由ヲ記載シタル書面

三　前条第一項ノ株主総会ノ会日ノ前六月内ノ日ニ於テ作リタル完全子会社トナル会社ノ貸借対照表

四　前号ノ貸借対照表ガ最終ノ貸借対照表ニ非ザルトキハ最終ノ貸借対照表

五　完全子会社トナル会社ノ最終ノ貸借対照表ト共ニ作リタル損益計算書

六　前号ノ損益計算書ノ外第三号ノ貸借対照表ト共ニ損益計算書ヲ作リタルトキハ其ノ損益計算書

○2　第三十三条ノ二第一項ノ規定ハ前項第一号及第三号ニ掲グルモノニ、二百八十一条第三項ノ規定ハ前項第二号第二号ノ二及第六号ニ掲グル書類ニ、第三百五十四条第三項及第四項ノ規定ハ前項ニ掲グル

付録-3　商法（企業再編関連を抜粋）

モノニ之ヲ準用ス

第三百六十七条　　設立スル完全親会社ノ資本ハ株式移転ノ日ニ於テ完全子会社トナル会社ニ現存スル純資産額ヨリ其ノ会社ノ株主ニ支払ヲ為スベキ金額ヲ控除シタル額ヲ超ユルコトヲ得ズ

第三百六十八条　　完全子会社トナル会社ハ第三百六十五条第一項ノ決議ヲ為シタルトキハ其ノ旨並ニ一定ノ期間内ニ株券ヲ会社ニ提出スベキ旨及株式移転ノ日ニ於テ株券ハ無効トナル旨ヲ公告シ且株主及株主名簿ニ記載又ハ記録アル質権者ニハ各別ニ之ヲ通知スルコトヲ要ス但シ其ノ期間ハ一月ヲ下ルコトヲ得ズ
○2　第二百十六条ノ規定ハ第三百六十五条第一項ノ決議ヲ為シタル場合ニ之ヲ準用ス

第三百六十八条ノ二　　前条ノ規定ハ株式移転ニ因リ設立スル完全親会社ガ新株予約権ニ係ル義務ヲ承継シタル場合ニ於ケル新株予約権証券ニ之ヲ準用ス

第三百六十九条　　株式移転ヲ為シタルトキハ設立シタル完全親会社ノ本店ノ所在地ニ於テハ二週間、支店ノ所在地ニ於テハ三週間内ニ第二百八十八条ニ定ムル登記ヲ為スコトヲ要ス
○2　株式移転ニ因リ設立スル完全親会社ガ新株予約権ニ係ル義務ヲ承継シタルトキハ設立シタル完全親会社ハ前項ノ登記ト同時ニ新株予約権ノ登記ヲ為スコトヲ要ス

第三百七十条　　株式移転ハ之ニ因リテ設立シタル完全親会社ガ其ノ本店ノ所在地ニ於テ前条第一項ノ登記ヲ為スニ因リテ其ノ効力ヲ生ズ

第三百七十一条　　第二百八条及第二百九条第三項第四項ノ規定ハ完全子会社トナル会社ノ株式ヲ目的トスル質権ニ之ヲ準用ス
○2　第三百五十五条及第三百六十条ノ規定ハ株式移転ノ場合ニ之ヲ準用ス

第三百七十二条　　会社ノ株式移転ノ無効ハ株式移転ノ日ヨリ六月内ニ訴ヲ以テノミ之ヲ主張スルコトヲ得
○2　第百五条第二項第三項、第百九条、第百十条、第百三十七条、第百三十八条、第二百四十九条及第三百六十三条第二項乃至第四項ノ規定ハ前項ノ訴ニ、第二百八条及第二百九条第三項第四項ノ規定ハ本項ニ於テ準用スル第三百六十三条第四項ノ場合ニ之ヲ準用ス

第六節ノ三　会社ノ分割

第一款　新設分割

第三百七十三条　　会社ハ其ノ営業ノ全部又ハ一部ヲ設立スル会社ニ承継セシムル為新設分割ヲ為スコトヲ得

第三百七十四条　　会社ガ新設分割ヲ為スニハ分割計画書ヲ作リ株主総会ノ承認ヲ得ルコトヲ要ス

付録-3 商法（企業再編関連を抜粋）

○2　分割計画書ニハ左ノ事項ヲ記載スルコトヲ要ス
一　分割ニ因リテ設立スル会社ノ定款ノ規定
二　分割ニ因リテ設立スル会社ガ分割ニ際シテ発行スル株式ノ種類及数並ニ分割ヲ為ス会社又ハ其ノ株主ニ対スル株式ノ割当ニ関スル事項
三　分割ニ因リテ設立スル会社ノ資本ノ額及準備金ニ関スル事項
四　分割ヲ為ス会社又ハ其ノ株主ニ支払ヲ為スベキ金額ヲ定メタルトキハ其ノ規定
五　分割ニ因リテ設立スル会社ガ分割ヲ為ス会社ヨリ承継スル債権債務、雇傭契約其ノ他ノ権利義務ニ関スル事項
六　分割ニ因リテ設立スル会社ガ分割ヲ為ス会社ノ株主ニ対シ分割ニ際シテ発行スル株式ノ割当ヲ為ス場合ニ於テ分割ヲ為ス会社ノ資本又ハ準備金ノ減少ヲ為ストキハ減少スベキ資本ノ額又ハ準備金ニ関スル事項
七　削除
八　分割ヲ為スベキ時期
九　分割ヲ為ス会社ガ分割ノ日迄ニ利益ノ配当又ハ第二百九十三条ノ五第一項ノ金銭ノ分配ヲ為ストキハ其ノ限度額
十　分割ニ因リテ設立スル会社ノ取締役及監査役ノ氏名
十一　会社ガ共同シテ分割ニ因リ会社ヲ設立スルトキハ其ノ旨
○3　第二百八十一条第三項ノ規定ハ分割計画書ニ之ヲ準用ス
○4　分割計画書ノ要領ハ第二百三十二条ニ定ムル通知ニ之ヲ記載又ハ記録スルコトヲ要ス
○5　第一項ノ決議ハ第三百四十三条ノ規定ニ依ルニ非ザレバ之ヲ為スコトヲ得ズ
○6　分割ニ因リテ設立スル会社ノ定款ニ株式ノ譲渡ニ付取締役会ノ承認ヲ要ス旨ヲ定ムル場合ニ於テ分割ヲ為ス会社ノ定款ニ其ノ定ナキトキハ第一項ノ決議ハ第三百四十八条一項及第二項ノ規定ニ依ルニ非ザレバ之ヲ為スコトヲ得ズ但シ分割ニ因リテ設立スル会社ニ対シ分割ニ際シテ発行スル株式ノ総数ノ割当ヲ為ストキハ此ノ限ニ在ラズ

第三百七十四条ノ二　取締役ハ前条第一項ノ株主総会ノ会日ノ二週間前ヨリ分割ノ日後六月ヲ経過スル日迄左ニ掲グルモノヲ本店ニ備置クコトヲ要ス
一　分割計画書
二　分割ヲ為ス会社又ハ其ノ株主ニ対スル株式ノ割当ニ関スル事項ニ付其ノ理由ヲ記載シタル書面
三　各会社ノ負担スベキ債務ノ履行ノ見込アルコト及其ノ理由ヲ記載シタル書面
四　前条第一項ノ株主総会ノ会日ノ前六月内ノ日ニ於テ作リタル分割ヲ為ス会社ノ貸借対照表
五　前号ノ貸借対照表ガ最終ノ貸借対照表ニ非ザルトキハ最終ノ貸借対照表
六　分割ヲ為ス会社ノ最終ノ貸借対照表ト共ニ作リタル損益計算書
七　前号ノ損益計算書ノ外第四号ノ貸借対照表ト共ニ損益計算書ヲ作リタルトキハ其ノ損益計算書
○2　第三十三条ノ二第一項ノ規定ハ前項第四号ニ掲グルモノニ、第二百八十一条第三項ノ規定ハ前項第二号第三号及第七号ニ掲グル書類ニ之ヲ準用ス
○3　株主及会社ノ債権者ハ営業時間内何時ニテモ左ノ請求ヲ為スコトヲ得但シ第二号又ハ第四号ノ請求ヲ為スニハ会社ノ定メタル費用ヲ支払フコトヲ要ス
一　第一項ニ掲グルモノノ書面ヲ以テ作ラレタルトキハ其ノ書面ノ閲覧ノ請求
二　前号ノ書面ノ謄本又ハ抄本ノ交付ノ請求
三　第一項ニ掲グルモノガ電磁的記録ヲ以テ作ラレタルトキハ其ノ電磁的記録ニ記録セラレタル情報ノ内

付録-3　商法（企業再編関連を抜粋）

容ヲ法務省令ニ定ムル方法ニ依リ表示シタルモノノ閲覧ノ請求
　　四　前号ノ電磁的記録ニ記録セラレタル情報ヲ電磁的方法ニシテ法務省令ニ定ムルモノニ依リ提供スルコトノ請求又ハ其ノ情報ノ内容ヲ記載シタル書面ノ交付ノ請求

第三百七十四条ノ三　第三百七十四条第一項ノ株主総会ニ先チ会社ニ対シ書面ヲ以テ分割ニ反対ノ意思ヲ通知シ且総会ニ於テ分割計画書ノ承認ニ反対シタル株主ハ会社ニ対シ自己ノ有スル株式ヲ承認ノ決議ナカリセバ其ノ有スベカリシ公正ナル価格ヲ以テ買取ルベキ旨ヲ請求スルコトヲ得
○2　第二百四十五条ノ二第二項、第二百四十五条ノ三及第二百四十五条ノ四ノ規定ハ前項ノ場合ニ之ヲ準用ス

第三百七十四条ノ四　会社ハ第三百七十四条第一項ノ承認ノ決議ノ日ヨリ二週間内ニ其ノ債権者ニ対シ分割ニ異議アラバ一定ノ期間内ニ之ヲ述ブベキ旨及最終ノ貸借対照表ニ関スル事項ニシテ法務省令ニ定ムルモノヲ官報ヲ以テ公告シ且知レタル債権者ニハ各別ニ之ヲ催告スルコトヲ要ス但シ会社ガ其ノ公告ヲ官報ノ外定款ニ定メタル時事ニ関スル事項ヲ掲載スル日刊新聞紙又ハ電子公告ニ依リヲストキハ其ノ催告ハ不法行為ニ因リテ生ジタル債権ノ債権者ヲ除キ之ヲスコトヲ要セズ
○2　分割ニ因リテ設立スル会社ガ分割ヲ為ス会社ニ対シ分割ノ際シテ発行スル株式ノ総数ノ割当ヲ為ス場合ニ於テ分割後モ分割ヲ為ス会社ニ対シ其ノ債権ノ弁済ノ請求ヲ為スコトヲ得ル債権者ニ付テハ前項本文ノ規定ハ之ヲ適用セズ
○3　第百条第一項後段第二項第三項及第三百七十六条第三項ノ規定ハ第一項ノ場合ニ之ヲ準用ス

第三百七十四条ノ五　分割ニ因リテ設立スル会社ノ資本ハ分割ヲ為ス会社ヨリ承継スル財産ノ価額ヨリ承継スル債務ノ額及分割ヲ為ス会社又ハ其ノ株主ニ支払ヲ為スベキ金額ヲ控除シタル額ヲ超ユルコトヲ得ズ

第三百七十四条ノ六　分割ニ因リテ設立スル会社ガ分割ヲ為ス会社ニ対シ分割ノ際シテ発行スル株式ノ総数ノ割当ヲ為ス場合ニ於テ分割ヲ為ス会社ガ分割ニ因リテ設立スル会社ニ承継セシムル財産ニ付分割ヲ為ス会社ノ会計帳簿ニ記載又ハ記録シタル価額ノ合計額ガ其ノ会社ノ最終ノ貸借対照表ノ資産ノ部ニ計上シタル額ノ合計額ノ二十分ノ一ヲ超エザルトキハ第三百七十四条第一項ノ承認ハ之ヲ得ルコトヲ要セズ
○2　前項ノ場合ニ於テハ分割計画書ニ第三百七十四条第一項ノ承認ヲ得ズシテ分割ヲ為ス旨ヲ記載スルコトヲ要ス
○3　第一項ノ場合ニ於テハ第三百七十四条ノ二第一項中「前条第一項ノ株主総会ノ会日ノ二週間前」トアリ及同項第四号中「前条第一項ノ株主総会ノ会日」トアルハ「第三百七十四条ノ四第一項ノ規定ニ依ル公告又ハ催告ノ日中先ノ日」ト、第三百七十四条ノ四第一項中「第三百七十四条第一項ノ承認ノ決議ノ日」トアルハ「分割計画書ヲ作リタル日」トシ、第三百七十四条ノ三ノ規定ハ之ヲ適用セズ

第三百七十四条ノ七　分割ニ因リテ設立スル会社ガ分割ヲ為ス会社ノ株主ニ対シ分割ノ際シテ発行スル株式ノ割当ヲ為ス場合ニ於テハ分割ヲ為ス会社ハ分割ヲ為ス旨及一定ノ日ニ於テ株主名簿ニ記載又ハ記録アル株主ガ分割ニ因リテ設立スル会社ガ分割ノ際シテ発行スル株式ヲ受クル権利ヲ有スベキ旨ヲ其ノ日ノ二週間前ニ公告スルコトヲ要ス
○2　前項ノ場合ニ於テ会社ガ分割ヲ為シタルトキハ分割ニ因リテ設立シタル会社ハ遅滞ナク同項ノ日ニ於テ株主名簿ニ記載又ハ記録アル株主及株主名簿ニ記載又ハ記録アル質権者ニ対シテ其ノ株主ノ受クル株

付録-3　商法（企業再編関連を抜粋）

式ノ種類及数ヲ通知スルコトヲ要ス

第三百七十四条ノ八　会社ノ分割アリタルトキハ本店ノ所在地ニ於テハ二週間、支店ノ所在地ニ於テハ三週間内ニ分割ヲ為シタル会社ニ付テハ変更ノ登記、分割ニ因リテ設立シタル会社ニ付テハ第百八十八条ニ定ムル登記ヲ為スコトヲ要ス
○2　分割ニ因リテ設立シタル会社ガ分割ニ因リテ新株予約権ニ係ル義務ヲ承継シタルトキハ前項ノ登記ト同時ニ新株予約権ノ登記ヲ為スコトヲ要ス

第三百七十四条ノ九　会社ノ分割ハ之ニ因リテ設立シタル会社ガ其ノ本店ノ所在地ニ於テ前条第一項ノ登記ヲ為スニ因リテ其ノ効力ヲ生ズ

第三百七十四条ノ十　分割ニ因リテ設立シタル会社ハ分割計画書ノ記載ニ従ヒ分割ヲ為シタル会社ノ権利義務ヲ承継ス
○2　第三百七十四条ノ四第一項ニ規定スル各別ノ催告ヲ受ケザリシ債権者（同項但書ニ規定スル場合ニ於テハ不法行為ニ因リテ生ジタル債権ノ債権者ニ限ル）ニ対スル分割ヲ為シタル会社ノ債務ニ付テハ分割計画書ノ記載ニ拘ラズ之ヲ負担スルモノトセラレザリシ会社モ亦其ノ弁済ノ責ニ任ズ但シ分割ノ日ニ於テ有シタル財産ノ価額ヲ限度トス

第三百七十四条ノ十一　取締役ハ第三百七十四条ノ四ニ規定スル手続ノ経過、分割ノ日、分割ニ因リテ設立シタル会社ガ分割ヲ為シタル会社ヨリ承継シタル権利義務並ニ財産ノ価額及債務ノ額其ノ他ノ分割ニ関スル事項ヲ記載シタル書面ヲ作リ之ヲ分割ノ日ヨリ六月間本店ニ備置クコトヲ要ス
○2　第二百八十一条第三項ノ規定ハ前項ニ掲グル書類ニ之ヲ準用ス
○3　株主、会社ノ債権者其ノ他ノ利害関係人ハ営業時間内何時ニテモ左ノ請求ヲ為スコトヲ得但シ第二号又ハ第四号ノ請求ヲ為スニハ会社ノ定メタル費用ヲ支払フコトヲ要ス
一　第一項ニ掲グル書類ノ閲覧ノ請求
二　第一項ニ掲グル書類ノ謄本又ハ抄本ノ交付ノ請求
三　前項ニ於テ準用スル第二百八十一条第三項ノ電磁的記録ニ記録セラレタル情報ノ内容ヲ法務省令ニ定ムル方法ニ依リ表示シタルモノノ閲覧ノ請求
四　前号ノ電磁的記録ニ記録セラレタル情報ヲ電磁的方法ニシテ法務省令ニ定ムルモノニ依リ提供スルコトノ請求又ハ其ノ情報ノ内容ヲ記載シタル書面ノ交付ノ請求

第三百七十四条ノ十二　会社ノ新設分割ノ無効ハ分割ノ日ヨリ六月内ニ訴ヲ以テノミ之ヲ主張スルコトヲ得
○2　前項ノ訴ハ各会社ノ株主、取締役、監査役、清算人、破産管財人又ハ分割ヲ承認セザル債権者ニ限リ之ヲ提起スルコトヲ得
○3　第一項ノ訴ハ分割ヲ為シタル会社又ハ分割ニ因リテ設立シタル会社ノ本店ノ所在地ノ地方裁判所ノ管轄ニ専属ス
○4　前項ノ規定ニ依リ二以上ノ裁判所ガ管轄権ヲ有スルトキハ先ニ訴ノ提起アリタル裁判所ノ管轄ニ専属ス
○5　裁判所ハ著キ損害又ハ遅滞ヲ避クル為必要アリト認ムルトキハ申立ニ因リ又ハ職権ヲ以テ訴訟ノ全部ヲ第三項ニ規定スル裁判所ニ移送スルコトヲ得

付録-3 商法（企業再編関連を抜粋）

○6　第百五条第二項第三項、第百六条、第百九条、第百十条及第二百四十九条ノ規定ハ第一項ノ訴ニ之ヲ準用ス

第三百七十四条ノ十三　分割ヲ無効トスル判決ガ確定シタルトキハ分割ヲ為シタル会社ハ分割ニ因リテ設立シタル会社ガ分割後負担シタル債務ニ付其ノ弁済ノ責ニ任ズ
○2　分割ニ因リテ設立シタル会社ガ分割後取得シタル財産ハ分割ヲ為シタル会社ノ所有ニ属ス
○3　会社ガ共同シテ分割ニ因リ会社ヲ設立シタル場合ニ於テ分割ヲ無効トスル判決ガ確定シタルトキハ分割ヲ為シタル会社ハ分割ニ因リテ設立シタル会社ガ分割後負担シタル債務ニ付連帯シテ其ノ弁済ノ責ニ任ズ
○4　前項ニ規定スル場合ニ於テハ分割ニ因リテ設立シタル会社ガ分割後取得シタル財産ハ分割ヲ為シタル会社ノ共有ニ属ス
○5　前二項ノ場合ニ於テハ各会社ノ負担部分又ハ持分ハ其ノ協議ヲ以テ之ヲ定ム協議調ハザルトキハ裁判所ハ請求ニ依リ分割ノ時ニ於ケル各会社ノ財産ノ額其ノ他一切ノ事情ヲ斟酌シテ之ヲ定ム

第三百七十四条ノ十四　分割ヲ無効トスル判決ガ確定シタルトキハ本店及支店ノ所在地ニ於テ分割ヲ為シタル会社ニ付テハ変更ノ登記、分割ニ因リテ設立シタル会社ニ付テハ解散ノ登記ヲ為スコトヲ要ス

第三百七十四条ノ十五　第二百八条及第二百九条第三項第四項ノ規定ハ分割ヲ為ス会社ノ株式ヲ目的トスル質権ニ之ヲ準用ス

第二款　吸収分割

第三百七十四条ノ十六　会社ハ其ノ一方ノ営業ノ全部又ハ一部ヲ他方ニ承継セシムル為吸収分割ヲ為スコトヲ得

第三百七十四条ノ十七　会社ガ吸収分割ヲ為スニハ其ノ双方ニ於テ分割契約書ヲ作リ株主総会ノ承認ヲ得ルコトヲ要ス
○2　分割契約書ニハ左ノ事項ヲ記載スルコトヲ要ス
一　分割ニ因リテ営業ヲ承継スル会社ガ分割ニ因リ定款ノ変更ヲ為ストキハ其ノ規定
二　承継スル会社ガ分割ノ際シテ発行スル新株ノ総数、種類及数並ニ分割ヲ為ス会社又ハ其ノ株主ニ対スル新株ノ割当ニ関スル事項
三　承継スル会社ノ増加スベキ資本ノ額及準備金ニ関スル事項
四　分割ヲ為ス会社又ハ其ノ株主ニ支払ヲ為スベキ金額ヲ定メタルトキハ其ノ規定
五　承継スル会社ガ分割ヲ為ス会社ヨリ承継スル債権債務、雇傭契約其ノ他ノ権利義務ニ関スル事項
六　承継スル会社ガ分割ヲ為ス会社ノ株主ニ対シ分割ノ際シテ発行スル新株ノ割当ヲ為ス場合ニ於テ分割ヲ為ス会社ノ資本又ハ準備金ノ減少ヲ為ストキハ減少スベキ資本ノ額又ハ準備金ニ関スル事項
七　削除
八　各会社ニ於テ前項ノ決議ヲ為スベキ株主総会ノ期日
九　分割ヲ為スベキ時期

付録-3　商法（企業再編関連を抜粋）

十　　各会社ガ分割ノ日迄ニ利益ノ配当又ハ第二百九十三条ノ五第一項ノ金銭ノ分配ヲ為ストキハ其ノ限度額
十一　　承継スル会社ニ付分割ニ際シテ就職スベキ取締役又ハ監査役ヲ定メタルトキハ其ノ規定
○3　第二百八十一条第三項ノ規定ハ分割契約書ニ之ヲ準用ス
○4　分割契約書ノ要領ハ第二百三十二条ニ定ムル通知ニ之ヲ記載又ハ記録スルコトヲ要ス
○5　第一項ノ決議ハ第三百四十三条ノ規定ニ依ルニ非ザレバ之ヲ為スコトヲ得ズ
○6　承継スル会社ノ定款ニ株式ノ譲渡ニ付取締役会ノ承認ヲ要スル旨ノ定アル場合又ハ承継スル会社ガ分割ニ因リ定款ヲ変更シテ其ノ定ヲ設クル場合ニ於テ分割ヲ為ス会社ノ定款ニ其ノ定ナキトキハ分割ヲ為ス会社ニ於ケル第一項ノ決議ハ第三百四十八条第一項及第二項ノ規定ニ依ルニ非ザレバ之ヲ為スコトヲ得ズ但シ承継スル会社ガ分割ヲ為ス会社ニ対シ分割ニ際シテ発行スル新株ノ総数ノ割当ヲ為ストキハ此ノ限ニ在ラズ
○7　承継スル会社ガ分割ニ因リ定款ヲ変更シテ前項ノ定ヲ設クル場合ニ於テハ其ノ会社ニ付亦同項本文ニ同ジ
○8　承継スル会社ノ定款ニ第六項ノ定アル場合ニ於ケル同項本文ノ決議ヲ為スベキ株主総会ニ付テハ其ノ会社ノ定款ニ其ノ定アル旨ヲ第四項ノ通知ニ記載又ハ記録スルコトヲ要ス

第三百七十四条ノ十八　　取締役ハ前条第一項ノ株主総会ノ会日ノ二週間前ヨリ分割ノ日後六月ヲ経過スル日迄左ニ掲グルモノヲ本店ニ備置クコトヲ要ス
一　　分割契約書
二　　分割ヲ為ス会社又ハ其ノ株主ニ対スル新株ノ割当ニ関スル事項ニ付其ノ理由ヲ記載シタル書面
三　　各会社ノ負担スベキ債務ノ履行ノ見込アルコト及其ノ理由ヲ記載シタル書面
四　　前条第一項ノ株主総会ノ会日ノ前六月内ノ日ニ於テ作リタル各会社ノ貸借対照表
五　　前号ノ貸借対照表ガ最終ノ貸借対照表ニ非ザルトキハ最終ノ貸借対照表
六　　各会社ノ最終ノ貸借対照表ト共ニ作リタル損益計算書
七　　前号ノ損益計算書ノ外第四号ノ貸借対照表ト共ニ損益計算書ヲ作リタルトキハ其ノ損益計算書
○2　第三十三条ノ二第一項ノ規定ハ前項第四号ニ掲グルモノニ、第二百八十一条第三項ノ規定ハ前項第二号第三号及第七号ニ掲グル書類ニ、第三百七十四条ノ二第三項ノ規定ハ前項ニ掲グルモノニ之ヲ準用ス

第三百七十四条ノ十九　　分割ニ因リテ営業ヲ承継スル会社ハ分割ニ際シテ為ス新株ノ発行ニ代ヘテ其ノ有スル自己ノ株式ヲ分割ヲ為ス会社又ハ其ノ株主ニ移転スルコトヲ得此ノ場合ニ於テハ移転スベキ株式ノ総数、種類及数ヲ分割契約書ニ記載スルコトヲ要ス

第三百七十四条ノ二十　　各会社ハ第三百七十四条ノ十七第一項ノ承認ノ決議ノ日ヨリ二週間内ニ其ノ債権者ニ対シ分割ニ異議アラバ一定ノ期間内ニ之ヲ述ブベキ旨及最終ノ貸借対照表ニ関スル事項ニシテ法務省令ニ定ムルモノヲ官報ヲ以テ公告シ且知レタル債権者ニハ各別ニ之ヲ催告スルコトヲ要ス但シ会社ガ其ノ公告ヲ官報ノ外定款ニ定メタル時事ニ関スル事項ヲ掲載スル日刊新聞紙又ハ電子公告ニ依リ為ストキハ其ノ催告ハ不法行為ニ因リテ生ジタル債権ニシテ分割ヲ為ス会社ニ対スルモノノ債権者ヲ除キ之ヲ為スコトヲ要セズ
○2　第百条第一項後段第二項第三項、第三百七十四条ノ四第二項及第三百七十六条第三項ノ規定ハ前項ノ場合ニ之ヲ準用ス

付録-3　商法（企業再編関連を抜粋）

第三百七十四条ノ二十一　分割ニ因リテ営業ヲ承継スル会社ノ資本ハ分割ヲ為ス会社ヨリ承継スル財産ノ価額ヨリ左ノ金額ヲ控除シタル額ヲ限度トシテ之ヲ増加スルコトヲ得
一　分割ヲ為ス会社ヨリ承継スル債務ノ額
二　分割ヲ為ス会社又ハ其ノ株主ニ支払ヲ為スベキ金額
三　第三百七十四条ノ十九ノ規定ニ依リ分割ヲ為ス会社又ハ其ノ株主ニ移転スル株式ニ付会計帳簿ニ記載又ハ記録シタル価額ノ合計額

第三百七十四条ノ二十二　分割ニ因リテ営業ヲ承継スル会社ガ分割ヲ為ス会社ニ対シ分割ノ際シテ発行スル新株ノ総数ノ割当ヲ為ス場合ニ於テ分割ヲ為ス会社ガ承継スル会社ニ承継セシムル財産ニ付分割ヲ為ス会社ノ会計帳簿ニ記載又ハ記録シタル価額ノ合計額及其ノ会社ノ最終ノ貸借対照表ノ資産ノ部ニ計上シタル額ノ合計額ノ二ニ十分ノ一ヲ超エザルトキハ其ノ会社ニ於テハ第三百七十四条ノ十七第一項ノ承認ハ之ヲ得ルコトヲ要セズ

○2　前項ノ場合ニ於テハ分割契約書ニ分割ヲ為ス会社ニ於テハ第三百七十四条ノ十七第一項ノ承認ヲ得ズシテ分割ヲ為ス旨ヲ記載スルコトヲ要ス

○3　第一項ノ場合ニ於ケル分割ヲ為ス会社ニ付テハ第三百七十四条ノ十八第一項中「前条第一項ノ株主総会ノ会日ノ二週間前」トアリ及同項第四号中「前条第一項ノ株主総会ノ会日」トアルハ「第三百七十四条ノ二十第一項ノ規定ニ依ル公告又ハ催告ノ日中先ノ日」ト、第三百七十四条ノ二十一第一項中「第三百七十四条ノ十七第一項ノ承認ノ決議ノ日」トアルハ「分割契約書ヲ作リタル日」トシ、第三百七十四条ノ三十一第三項ニ於テ準用スル第三百七十四条ノ三ノ規定ハ之ヲ適用セズ

第三百七十四条ノ二十三　分割ニ因リテ営業ヲ承継スル会社ガ分割ニ際シテ発行スル新株ノ総数ガ其ノ会社ノ発行済株式ノ総数ノ二十分ノ一ヲ超エザルトキハ其ノ会社ニ於テハ第三百七十四条ノ十七第一項ノ承認ハ之ヲ得ルコトヲ要セズ但シ分割ヲ為ス会社又ハ其ノ株主ニ支払ヲ為スベキ金額ヲ定メタル場合ニ於テ其ノ金額ガ最終ノ貸借対照表ニ依リ承継スル会社ニ現存スル純資産額ノ五十分ノ一ヲ超ユルトキハ此ノ限ニ在ラズ

○2　第三百七十四条ノ十九ノ規定ニ依リ分割ヲ為ス会社又ハ其ノ株主ニ移転スル株式ハ前項ノ規定ノ適用ニ付テハ之ヲ分割ニ際シテ発行スル新株ト看做ス

○3　第一項本文ノ場合ニ於テハ分割契約書ニ承継スル会社ニ付テハ第三百七十四条ノ十七第一項ノ承認ヲ得ズシテ分割ヲ為ス旨ヲ記載スルコトヲ要シ、同条第二項第一号及第十一号ニ掲グル事項ハ之ヲ記載スルコトヲ得ズ

○4　承継スル会社ハ分割契約書ヲ作リタル日ヨリ二週間内ニ分割ヲ為ス会社ノ商号及本店、分割ヲ為スベキ時期並ニ第三百七十四条ノ十七第一項ノ承認ヲ得ズシテ分割ヲ為ス旨ヲ公告シ又ハ株主ニ通知スルコトヲ要ス

○5　前項ノ規定ニ依ル公告又ハ通知ノ日ヨリ二週間内ニ承継スル会社ニ対シ書面ヲ以テ分割ニ反対ノ意思ヲ通知シタル株主ハ会社ニ対シ自己ノ有スル株式ヲ分割契約ナカリセバ其ノ有スベカリシ公正ナル価格ヲ以テ買取ルベキ旨ヲ請求スルコトヲ得

○6　前項ノ請求ハ同項ノ期間ノ満了ノ日ヨリ二十日内ニ株式ノ種類及数ヲ記載シタル書面ヲ提出シテ之ヲ為スコトヲ要ス

○7　第二百四十五条ノ二第二項、第二百四十五条ノ三第二項乃至第六項及第二百四十五条ノ四ノ規定ハ第五項ノ場合ニ之ヲ準用ス

○8　承継スル会社ノ総株主ノ議決権ノ六分ノ一以上ヲ有スル株主ガ第五項ノ規定ニ依ル反対ノ意思ノ通

付録-3　商法（企業再編関連を抜粋）

知ヲ為シタルトキハ此ノ条ニ定メタル手続ニ依ル分割ハ之ヲ為スコトヲ得ズ
○9　第一項本文ノ場合ニ於ケル承継スル会社ニ付テノ第三百七十四条ノ十八第一項及第三百七十四条ノ二十第一項ノ規定ノ適用ニ付テハ第三百七十四条ノ十八第一項中「前条第一項ノ株主総会ノ会日ノ二週間前」トアリ及同項第四号中「前条第一項ノ株主総会ノ会日」トアルハ「第三百七十四条ノ二十第一項又ハ第三百七十四条ノ二十三第四項ノ規定ニ依ル公告、催告又ハ通知ノ日中最初ノ日」ト、第三百七十四条ノ二十第一項中「第三百七十四条ノ十七第一項ノ承認ノ決議ノ日」トアルハ「分割契約書ヲ作リタル日」トス

第三百七十四条ノ二十四　会社ノ分割アリタルトキハ分割ヲ為シタル会社及分割ニ因リテ営業ヲ承継シタル会社ハ本店ノ所在地ニ於テハ二週間、支店ノ所在地ニ於テハ三週間内ニ変更ノ登記ヲ為スコトヲ要ス
○2　第三百七十四条ノ八第二項ノ規定ハ前項ノ場合ニ之ヲ準用ス

第三百七十四条ノ二十五　会社ノ分割ハ之ニ因リテ営業ヲ承継シタル会社ガ其ノ本店ノ所在地ニ於テ前条第一項ノ登記ヲ為スニ因リテ其ノ効力ヲ生ズ

第三百七十四条ノ二十六　分割ニ因リテ営業ヲ承継シタル会社ハ分割契約書ノ記載ニ従ヒ分割ヲ為シタル会社ノ権利義務ヲ承継ス
○2　第三百七十四条ノ二十第一項ニ規定スル各別ノ催告ヲ受ケザリシ債権者（同項但書ニ規定スル場合ニ於テハ不法行為ニ因リテ生ジタル債権ノ債権者ニ限ル）ニ対スル分割ヲ為シタル会社ノ債務ニ付テハ分割契約書ノ記載ニ拘ラズ之ヲ負担スルモノトセラレザリシ会社モ亦其ノ弁済ノ責ニ任ズ但シ其ノ会社ガ分割ヲ為シタル会社ナルトキハ分割ノ日ニ於テ有シタル財産ノ価額ヲ、其ノ会社ガ承継シタル会社ナルトキハ承継シタル財産ノ価額ヲ限度トス

第三百七十四条ノ二十七　分割ニ因リテ営業ヲ承継スル会社ノ取締役及監査役ニシテ分割前ニ就職シタルモノハ分割契約書ニ別段ノ定ノ記載アルトキヲ除クノ外分割後最初ニ到来スル決算期ニ関スル定時総会ノ終結ノ時ニ退任ス

第三百七十四条ノ二十八　会社ノ吸収分割ノ無効ハ分割ノ日ヨリ六月内ニ訴ヲ以テノミ之ヲ主張スルコトヲ得
○2　前項ノ訴ハ分割ヲ為シタル会社又ハ分割ニ因リテ営業ヲ承継シタル会社ノ本店ノ所在地ノ地方裁判所ノ管轄ニ専属ス
○3　第百五条第二項第三項、第百六条、第百九条、第百十条、第二百四十九条及第三百七十四条ノ十二第二項第四項第五項ノ規定ハ第一項ノ訴ニ之ヲ準用ス

第三百七十四条ノ二十九　分割ヲ無効トスル判決ガ確定シタルトキハ各会社ハ分割ニ因リテ営業ヲ承継シタル会社ガ分割後負担シタル債務ニ付連帯シテ弁済ノ責ニ任ズ
○2　承継シタル会社ガ分割後取得シタル財産ハ各会社ノ共有ニ属ス
○3　第三百七十四条ノ十三第五項ノ規定ハ前二項ノ場合ニ之ヲ準用ス

第三百七十四条ノ三十　分割ヲ無効トスル判決ガ確定シタルトキハ本店及支店ノ所在地ニ於テ変更ノ登記ヲ為スコトヲ要ス

付録-3　商法（企業再編関連を抜粋）

第三百七十四条ノ三十一　　第二百八条及第二百九条第三項第四項ノ規定ハ分割ヲ為ス会社ノ株式ヲ目的トスル質権ニ之ヲ準用ス

○2　第三百五十条第一項第三項及第三百五十条ノ二ノ規定ハ承継スル会社ガ分割ニ因リ定款ヲ変更シテ株式ノ譲渡ニ付取締役会ノ承認ヲ要スル旨ノ定ヲ設クル場合ニ於ケル其ノ会社ノ執ルベキ手続ニ之ヲ準用ス

○3　第三百七十四条ノ三、第三百七十四条ノ七及第三百七十四条ノ十一ノ規定ハ吸収分割ノ場合ニ之ヲ準用ス

○4　第二百二十条ノ七第六項ノ規定ハ第三百七十四条ノ十九ノ規定ニ依リ分割ニ因リテ営業ヲ承継スル会社ガ自己ノ株式ヲ移転スル場合ニ之ヲ準用ス

付録-4
新会社法（企業再編関連を抜粋）

目次
　第五編　組織変更、合併、会社分割、株式交換及び株式移転

　　第五章　組織変更、合併、会社分割、株式交換及び株式移転の手続
　　　第一節　組織変更の手続
　　　　第一款　株式会社の手続（第七百七十五条―第七百八十条）
　　　　第二款　持分会社の手続（第七百八十一条）
　　　第二節　吸収合併等の手続
　　　　第一款　吸収合併消滅会社、吸収分割会社及び株式交換完全子会社の手続
　　　　　第一目　株式会社の手続（第七百八十二条―第七百九十二条）
　　　　　第二目　持分会社の手続（第七百九十三条）
　　　　第二款　吸収合併存続会社、吸収分割承継会社及び株式交換完全親会社の手続
　　　　　第一目　株式会社の手続（第七百九十四条―第八百一条）
　　　　　第二目　持分会社の手続（第八百二条）

　　第五編　組織変更、合併、会社分割、株式交換及び株式移転

　　　第五章　組織変更、合併、会社分割、株式交換及び株式移転の手続

　　　　第一節　組織変更の手続
　　　　　第一款　株式会社の手続
　　（組織変更計画に関する書面等の備置き及び閲覧等）
第七百七十五条　組織変更をする株式会社は、組織変更計画備置開始日から組織変更がその効力を生ずる日（以下この節において「効力発生日」という。）までの間、組織変更計画の内容その他法務省令で定める事項を記載し、又は記録した書面又は電磁的記録をその本店に備え置かなければならない。
2　前項に規定する「組織変更計画備置開始日」とは、次に掲げる日のいずれか早い日をいう。
　一　組織変更計画について組織変更をする株式会社の総株主の同意を得た日
　二　組織変更をする株式会社が新株予約権を発行しているときは、第七百七十七条第三項の規定による通知の日又は同条第四項の公告の日のいずれか早い日
　三　第七百七十九条第二項の規定による公告の日又は同項の規定による催告の日のいずれか早い日
3　組織変更をする株式会社の株主及び債権者は、当該株式会社に対して、その営業時間内は、いつでも、次に掲げる請求をすることができる。ただし、第二号又は第四号に掲げる請求をするには、当該株式会社の定めた費用を支払わなければならない。
　一　第一項の書面の閲覧の請求
　二　第一項の書面の謄本又は抄本の交付の請求

付録-4 新会社法（企業再編関連を抜粋）

　　三　第一項の電磁的記録に記録された事項を法務省令で定める方法により表示したものの閲覧の請求
　　四　第一項の電磁的記録に記録された事項を電磁的方法であって株式会社の定めたものにより提供することの請求又はその事項を記載した書面の交付の請求
　（株式会社の組織変更計画の承認等）
第七百七十六条　組織変更をする株式会社は、効力発生日の前日までに、組織変更計画について当該株式会社の総株主の同意を得なければならない。
2　組織変更をする株式会社は、効力発生日の二十日前までに、その登録株式質権者及び登録新株予約権質権者に対し、組織変更をする旨を通知しなければならない。
3　前項の規定による通知は、公告をもってこれに代えることができる。
　（新株予約権買取請求）
第七百七十七条　株式会社が組織変更をする場合には、組織変更をする株式会社の新株予約権の新株予約権者は、当該株式会社に対し、自己の有する新株予約権を公正な価格で買い取ることを請求することができる。
2　新株予約権付社債に付された新株予約権の新株予約権者は、前項の規定による請求（以下この款において「新株予約権買取請求」という。）をするときは、併せて、新株予約権付社債についての社債を買い取ることを請求しなければならない。ただし、当該新株予約権付社債に付された新株予約権について別段の定めがある場合は、この限りでない。
3　組織変更をしようとする株式会社は、効力発生日の二十日前までに、その新株予約権の新株予約権者に対し、組織変更をする旨を通知しなければならない。
4　前項の規定による通知は、公告をもってこれに代えることができる。
5　新株予約権買取請求は、効力発生日の二十日前の日から効力発生日の前日までの間に、その新株予約権買取請求に係る新株予約権の内容及び数を明らかにしてしなければならない。
6　新株予約権買取請求をした新株予約権者は、組織変更をする株式会社の承諾を得た場合に限り、その新株予約権買取請求を撤回することができる。
7　組織変更を中止したときは、新株予約権買取請求は、その効力を失う。
　（新株予約権の価格の決定等）
第七百七十八条　新株予約権買取請求があった場合において、新株予約権（当該新株予約権が新株予約権付社債に付されたものである場合において、当該新株予約権付社債についての社債の買取りの請求があったときは、当該社債を含む。以下この条において同じ。）の価格の決定について、新株予約権者と組織変更をする株式会社（効力発生日後にあっては、組織変更後持分会社。以下この条において同じ。）との間に協議が調ったときは、当該株式会社は、効力発生日から六十日以内にその支払をしなければならない。
2　新株予約権の価格の決定について、効力発生日から三十日以内に協議が調わないときは、新株予約権者又は組織変更後持分会社は、その期間の満了の日後三十日以内に、裁判所に対し、価格の決定の申立てをすることができる。
3　前条第六項の規定にかかわらず、前項に規定する場合において、効力発生日から六十日以内に同項の申立てがないときは、その期間の満了後は、新株予約権者は、いつでも、新株予約権買取請求を撤回することができる。
4　組織変更後持分会社は、裁判所の決定した価格に対する第一項の期間の満了の日後の年六分の利率により算定した利息をも支払わなければならない。
5　新株予約権買取請求に係る新株予約権の買取りは、効力発生日に、その効力を生ずる。
6　組織変更をする株式会社は、新株予約権証券が発行されている新株予約権について新株予約権買取請

付録-4　新会社法（企業再編関連を抜粋）

求があったときは、新株予約権証券と引換えに、その新株予約権買取請求に係る新株予約権の代金を支払わなければならない。

7　組織変更をする株式会社は、新株予約権付社債券が発行されている新株予約権付社債に付された新株予約権について新株予約権買取請求があったときは、新株予約権付社債券と引換えに、その新株予約権買取請求に係る新株予約権の代金を支払わなければならない。

（債権者の異議）

第七百七十九条　組織変更をする株式会社の債権者は、当該株式会社に対し、組織変更について異議を述べることができる。

2　組織変更をする株式会社は、次に掲げる事項を官報に公告し、かつ、知れている債権者には、各別にこれを催告しなければならない。ただし、第三号の期間は、一箇月を下ることができない。

　　一　組織変更をする旨
　　二　組織変更をする株式会社の計算書類（第四百三十五条第二項に規定する計算書類をいう。以下この章において同じ。）に関する事項として法務省令で定めるもの
　　三　債権者が一定の期間内に異議を述べることができる旨

3　前項の規定にかかわらず、組織変更をする株式会社が同項の規定による公告を、官報のほか、第九百三十九条第一項の規定による定款の定めに従い、同項第二号又は第三号に掲げる公告方法によりするときは、前項の規定による各別の催告は、することを要しない。

4　債権者が第二項第三号の期間内に異議を述べなかったときは、当該債権者は、当該組織変更について承認をしたものとみなす。

5　債権者が第二項第三号の期間内に異議を述べたときは、組織変更をする株式会社は、当該債権者に対し、弁済し、若しくは相当の担保を提供し、又は当該債権者に弁済を受けさせることを目的として信託会社等に相当の財産を信託しなければならない。ただし、当該組織変更をしても当該債権者を害するおそれがないときは、この限りでない。

（組織変更の効力発生日の変更）

第七百八十条　組織変更をする株式会社は、効力発生日を変更することができる。

2　前項の場合には、組織変更をする株式会社は、変更前の効力発生日（変更後の効力発生日が変更前の効力発生日前の日である場合にあっては、当該変更後の効力発生日）の前日までに、変更後の効力発生日を公告しなければならない。

3　第一項の規定により効力発生日を変更したときは、変更後の効力発生日を効力発生日とみなして、この款及び第七百四十五条の規定を適用する。

第二款　持分会社の手続

第七百八十一条　組織変更をする持分会社は、効力発生日の前日までに、組織変更計画について当該持分会社の総社員の同意を得なければならない。ただし、定款に別段の定めがある場合は、この限りでない。

2　第七百七十九条（第二項第二号を除く。）及び前条の規定は、組織変更をする持分会社について準用する。この場合において、第七百七十九条第三項中「組織変更をする株式会社」とあるのは「組織変更をする持分会社（合同会社に限る。）」と、前条第三項中「及び第七百四十五条」とあるのは「並びに第七百四十七条及び次条第一項」と読み替えるものとする。

第二節　吸収合併等の手続

第一款　吸収合併消滅会社、吸収分割会社及び株式交換完全子会社の手続

第一目　株式会社の手続

（吸収合併契約等に関する書面等の備置き及び閲覧等）

付録-4　新会社法（企業再編関連を抜粋）

第七百八十二条　次の各号に掲げる株式会社（以下この目において「消滅株式会社等」という。）は、吸収合併契約等備置開始日から吸収合併、吸収分割又は株式交換（以下この節において「吸収合併等」という。）がその効力を生ずる日（以下この節において「効力発生日」という。）後六箇月を経過する日（吸収合併消滅株式会社にあっては、効力発生日）までの間、当該各号に定めるもの（以下この節において「吸収合併契約等」という。）の内容その他法務省令で定める事項を記載し、又は記録した書面又は電磁的記録をその本店に備え置かなければならない。
　一　吸収合併消滅株式会社　吸収合併契約
　二　吸収分割株式会社　吸収分割契約
　三　株式交換完全子会社　株式交換契約

2　前項に規定する「吸収合併契約等備置開始日」とは、次に掲げる日のいずれか早い日をいう。
　一　吸収合併契約等について株主総会（種類株主総会を含む。）の決議によってその承認を受けなければならないときは、当該株主総会の日の二週間前の日（第三百十九条第一項の場合にあっては、同項の提案があった日）
　二　第七百八十五条第三項の規定による通知を受けるべき株主があるときは、同項の規定による通知の日又は同条第四項の公告の日のいずれか早い日
　三　第七百八十七条第三項の規定による通知を受けるべき新株予約権者があるときは、同項の規定による通知の日又は同条第四項の公告の日のいずれか早い日
　四　第七百八十九条の規定による手続をしなければならないときは、同条第二項の規定による公告の日又は同項の規定による催告の日のいずれか早い日
　五　前各号に規定する場合以外の場合には、吸収分割契約又は株式交換契約の締結の日から二週間を経過した日

3　消滅株式会社等の株主及び債権者（株式交換完全子会社にあっては、株主及び新株予約権者）は、消滅株式会社等に対して、その営業時間内は、いつでも、次に掲げる請求をすることができる。ただし、第二号又は第四号に掲げる請求をするには、当該消滅株式会社等の定めた費用を支払わなければならない。
　一　第一項の書面の閲覧の請求
　二　第一項の書面の謄本又は抄本の交付の請求
　三　第一項の電磁的記録に記録された事項を法務省令で定める方法により表示したものの閲覧の請求
　四　第一項の電磁的記録に記録された事項を電磁的方法であって消滅株式会社等の定めたものにより提供することの請求又はその事項を記載した書面の交付の請求

　（吸収合併契約等の承認等）
第七百八十三条　消滅株式会社等は、効力発生日の前日までに、株主総会の決議によって、吸収合併契約等の承認を受けなければならない。

2　前項の規定にかかわらず、吸収合併消滅株式会社又は株式交換完全子会社が種類株式発行会社でない場合において、吸収合併消滅株式会社又は株式交換完全子会社の株主に対して交付する金銭等（以下この条において「合併対価等」という。）の全部又は一部が持分等（持分会社の持分その他これに準ずるものとして法務省令で定めるものをいう。以下この条において同じ。）であるときは、吸収合併契約又は株式交換契約について吸収合併消滅株式会社又は株式交換完全子会社の総株主の同意を得なければならない。

3　吸収合併消滅株式会社又は株式交換完全子会社が種類株式発行会社である場合において、合併対価等の全部又は一部が譲渡制限株式等（譲渡制限株式その他これに準ずるものとして法務省令で定めるものをいう。以下この章において同じ。）であるときは、吸収合併又は株式交換は、当該譲渡制限株式等の割当てを受ける種類の株式（譲渡制限株式を除く。）の種類株主を構成員とする種類株主総会（当該種類株主

付録-4　新会社法（企業再編関連を抜粋）

に係る株式の種類が二以上ある場合にあっては、当該二以上の株式の種類別に区分された種類株主を構成員とする各種類株主総会）の決議がなければ、その効力を生じない。ただし、当該種類株主総会において議決権を行使することができる株主が存しない場合は、この限りでない。

4　吸収合併消滅株式会社又は株式交換完全子会社が種類株式発行会社である場合において、合併対価等の全部又は一部が持分等であるときは、吸収合併又は株式交換は、当該持分等の割当てを受ける種類の株主の全員の同意がなければ、その効力を生じない。

5　消滅株式会社等は、効力発生日の二十日前までに、その登録株式質権者（次条第三項に規定する場合における登録株式質権者を除く。）及び第七百八十七条第三項各号に定める新株予約権の登録新株予約権質権者に対し、吸収合併等をする旨を通知しなければならない。

6　前項の規定による通知は、公告をもってこれに代えることができる。

（吸収合併契約等の承認を要しない場合）

第七百八十四条　前条第一項の規定は、吸収合併存続会社、吸収分割承継会社又は株式交換完全親会社（以下この目において「存続会社等」という。）が消滅株式会社等の特別支配会社である場合には、適用しない。ただし、吸収合併又は株式交換における合併対価等の全部又は一部が譲渡制限株式等である場合であって、消滅株式会社等が公開会社であり、かつ、種類株式発行会社でないときは、この限りでない。

2　前項本文に規定する場合において、次に掲げる場合であって、消滅株式会社等の株主が不利益を受けるおそれがあるときは、消滅株式会社等の株主は、消滅株式会社等に対し、吸収合併等をやめることを請求することができる。

　一　当該吸収合併等が法令又は定款に違反する場合

　二　第七百四十九条第一項第二号若しくは第三号、第七百五十一条第一項第三号若しくは第四号、第七百五十八条第四号、第七百六十条第四号若しくは第五号、第七百六十八条第一項第二号若しくは第三号又は第七百七十条第一項第三号若しくは第四号に掲げる事項が消滅株式会社等又は存続会社等の財産の状況その他の事情に照らして著しく不当である場合

3　前条及び前項の規定は、吸収分割により吸収分割承継会社に承継させる資産の帳簿価額の合計額が吸収分割株式会社の総資産額として法務省令で定める方法により算定される額の五分の一（これを下回る割合を吸収分割株式会社の定款で定めた場合にあっては、その割合）を超えない場合には、適用しない。

（反対株主の株式買取請求）

第七百八十五条　吸収合併等をする場合（次に掲げる場合を除く。）には、反対株主は、消滅株式会社等に対し、自己の有する株式を公正な価格で買い取ることを請求することができる。

　一　第七百八十三条第二項に規定する場合

　二　前条第三項に規定する場合

2　前項に規定する「反対株主」とは、次の各号に掲げる場合における当該各号に定める株主（第七百八十三条第四項に規定する場合における同項に規定する持分等の割当てを受ける株主を除く。）をいう。

　一　吸収合併等をするために株主総会（種類株主総会を含む。）の決議を要する場合　次に掲げる株主
　　イ　当該株主総会に先立って当該吸収合併等に反対する旨を当該消滅株式会社等に対し通知し、かつ、当該株主総会において当該吸収合併等に反対した株主（当該株主総会において議決権を行使することができるものに限る。）
　　ロ　当該株主総会において議決権を行使することができない株主

　二　前号に規定する場合以外の場合　すべての株主

3　消滅株式会社等は、効力発生日の二十日前までに、その株主（第七百八十三条第四項に規定する場合における同項に規定する持分等の割当てを受ける株主を除く。）に対し、吸収合併等をする旨並びに存続

付録-4 新会社法（企業再編関連を抜粋）

会社等の商号及び住所を通知しなければならない。ただし、第一項各号に掲げる場合は、この限りでない。
4 次に掲げる場合には、前項の規定による通知は、公告をもってこれに代えることができる。
　一 消滅株式会社等が公開会社である場合
　二 消滅株式会社等が第七百八十三条第一項の株主総会の決議によって吸収合併契約等の承認を受けた場合
5 第一項の規定による請求（以下この目において「株式買取請求」という。）は、効力発生日の二十日前の日から効力発生日の前日までの間に、その株式買取請求に係る株式の数（種類株式発行会社にあっては、株式の種類及び種類ごとの数）を明らかにしてしなければならない。
6 株式買取請求をした株主は、消滅株式会社等の承諾を得た場合に限り、その株式買取請求を撤回することができる。
7 吸収合併等を中止したときは、株式買取請求は、その効力を失う。
　（株式の価格の決定等）
第七百八十六条 株式買取請求があった場合において、株式の価格の決定について、株主と消滅株式会社等（吸収合併をする場合における効力発生日後にあっては、吸収合併存続会社。以下この条において同じ。）との間に協議が調ったときは、消滅株式会社等は、効力発生日から六十日以内にその支払をしなければならない。
2 株式の価格の決定について、効力発生日から三十日以内に協議が調わないときは、株主又は消滅株式会社等は、その期間の満了の日後三十日以内に、裁判所に対し、価格の決定の申立てをすることができる。
3 前条第六項の規定にかかわらず、前項に規定する場合において、効力発生日から六十日以内に同項の申立てがないときは、その期間の満了後は、株主は、いつでも、株式買取請求を撤回することができる。
4 消滅株式会社等は、裁判所の決定した価格に対する第一項の期間の満了の日後の年六分の利率により算定した利息をも支払わなければならない。
5 株式買取請求に係る株式の買取りは、効力発生日（吸収分割をする場合にあっては、当該株式の代金の支払の時）に、その効力を生ずる。
6 株券発行会社は、株券が発行されている株式について株式買取請求があったときは、株券と引換えに、その株式買取請求に係る株式の代金を支払わなければならない。
　（新株予約権買取請求）
第七百八十七条 次の各号に掲げる行為をする場合には、当該各号に定める消滅株式会社等の新株予約権の新株予約権者は、消滅株式会社等に対し、自己の有する新株予約権を公正な価格で買い取ることを請求することができる。
　一 吸収合併　第七百四十九条第一項第四号又は第五号に掲げる事項についての定めが第二百三十六条第一項第八号の条件（同号イに関するものに限る。）に合致する新株予約権以外の新株予約権
　二 吸収分割（吸収分割承継会社が株式会社である場合に限る。）　次に掲げる新株予約権のうち、第七百五十八条第五号又は第六号に掲げる事項についての定めが第二百三十六条第一項第八号の条件（同号ロに関するものに限る。）に合致する新株予約権以外の新株予約権
　　イ 吸収分割契約新株予約権
　　ロ 吸収分割契約新株予約権以外の新株予約権であって、吸収分割をする場合において当該新株予約権の新株予約権者に吸収分割承継株式会社の新株予約権を交付することとする旨の定めがあるもの
　三 株式交換（株式交換完全親会社が株式会社である場合に限る。）　次に掲げる新株予約権のうち、第七百六十八条第一項第四号又は第五号に掲げる事項についての定めが第二百三十六条第一項第八号の条件（同号ニに関するものに限る。）に合致する新株予約権以外の新株予約権

付録-4 新会社法（企業再編関連を抜粋）

　イ　株式交換契約新株予約権
　ロ　株式交換契約新株予約権以外の新株予約権であって、株式交換をする場合において当該新株予約権の新株予約権者に株式交換完全親株式会社の新株予約権を交付することとする旨の定めがあるもの
2　新株予約権付社債に付された新株予約権の新株予約権者は、前項の規定による請求（以下この目において「新株予約権買取請求」という。）をするときは、併せて、新株予約権付社債についての社債を買い取ることを請求しなければならない。ただし、当該新株予約権付社債に付された新株予約権について別段の定めがある場合は、この限りでない。
3　次の各号に掲げる消滅株式会社等は、効力発生日の二十日前までに、当該各号に定める新株予約権の新株予約権者に対し、吸収合併等をする旨並びに存続会社等の商号及び住所を通知しなければならない。
　一　吸収合併消滅株式会社　全部の新株予約権
　二　吸収分割承継会社が株式会社である場合における吸収分割株式会社　次に掲げる新株予約権
　　イ　吸収分割契約新株予約権
　　ロ　吸収分割契約新株予約権以外の新株予約権であって、吸収分割をする場合において当該新株予約権の新株予約権者に吸収分割承継株式会社の新株予約権を交付することとする旨の定めがあるもの
　三　株式交換完全親会社が株式会社である場合における株式交換完全子会社　次に掲げる新株予約権
　　イ　株式交換契約新株予約権
　　ロ　株式交換契約新株予約権以外の新株予約権であって、株式交換をする場合において当該新株予約権の新株予約権者に株式交換完全親株式会社の新株予約権を交付することとする旨の定めがあるもの
4　前項の規定による通知は、公告をもってこれに代えることができる。
5　新株予約権買取請求は、効力発生日の二十日前の日から効力発生日の前日までの間に、その新株予約権買取請求に係る新株予約権の内容及び数を明らかにしてしなければならない。
6　新株予約権買取請求をした新株予約権者は、消滅株式会社等の承諾を得た場合に限り、その新株予約権買取請求を撤回することができる。
7　吸収合併等を中止したときは、新株予約権買取請求は、その効力を失う。
　（新株予約権の価格の決定等）
第七百八十八条　新株予約権買取請求があった場合において、新株予約権（当該新株予約権が新株予約権付社債に付されたものである場合において、当該新株予約権付社債についての社債の買取りの請求があったときは、当該社債を含む。以下この条において同じ。）の価格の決定について、新株予約権者と消滅株式会社等（吸収合併をする場合における効力発生日後にあっては、吸収合併存続会社。以下この条において同じ。）との間に協議が調ったときは、消滅株式会社等は、効力発生日から六十日以内にその支払をしなければならない。
2　新株予約権の価格の決定について、効力発生日から三十日以内に協議が調わないときは、新株予約権者又は消滅株式会社等は、その期間の満了の日後三十日以内に、裁判所に対し、価格の決定の申立てをすることができる。
3　前条第六項の規定にかかわらず、前項に規定する場合において、効力発生日から六十日以内に同項の申立てがないときは、その期間の満了後は、新株予約権者は、いつでも、新株予約権買取請求を撤回することができる。
4　消滅株式会社等は、裁判所の決定した価格に対する第一項の期間の満了の日後の年六分の利率により算定した利息をも支払わなければならない。
5　新株予約権買取請求に係る新株予約権の買取りは、次の各号に掲げる新株予約権の区分に応じ、当該各号に定める時に、その効力を生ずる。

付録-4 新会社法（企業再編関連を抜粋）

　一　前条第一項第一号に定める新株予約権　効力発生日
　二　前条第一項第二号イに掲げる新株予約権　効力発生日
　三　前条第一項第二号ロに掲げる新株予約権　当該新株予約権の代金の支払の時
　四　前条第一項第三号イに掲げる新株予約権　効力発生日
　五　前条第一項第三号ロに掲げる新株予約権　当該新株予約権の代金の支払の時

6　消滅株式会社等は、新株予約権証券が発行されている新株予約権について新株予約権買取請求があったときは、新株予約権証券と引換えに、その新株予約権買取請求に係る新株予約権の代金を支払わなければならない。

7　消滅株式会社等は、新株予約権付社債券が発行されている新株予約権付社債に付された新株予約権について新株予約権買取請求があったときは、新株予約権付社債券と引換えに、その新株予約権買取請求に係る新株予約権の代金を支払わなければならない。

　（債権者の異議）

第七百八十九条　次の各号に掲げる場合には、当該各号に定める債権者は、消滅株式会社等に対し、吸収合併等について異議を述べることができる。

　一　吸収合併をする場合　吸収合併消滅株式会社の債権者
　二　吸収分割をする場合　吸収分割後吸収分割株式会社に対して債務の履行（当該債務の保証人として吸収分割承継会社と連帯して負担する保証債務の履行を含む。）を請求することができない吸収分割株式会社の債権者（第七百五十八条第八号又は第七百六十条第七号に掲げる事項についての定めがある場合にあっては、吸収分割株式会社の債権者）
　三　株式交換契約新株予約権が新株予約権付社債に付された新株予約権である場合　当該新株予約権付社債についての社債権者

2　前項の規定により消滅株式会社等の債権者の全部又は一部が異議を述べることができる場合には、消滅株式会社等は、次に掲げる事項を官報に公告し、かつ、知れている債権者（同項の規定により異議を述べることができるものに限る。）には、各別にこれを催告しなければならない。ただし、第四号の期間は、一箇月を下ることができない。

　一　吸収合併等をする旨
　二　存続会社等の商号及び住所
　三　消滅株式会社等及び存続会社等（株式会社に限る。）の計算書類に関する事項として法務省令で定めるもの
　四　債権者が一定の期間内に異議を述べることができる旨

3　前項の規定にかかわらず、消滅株式会社等が同項の規定による公告を、官報のほか、第九百三十九条第一項の規定による定款の定めに従い、同項第二号又は第三号に掲げる公告方法によりするときは、前項の規定による各別の催告（吸収分割をする場合における不法行為によって生じた吸収分割株式会社の債務の債権者に対するものを除く。）は、することを要しない。

4　債権者が第二項第四号の期間内に異議を述べなかったときは、当該債権者は、当該吸収合併等について承認をしたものとみなす。

5　債権者が第二項第四号の期間内に異議を述べたときは、消滅株式会社等は、当該債権者に対し、弁済し、若しくは相当の担保を提供し、又は当該債権者に弁済を受けさせることを目的として信託会社等に相当の財産を信託しなければならない。ただし、当該吸収合併等をしても当該債権者を害するおそれがないときは、この限りでない。

　（吸収合併等の効力発生日の変更）

付録-4 新会社法（企業再編関連を抜粋）

第七百九十条　消滅株式会社等は、存続会社等との合意により、効力発生日を変更することができる。

2　前項の場合には、消滅株式会社等は、変更前の効力発生日（変更後の効力発生日が変更前の効力発生日前の日である場合にあっては、当該変更後の効力発生日）の前日までに、変更後の効力発生日を公告しなければならない。

3　第一項の規定により効力発生日を変更したときは、変更後の効力発生日を効力発生日とみなして、この節並びに第七百五十条、第七百五十二条、第七百五十九条、第七百六十一条、第七百六十九条及び第七百七十一条の規定を適用する。

　　（吸収分割又は株式交換に関する書面等の備置き及び閲覧等）

第七百九十一条　吸収分割株式会社又は株式交換完全子会社は、効力発生日後遅滞なく、吸収分割承継会社又は株式交換完全親会社と共同して、次の各号に掲げる区分に応じ、当該各号に定めるものを作成しなければならない。

　一　吸収分割株式会社　吸収分割により吸収分割承継会社が承継した吸収分割株式会社の権利義務その他の吸収分割に関する事項として法務省令で定める事項を記載し、又は記録した書面又は電磁的記録

　二　株式交換完全子会社　株式交換により株式交換完全親会社が取得した株式交換完全子会社の株式の数その他の株式交換に関する事項として法務省令で定める事項を記載し、又は記録した書面又は電磁的記録

2　吸収分割株式会社又は株式交換完全子会社は、効力発生日から六箇月間、前項各号の書面又は電磁的記録をその本店に備え置かなければならない。

3　吸収分割株式会社の株主、債権者その他の利害関係人は、吸収分割株式会社に対して、その営業時間内は、いつでも、次に掲げる請求をすることができる。ただし、第二号又は第四号に掲げる請求をするには、当該吸収分割株式会社の定めた費用を支払わなければならない。

　一　前項の書面の閲覧の請求

　二　前項の書面の謄本又は抄本の交付の請求

　三　前項の電磁的記録に記録された事項を法務省令で定める方法により表示したものの閲覧の請求

　四　前項の電磁的記録に記録された事項を電磁的方法であって吸収分割株式会社の定めたものにより提供することの請求又はその事項を記載した書面の交付の請求

4　前項の規定は、株式交換完全子会社について準用する。この場合において、同項中「吸収分割株式会社の株主、債権者その他の利害関係人」とあるのは、「効力発生日に株式交換完全子会社の株主又は新株予約権者であった者」と読み替えるものとする。

　　（剰余金の配当等に関する特則）

第七百九十二条　第四百五十八条及び第二編第五章第六節の規定は、次に掲げる行為については、適用しない。

　一　第七百五十八条第八号イ又は第七百六十条第七号イの株式の取得

　二　第七百五十八条第八号ロ又は第七百六十条第七号ロの剰余金の配当

第二目　持分会社の手続

第七百九十三条　次に掲げる行為をする持分会社は、効力発生日の前日までに、吸収合併契約等について当該持分会社の総社員の同意を得なければならない。ただし、定款に別段の定めがある場合は、この限りでない。

　一　吸収合併（吸収合併により当該持分会社が消滅する場合に限る。）

　二　吸収分割（当該持分会社（合同会社に限る。）がその事業に関して有する権利義務の全部を他の会社に承継させる場合に限る。）

付録-4 新会社法（企業再編関連を抜粋）

2　第七百八十九条（第一項第三号及び第二項第三号を除く。）及び第七百九十条の規定は、吸収合併消滅持分会社又は合同会社である吸収分割会社（以下この節において「吸収分割合同会社」という。）について準用する。この場合において、第七百八十九条第一項第二号中「債権者（第七百五十八条第八号又は第七百六十条第七号に掲げる事項についての定めがある場合にあっては、吸収分割株式会社の債権者）」とあるのは「債権者」と、同条第三項中「消滅株式会社等」とあるのは「吸収合併消滅持分会社（吸収合併存続会社が株式会社又は合同会社である場合にあっては、合同会社に限る。）又は吸収分割合同会社」と読み替えるものとする。

第二款　吸収合併存続会社、吸収分割承継会社及び株式交換完全親会社の手続
第一目　株式会社の手続

（吸収合併契約等に関する書面等の備置き及び閲覧等）

第七百九十四条　吸収合併存続株式会社、吸収分割承継株式会社又は株式交換完全親株式会社（以下この目において「存続株式会社等」という。）は、吸収合併契約等備置開始日から効力発生日後六箇月を経過する日までの間、吸収合併契約等の内容その他法務省令で定める事項を記載し、又は記録した書面又は電磁的記録をその本店に備え置かなければならない。

2　前項に規定する「吸収合併契約等備置開始日」とは、次に掲げる日のいずれか早い日をいう。

一　吸収合併契約等について株主総会（種類株主総会を含む。）の決議によってその承認を受けなければならないときは、当該株主総会の日の二週間前の日（第三百十九条第一項の場合にあっては、同項の提案があった日）

二　第七百九十七条第三項の規定による通知の日又は同条第四項の公告の日のいずれか早い日

三　第七百九十九条の規定による手続をしなければならないときは、同条第二項の規定による公告の日又は同項の規定による催告の日のいずれか早い日

3　存続株式会社等の株主及び債権者（株式交換完全子会社の株主に対して交付する金銭等が株式交換完全親株式会社の株式その他これに準ずるものとして法務省令で定めるもののみである場合（第七百六十八条第一項第四号ハに規定する場合を除く。）にあっては、株主）は、存続株式会社等に対して、その営業時間内は、いつでも、次に掲げる請求をすることができる。ただし、第二号又は第四号に掲げる請求をするには、当該存続株式会社等の定めた費用を支払わなければならない。

一　第一項の書面の閲覧の請求

二　第一項の書面の謄本又は抄本の交付の請求

三　第一項の電磁的記録に記録された事項を法務省令で定める方法により表示したものの閲覧の請求

四　第一項の電磁的記録に記録された事項を電磁的方法であって存続株式会社等の定めたものにより提供することの請求又はその事項を記載した書面の交付の請求

（吸収合併契約等の承認等）

第七百九十五条　存続株式会社等は、効力発生日の前日までに、株主総会の決議によって、吸収合併契約等の承認を受けなければならない。

2　次に掲げる場合には、取締役は、前項の株主総会において、その旨を説明しなければならない。

一　吸収合併存続株式会社又は吸収分割承継株式会社が承継する吸収合併消滅会社又は吸収分割会社の債務の額として法務省令で定める額（次号において「承継債務額」という。）が吸収合併存続株式会社又は吸収分割承継株式会社が承継する吸収合併消滅会社又は吸収分割会社の資産の額として法務省令で定める額（同号において「承継資産額」という。）を超える場合

二　吸収合併存続株式会社又は吸収分割承継株式会社が吸収合併消滅株式会社の株主、吸収合併消滅持分会社の社員又は吸収分割会社に対して交付する金銭等（吸収合併存続株式会社又は吸収分割承継株式会

付録-4　新会社法（企業再編関連を抜粋）

社の株式等を除く。）の帳簿価額が承継資産額から承継債務額を控除して得た額を超える場合

　三　株式交換完全親株式会社が株式交換完全子会社の株主に対して交付する金銭等（株式交換完全親株式会社の株式等を除く。）の帳簿価額が株式交換完全親株式会社が承継する株式交換完全子会社の株式の額として法務省令で定める額を超える場合

3　承継する吸収合併消滅会社又は吸収分割会社の資産に吸収合併存続株式会社又は吸収分割承継株式会社の株式が含まれる場合には、取締役は、第一項の株主総会において、当該株式に関する事項を説明しなければならない。

4　存続株式会社等が種類株式発行会社である場合において、次の各号に掲げる場合には、吸収合併等は、当該各号に定める種類の株式（譲渡制限株式であって、第百九十九条第四項の定款の定めがないものに限る。）の種類株主を構成員とする種類株主総会（当該種類株主に係る株式の種類が二以上ある場合にあっては、当該二以上の株式の種類別に区分された種類株主を構成員とする各種類株主総会）の決議がなければ、その効力を生じない。ただし、当該種類株主総会において議決権を行使することができる株主が存しない場合は、この限りでない。

　一　吸収合併消滅株式会社の株主又は吸収合併消滅持分会社の社員に対して交付する金銭等が吸収合併存続株式会社の株式である場合　第七百四十九条第一項第二号イの種類の株式

　二　吸収分割会社に対して交付する金銭等が吸収分割承継株式会社の株式である場合　第七百五十八条第四号イの種類の株式

　三　株式交換完全子会社の株主に対して交付する金銭等が株式交換完全親株式会社の株式である場合　第七百六十八条第一項第二号イの種類の株式

　（吸収合併契約等の承認を要しない場合等）

第七百九十六条　前条第一項から第三項までの規定は、吸収合併消滅会社、吸収分割会社又は株式交換完全子会社（以下この目において「消滅会社等」という。）が存続株式会社等の特別支配会社である場合には、適用しない。ただし、吸収合併消滅株式会社若しくは株式交換完全子会社の株主、吸収合併消滅持分会社の社員又は吸収分割会社に対して交付する金銭等の全部又は一部が存続株式会社等の譲渡制限株式である場合であって、存続株式会社等が公開会社でないときは、この限りでない。

2　前項本文に規定する場合において、次に掲げる場合であって、存続株式会社等の株主が不利益を受けるおそれがあるときは、存続株式会社等の株主は、存続株式会社等に対し、吸収合併等をやめることを請求することができる。

　一　当該吸収合併等が法令又は定款に違反する場合

　二　第七百四十九条第一項第二号若しくは第三号、第七百五十八条第四号又は第七百六十八条第一項第二号若しくは第三号に掲げる事項が存続株式会社等又は消滅会社等の財産の状況その他の事情に照らして著しく不当である場合

3　前条第一項から第三項までの規定は、第一号に掲げる額の第二号に掲げる額に対する割合が五分の一（これを下回る割合を存続株式会社等の定款で定めた場合にあっては、その割合）を超えない場合には、適用しない。ただし、同条第二項各号に掲げる場合又は第一項ただし書に規定する場合は、この限りでない。

　一　次に掲げる額の合計額

　　イ　吸収合併消滅株式会社若しくは株式交換完全子会社の株主、吸収合併消滅持分会社の社員又は吸収分割会社（以下この号において「消滅会社等の株主等」という。）に対して交付する存続株式会社等の株式の数に一株当たり純資産額を乗じて得た額

　　ロ　消滅会社等の株主等に対して交付する存続株式会社等の社債、新株予約権又は新株予約権付社債

付録-4 新会社法（企業再編関連を抜粋）

の帳簿価額の合計額
　　　ハ　消滅会社等の株主等に対して交付する存続株式会社等の株式等以外の財産の帳簿価額の合計額
　　　ニ　存続株式会社等の純資産額として法務省令で定める方法により算定される額
4　前項本文に規定する場合において、法務省令で定める数の株式（前条第一項の株主総会において議決権を行使することができるものに限る。）を有する株主が次条第三項の規定による通知又は同条第四項の公告の日から二週間以内に吸収合併等に反対する旨を存続株式会社等に対し通知したときは、当該存続株式会社等は、効力発生日の前日までに、株主総会の決議によって、吸収合併契約等の承認を受けなければならない。
　（反対株主の株式買取請求）
第七百九十七条　吸収合併等をする場合には、反対株主は、存続株式会社等に対し、自己の有する株式を公正な価格で買い取ることを請求することができる。
2　前項に規定する「反対株主」とは、次の各号に掲げる場合における当該各号に定める株主をいう。
　　一　吸収合併等をするために株主総会（種類株主総会を含む。）の決議を要する場合　次に掲げる株主
　　　イ　当該株主総会に先立って当該吸収合併等に反対する旨を当該存続株式会社等に対し通知し、かつ、当該株主総会において当該吸収合併等に反対した株主（当該株主総会において議決権を行使することができるものに限る。）
　　　ロ　当該株主総会において議決権を行使することができない株主
　　二　前号に規定する場合以外の場合　すべての株主
3　存続株式会社等は、効力発生日の二十日前までに、その株主に対し、吸収合併等をする旨並びに消滅会社等の商号及び住所（第七百九十五条第三項に規定する場合にあっては、吸収合併等をする旨、消滅会社等の商号及び住所並びに同項の株式に関する事項）を通知しなければならない。
4　次に掲げる場合には、前項の規定による通知は、公告をもってこれに代えることができる。
　　一　存続株式会社等が公開会社である場合
　　二　存続株式会社等が第七百九十五条第一項の株主総会の決議によって吸収合併契約等の承認を受けた場合
5　第一項の規定による請求（以下この目において「株式買取請求」という。）は、効力発生日の二十日前の日から効力発生日の前日までの間に、その株式買取請求に係る株式の数（種類株式発行会社にあっては、株式の種類及び種類ごとの数）を明らかにしてしなければならない。
6　株式買取請求をした株主は、存続株式会社等の承諾を得た場合に限り、その株式買取請求を撤回することができる。
7　吸収合併等を中止したときは、株式買取請求は、その効力を失う。
　（株式の価格の決定等）
第七百九十八条　株式買取請求があった場合において、株式の価格の決定について、株主と存続株式会社等との間に協議が調ったときは、存続株式会社等は、効力発生日から六十日以内にその支払をしなければならない。
2　株式の価格の決定について、効力発生日から三十日以内に協議が調わないときは、株主又は存続株式会社等は、その期間の満了の日後三十日以内に、裁判所に対し、価格の決定の申立てをすることができる。
3　前条第六項の規定にかかわらず、前項に規定する場合において、効力発生日から六十日以内に同項の申立てがないときは、その期間の満了後は、株主は、いつでも、株式買取請求を撤回することができる。
4　存続株式会社等は、裁判所の決定した価格に対する第一項の期間の満了の日後の年六分の利率により算定した利息をも支払わなければならない。

付録-4　新会社法（企業再編関連を抜粋）

5　株式買取請求に係る株式の買取りは、当該株式の代金の支払の時に、その効力を生ずる。

6　株券発行会社は、株券が発行されている株式について株式買取請求があったときは、株券と引換えに、その株式買取請求に係る株式の代金を支払わなければならない。

（債権者の異議）

第七百九十九条　次の各号に掲げる場合には、当該各号に定める債権者は、存続株式会社等に対し、吸収合併等について異議を述べることができる。

一　吸収合併をする場合　吸収合併存続株式会社の債権者

二　吸収分割をする場合　吸収分割承継株式会社の債権者

三　株式交換をする場合において、株式交換完全子会社の株主に対して交付する金銭等が株式交換完全親株式会社の株式その他これに準ずるものとして法務省令で定めるもののみである場合以外の場合又は第七百六十八条第一項第四号ハに規定する場合　株式交換完全親株式会社の債権者

2　前項の規定により存続株式会社等の債権者が異議を述べることができる場合には、存続株式会社等は、次に掲げる事項を官報に公告し、かつ、知れている債権者には、各別にこれを催告しなければならない。ただし、第四号の期間は、一箇月を下ることができない。

一　吸収合併等をする旨

二　消滅会社等の商号及び住所

三　存続株式会社等及び消滅会社等（株式会社に限る。）の計算書類に関する事項として法務省令で定めるもの

四　債権者が一定の期間内に異議を述べることができる旨

3　前項の規定にかかわらず、存続株式会社等が同項の規定による公告を、官報のほか、第九百三十九条第一項の規定による定款の定めに従い、同項第二号又は第三号に掲げる公告方法によりするときは、前項の規定による各別の催告は、することを要しない。

4　債権者が第二項第四号の期間内に異議を述べなかったときは、当該債権者は、当該吸収合併等について承認をしたものとみなす。

5　債権者が第二項第四号の期間内に異議を述べたときは、存続株式会社等は、当該債権者に対し、弁済し、若しくは相当の担保を提供し、又は当該債権者に弁済を受けさせることを目的として信託会社等に相当の財産を信託しなければならない。ただし、当該吸収合併等をしても当該債権者を害するおそれがないときは、この限りでない。

（消滅会社等の株主等に対して交付する金銭等が存続株式会社等の親会社株式である場合の特則）

第八百条　第百三十五条第一項の規定にかかわらず、吸収合併消滅株式会社若しくは株式交換完全子会社の株主、吸収合併消滅持分会社の社員又は吸収分割会社（以下この項において「消滅会社等の株主等」という。）に対して交付する金銭等の全部又は一部が存続株式会社等の親会社株式（同条第一項に規定する親会社株式をいう。以下この条において同じ。）である場合には、当該存続株式会社等は、吸収合併等に際して消滅会社等の株主等に対して交付する当該親会社株式の総数を超えない範囲において当該親会社株式を取得することができる。

2　第百三十五条第三項の規定にかかわらず、前項の存続株式会社等は、効力発生日までの間は、存続株式会社等の親会社株式を保有することができる。ただし、吸収合併等を中止したときは、この限りでない。

（吸収合併等に関する書面等の備置き及び閲覧等）

第八百一条　吸収合併存続株式会社は、効力発生日後遅滞なく、吸収合併により吸収合併存続株式会社が承継した吸収合併消滅会社の権利義務その他の吸収合併に関する事項として法務省令で定める事項を記載し、又は記録した書面又は電磁的記録を作成しなければならない。

付録-4　新会社法（企業再編関連を抜粋）

2　吸収分割承継株式会社（合同会社が吸収分割をする場合における当該吸収分割承継株式会社に限る。）は、効力発生日後遅滞なく、吸収分割合同会社と共同して、吸収分割により吸収分割承継株式会社が承継した吸収分割合同会社の権利義務その他の吸収分割に関する事項として法務省令で定める事項を記載し、又は記録した書面又は電磁的記録を作成しなければならない。

3　次の各号に掲げる存続株式会社等は、効力発生日から六箇月間、当該各号に定めるものをその本店に備え置かなければならない。
　一　吸収合併存続株式会社　第一項の書面又は電磁的記録
　二　吸収分割承継株式会社　前項又は第七百九十一条第一項第一号の書面又は電磁的記録
　三　株式交換完全親株式会社　第七百九十一条第一項第二号の書面又は電磁的記録

4　吸収合併存続株式会社の株主及び債権者は、吸収合併存続株式会社に対して、その営業時間内は、いつでも、次に掲げる請求をすることができる。ただし、第二号又は第四号に掲げる請求をするには、当該吸収合併存続株式会社の定めた費用を支払わなければならない。
　一　前項第一号の書面の閲覧の請求
　二　前項第一号の書面の謄本又は抄本の交付の請求
　三　前項第一号の電磁的記録に記録された事項を法務省令で定める方法により表示したものの閲覧の請求
　四　前項第一号の電磁的記録に記録された事項を電磁的方法であって吸収合併存続株式会社の定めたものにより提供することの請求又はその事項を記載した書面の交付の請求

5　前項の規定は、吸収分割承継株式会社について準用する。この場合において、同項中「株主及び債権者」とあるのは「株主、債権者その他の利害関係人」と、同項各号中「前項第一号」とあるのは「前項第二号」と読み替えるものとする。

6　第四項の規定は、株式交換完全親株式会社について準用する。この場合において、同項中「株主及び債権者」とあるのは「株主及び債権者（株式交換完全子会社の株主に対して交付する金銭等が株式交換完全親株式会社の株式その他これに準ずるものとして法務省令で定めるもののみである場合（第七百六十八条第一項第四号ハに規定する場合を除く。）にあっては、株式交換完全親株式会社の株主）」と、同項各号中「前項第一号」とあるのは「前項第三号」と読み替えるものとする。

第二目　持分会社の手続

第八百二条　次の各号に掲げる行為をする持分会社（以下この条において「存続持分会社等」という。）は、当該各号に定める場合には、効力発生日の前日までに、吸収合併契約等について存続持分会社等の総社員の同意を得なければならない。ただし、定款に別段の定めがある場合は、この限りでない。
　一　吸収合併（吸収合併により当該持分会社が存続する場合に限る。）第七百五十一条第一項第二号に規定する場合
　二　吸収分割による他の会社がその事業に関して有する権利義務の全部又は一部の承継　第七百六十条第四号に規定する場合
　三　株式交換による株式会社の発行済株式の全部の取得　第七百七十条第一項第二号に規定する場合

2　第七百九十九条（第二項第三号を除く。）及び第八百条の規定は、存続持分会社等について準用する。この場合において、第七百九十九条第一項第三号中「株式交換完全親株式会社の株式」とあるのは「株式交換完全親合同会社の持分」と、「場合又は第七百六十八条第一項第四号ハに規定する場合」とあるのは「場合」と読み替えるものとする。

付録-5
参考文献

- 『ターンアラウンド・マネジメント─企業再生の理論と実務』スラッター、スチュアート・ロベット、デービット 著　ターンアラウンド・マネジメント・リミテッド(ジャパン)訳、ダイヤモンド社(2003)
- 『Principles of Corporate Renewal』Harlon D. Platt、Univ of Michigan Pr;(1998)
- 『会社法(第6版)』神田秀樹、弘文堂(2005)
- 『企業再生ファンドの実務』水島　正、金融財政事情研究会(2004)
- 『バイアウトファンド─ファンドによる企業価値向上の手法』松木伸男・大橋和彦・本多俊毅、中央経済社(2004)
- 『Q&A 企業再建はこうする─私的・法的再建手続と会計・税務』朝日監査法人事業再生本部 編、中央経済社(2003)
- 『現場主義による民事再生の方法』神部健一、トール(2003)
- 『総合的M&A戦略─計画・実行・統合・評価のすべて』アンダーセン、ダイヤモンド社(2001)
- 『M&A戦略策定ガイドブック』尾関純・小本恵照 編著、中央経済社(2003)
- 『RCCにおける企業再生』整理回収機構 編、金融財政事情研究会(2003)
- 『企業再生型M&Aの進め方─事業の早期再建を可能にする』新発田　滋、日本実業出版社(2001)
- 『債務免除読本』高橋隆明、全日出版(2004)
- 『株式公開の手引き』あずさ監査法人企業公開部、あずさ監査法人
- 『民事再生QA500』企業再建弁護士グループ 編、信山社出版(2003)
- 『図解民事再生のしくみと手続きがわかる本』深山卓也・花村良一・筒井建夫・菅家忠行・行本三郎、日本実業出版社(2003)
- 『民事再生法Q＆A』池田靖、BSIエデュケーション(2000)
- 『一問一答民事再生法』民事再生法研究会、商事法務研究会(2000)
- 『新会社更正法の理論と実務(判例タイムズ1132号)』山本克己・山本和彦・瀬戸英雄 編、判例タイムズ社(2003)
- 『一問一答新会社更正法』深山卓也 編、商事法務(2003)
- 『新しい会社更生法』伊藤眞・西岡靖一郎・桃尾重明 編、有斐閣(2004)
- 『Q＆A企業再建はこうする』朝日監査法人事業再生本部 編、中央経済社
- 『企業再生事例選』金融財政事情研究会 編、きんざい
- 『企業再生の基本Q&A』杜羅三郎、シグマベイスキャピタル

索引 INDEX

D
DCF ……………………… 27
DD ……………………… 120
DIPファイナンス ……………… 54

G
GMS ……………………… 154

I
IRCJ ……………………… 27, 49

J
J.C.フラワーズ ……………… 16

L
LLP ……………………… 56

M
M&A ……………………… 78
M&A手法 ……………………… 83
MKSパートナーズ ……………… 55
MTFG ……………………… 20

R
RCC ……………………… 27, 46

S
SC ……………………… 154
SMBC ……………………… 20
SPA ……………………… 166

T
T.コリンズ ……………………… 16

U
UFJ銀行 ……………………… 20

V
VC ……………………… 157

あ
アクティブ ……………………… 55
あさやホテル ……………………… 51
足利銀行 ……………………… 23
足利銀行事件 ……………………… 114
アビバジャパン ……………………… 51
アメックス協販 ……………………… 51
一般債権者 ……………………… 38
一般優先債権 ……………………… 68
インターネットバンキング ……… 18
インベストメント ……………… 55
うすい百貨店 ……………………… 51
営業譲渡 ……………… 78, 84, 159
益金 ……………………… 106
大川荘 ……………………… 51
大口債権者 ……………………… 44
大阪マルビル ……………………… 51
オーシーシー ……………………… 51

奥日光小西ホテル ･････････････････････ 51
オグラ ･･･････････････････････････････ 51

か

カーライル ･･･････････････････････････ 55
会計士 ･･･････････････････････････････ 57
会社更生手続 ･････････････････････････ 74
会社更生法 ･･･････････････････････････ 67
会社分割 ･･･････････････････ 78, 85, 97
瑕疵担保責任 ･････････････････････････ 15
課税の繰延 ･･･････････････････ 101, 103
過大投資 ･･･････････････････････････ 129
合併 ･･･････････････････････････ 79, 99
金谷ホテル ･･･････････････････････････ 51
カネボウ ･････････････････････････････ 51
株式移転 ･･･････････････････････ 79, 103
株式会社産業再生機構法 ･･･････････････ 27
株式交換 ･･･････････････････････ 79, 101
株式取得 ･････････････････････････････ 78
株主責任 ･･･････････････････････････ 162
釜屋旅館 ･････････････････････････････ 51
関係人集会 ･･･････････････････････････ 76
管財人 ･･･････････････････････････････ 74
関東自動車 ･･･････････････････････････ 51
企業オーナー ･････････････････････････ 20
企業グループ ･････････････････････････ 93
企業再建ファンド ･････････････････････ 24
企業再生 ･････････････････････････････ 10
企業再生コンサルタント ･･･････････････ 24
企業再生コンサルティング ･････････････ 11
企業再生ファンド ･･･････････ 10, 13, 26
企業再編 ･････････････････････････････ 78
企業再編手法 ･････････････････････････ 83
企業診断 ･････････････････････････････ 25
企業の格付け ･････････････････････････ 22
鬼怒川温泉山水閣 ･････････････････････ 51
鬼怒川グランドホテル ･････････････････ 51
キャピタル ･･･････････････････････････ 55
吸収合併 ･････････････････････････････ 99
九州産業交通 ･････････････････････････ 51
旧住専 ･･･････････････････････････････ 46
吸収分割 ･････････････････････････････ 85
共同事業 ･････････････････････････････ 94
銀行支配 ･････････････････････････････ 164
金精 ･････････････････････････････････ 51
金門製作所 ･･･････････････････････････ 51
金融機関 ･････････････････････ 20, 35, 140
金融検査マニュアル ･････････････････ 112
金融再生プログラム ･･･････････････････ 27
繰越欠損金 ･････････････････････････ 108
経営者 ･･･････････････････････････････ 40
経営者の責任 ･････････････････････････ 40
経営破綻 ･････････････････････････････ 24
経済合理性 ･･･････････････････････････ 33
コア事業 ･･･････････････････････ 80, 130
コア事業の採算性 ･････････････････････ 30
更生手続 ･････････････････････････････ 74
公認会計士 ･･･････････････････････ 25, 57
個人財産 ･････････････････････････････ 40

さ

サービサー ･･････････････････････ 46, 52
サービサー会社 ･･･････････････････････ 52
サービサー法 ････････････････････ 44, 52

索引	
サーベラス	55
債権回収	44
債権回収事業	44
債権管理回収業者	46
債権者	71, 97
債権者集会	71
債権分類	113
再生業務手順	118
再生計画	136
再生計画の実行	148
再生計画のチェック	146
再生コンサルタント	57, 58
再生支援	49
再生手続	71
再生ファンド	55
債務者区分	22, 37
債務者	71
債務の減免	35
債務免除	108
債務免除益	106
産業再生機構	27, 44, 49, 55
三景	51
仕入先	144
支援債権者	111
事業会社	54
事業の継続	38
事業の採算性	30
事業見直し	150
資金援助	81
資金管理	148
資金供給	54
資金計画	147
自己資本比率	114
資産査定	120
資産評価損	109
自主再建	162
実行段階	118
私的再建	20
私的再生	66
私的再生手続	64
私的再生のためのガイドライン	65
私的整理	159
ジャフコ	55
純粋営業会社	157
粧連	51
自力再生	60
新生銀行	14, 16, 18
新設合併	99
新設分割	85
人的分割	86
スカイネットアジア航空	51
ステーク・ホルダー	140, 145
スポンサー	81
スポンサー企業	26
税効果会計	114
清算配当率	33
税制適格会社分割	95
整理回収機構	27, 44, 46
税理士	57
整理スキーム	136
設備投資計画	147
選択と集中	80
専門家のアドバイス	31
早期健全化法	27

組織変更·····················68
損益計算書···················32

■ た

ターンアラウンド・マネジャー···········57
ダイエー·····················51
大京······················51
第三者の資力··················61
退職債務···················143
第二地銀····················20
タイホー工業··················51
ダイア建設···················51
田中屋·····················51
玉野総合コンサルタント·············51
担保権·····················67
地域再生ファンド················55
地方税····················109
地方百貨店··················155
地方流通業··················154
中小企業····················24
長銀···················14, 16
津松菱·····················51
適格企業再編··················93
適格判断····················96
適格分割····················93
出口戦略···················150
デュー・ディリジェンス············120
デューデリ··················120
投資事業有限責任組合··············56
得意先····················144
特別措置法···················44
栃木皮革····················51

取引先·····················38

■ な

日興プリンシパル················55
二頭政治···················162
日本アジア投資·················55
日本長期信用銀行················14
ニューLTCBパートナーズ········13, 14
農林中央金庫··················49
野村プリンシパル················55

■ は

パートナーズ··················55
破産・清算配当率···············131
破綻金融機関················21, 46
服部玩具····················51
引当金·····················36
ビジネス···················122
ビジネス・デュー・ディリジェンス···121, 122
ビジネスプラン················138
百貨店問屋··················161
ファイナンシャル・デュー・ディリジェンス
························121, 126
ファンドマネージャー··············56
フェニックス················51, 55
フォローアップ段階··············118
分割型吸収分割···············88, 90
富士油業····················51
物的分割····················86
不適応····················130
不動産資産保有会社··············157
プライベート・エクイティ・ファンド·······55

不良債権処理 ・・・・・・・・・・・・・・・・・・・・・・ 24
プレイヤー ・・・・・・・・・・・・・・・・・・・・・・・・ 44
フレック ・・・・・・・・・・・・・・・・・・・・・・・・・・ 51
フローチャート ・・・・・・・・・・・・・・・・・・・・ 96
分割型新設分割 ・・・・・・・・・・・・・・・ 88, 89
分社型吸収分割 ・・・・・・・・・・・・・・・ 88, 92
分社型新設分割 ・・・・・・・・・・・・・・・ 88, 91
粉飾決算 ・・・・・・・・・・・・・・・・・・・・・・・・ 22
分析段階 ・・・・・・・・・・・・・・・・・・・・・・・ 118
分類区分 ・・・・・・・・・・・・・・・・・・・・・・・・ 37
弁護士 ・・・・・・・・・・・・・・・・・・・・・・・・・・ 57
返済計画 ・・・・・・・・・・・・・・・・・・・・・・・ 139
ベンチャーキャピタル ・・・・・・・・・・・・ 157
法的再建 ・・・・・・・・・・・・・・・・・・・・・・・・ 20
法的再生 ・・・・・・・・・・・・・・・・・・・・・・・・ 66
法的再生手続 ・・・・・・・・・・・・・・・・・・・・ 63
ホテル四季彩 ・・・・・・・・・・・・・・・・・・・・ 51
本業外への投資 ・・・・・・・・・・・・・・・・・ 129

ま

マツヤデンキ ・・・・・・・・・・・・・・・・・・・・ 51
マネジメントの欠落 ・・・・・・・・・・・・・・ 129
ミサワホームホールディングス ・・・・・・ 51
みずほキャピタルパートナーズ ・・・・・・ 55
三井鉱山 ・・・・・・・・・・・・・・・・・・・・・・・・ 51
三井住友銀行 ・・・・・・・・・・・・・・・・・・・・ 20
三菱東京フィナンシャル・グループ ・・・・・・ 20
宮崎交通 ・・・・・・・・・・・・・・・・・・・・・・・・ 51
ミヤノ ・・・・・・・・・・・・・・・・・・・・・・・・・・ 51
みらいキャピタル ・・・・・・・・・・・・・・・・ 55
民事再生手続 ・・・・・・・・・・・・・・・・・・・・ 71
民事再生法 ・・・・・・・・・・・・・・・・・・・・・・ 67

明成商会 ・・・・・・・・・・・・・・・・・・・・・・・・ 51

や

八神商事 ・・・・・・・・・・・・・・・・・・・・・・・・ 51
大和SMBCプリンシパル ・・・・・・・・・・・ 55
ユニゾン ・・・・・・・・・・・・・・・・・・・・・・・・ 55
要管理先 ・・・・・・・・・・・・・・・・・・・・・・・・ 28
預金保険機構 ・・・・・・・・・・・・・・・・・ 27, 49

ら

リーガル・デュー・ディリジェンス ・・・・ 121, 124
リーダーシップ ・・・・・・・・・・・・・・・・・ 142
利益計画 ・・・・・・・・・・・・・・・・・・・・・・・ 147
利害関係人 ・・・・・・・・・・・・・・・・・・・・・・ 38
リスクテイカー ・・・・・・・・・・・・・・・ 24, 26
りそな銀行事件 ・・・・・・・・・・・・・・・・・ 114
リップルウッド ・・・・・・・・・・・・・・・・・・ 55
リップルウッド・ホールディングス ・・・・ 14
リテールバンク ・・・・・・・・・・・・・・・・・・ 18
流動化 ・・・・・・・・・・・・・・・・・・・・・・・・・・ 80
留保金課税 ・・・・・・・・・・・・・・・・・・・・・ 109

編著者紹介

【編者紹介】
水野　誠一（みずのせいいち）：（株）リプロジェクト・パートナーズ　代表取締役CEO
1946年東京都出身。慶應義塾大学を経て西武百貨店に入社し、1992年バブル経済終焉期の困難な時期に代表取締役社長を務め、企業再建の困難さを身を持って体験する。一旦母校慶応の特別招聘教授に転身した後、1995年の参議院議員選挙に、日本の政治に一石を投じるべく新たに設立された「新党さきがけ」から立候補し当選。一年生議員ではありえない与党政調会長として、連立政権の運営に経営者の視点を持ち込み注目される。このころ同時に、米国ネットスケープ・コミュニケーションズ社のアドバイザーとして、日米のインターネットビジネスに深く関る。参議院議員を一期6年務めた後は、首都圏東京の再生という視点から、多くの大型ホテル・商業施設再開発のアドバイザーとして活躍する一方、自らの企業再生コンサルタント会社（株）リプロジェクト・パートナーズを設立し、整理回収機構（RCC）、産業再生機構（IRCJ）などの手がける企業再生案件のアドバイザー機能を果たしている。

【著者紹介】……編者水野誠一からの本書執筆に携わったメンバー紹介。
森　　肇（もりはじめ）：（株）リプロジェクト・パートナーズ　代表取締役COO
1954年東京都出身。森さんは私の西武百貨店時代からのスタッフで、専門はバイオケミストリーであったにもかかわらず、営業企画・国際業務畑で活躍し、セゾングループがインターコンチネンタルホテルズを買収したときのアジア駐在部長として、香港、シンガポールのショッピングセンター開発を進めた。現在は、東京首都圏の新しい食品流通をネット・スーパーとして開発推進するとともに、リプロジェクト・パートナーズ社のターンアラウンドコンサルタントとして私のパートナーを務める。今回は、企業再生をマーケッターの視点から捉えて執筆してもらった。

小泉　正明（こいずみまさあき）：（株）リプロジェクト・パートナーズ顧問、公認会計士
1964年神奈川県出身。小泉さんは大手監査法人で活躍した優秀な監査人として、我々の会社に参加してくれている。エンロン事件で有名になったアーサー・アンダーセンに在籍していたことから、企業監査の厳しさと重要性を身をもって体験し、英和監査法人、あずさ監査法人を経て、現在自らもパートナーとして双葉監査法人に参加している。数々の企業監査を通じて多くの経営者と接点を持ち、企業財務の裏を知り尽くしているプロである。今回は主に外資系監査法人で身につけたドライな再生への視点と、生々しい再生の現場からの視点の両方から、再建に必要な一連の会計的実務を実践的に整理し、分かりやすく解説してもらった。

田原　大三郎（たばらだいざぶろう）：（株）リプロジェクト・パートナーズ　顧問、弁護士
1948年島根県出身。田原さんは1999年田原大三郎法律事務所を開設し、主に民事、商事分野で活躍する一方、リプロジェクト・パートナーズ社の顧問法所を引き受けてくれている。特に金融債権者と企業との和解業務には非常に高い評価を得ている。再生案件では、我々と一緒になって中小企業の破綻、私的再生分野で根気強く企業オーナーの相談に乗り、クライアント先からその人柄を含めて絶大な信頼感を得ている。今回はその豊富な実務経験を生かし、主に再建の法務的実務のページを担当してもらった。

梅田　隆（うめだたかし）：（株）リプロジェクト・パートナーズ　顧問、ターンアラウンドコンサルタント
1957年東京都出身。梅田さんは教育学を志したにも関らず企業のリスクマネージメントの重要性に目覚め、弁護士事務所にて法務知識を身につけた後、理論と実務の分かるコンサルタントとして我々の会社に参加してくれている。とかく大手コンサルタント事務所が再建会社に派遣するターンアラウンドマネジャーが、知識先行型で実務に疎いのとは対照的に、彼は破綻寸前の企業であっても、金融債権者や一般債権者との和解業務を粘り強くこなすといった業務を担当させたら右に出るものはいない。実務を担当してきた視点から、再生現場からのリスクマネージメントの重要性を中心に執筆担当してもらった。

- カバーイラスト　石倉誠一郎（有限会社図工舎）
- DTP・イラスト　OKADA AD Office

図解入門ビジネス
最新　企業再生の基本と仕組みがよ～くわかる本

発行日	2005年　8月10日　　第1版第1刷
編　者	水野　誠一
著　者	株式会社　リプロジェクト・パートナーズ
発行者	牧谷　秀昭
発行所	株式会社　秀和システム 〒107-0062　東京都港区南青山1-26-1 寿光ビル5F Tel 03-3470-4947(販売) Fax 03-3405-7538
印刷所	三松堂印刷株式会社　　　　Printed in Japan

ISBN4-7980-1127-4 C0034

定価はカバーに表示してあります。
乱丁本・落丁本はお取りかえいたします。
本書に関するご質問については、ご質問の内容と住所、氏名、電話番号を明記のうえ、当社編集部宛FAXまたは書面にてお送りください。お電話によるご質問は受け付けておりませんのであらかじめご了承ください。